Collection Raymond Tavernier

ARBRE, QUEL EST TON NOM ?

Guide pour la reconnaissance des arbres, arbustes et arbrisseaux

J. Jossème-Cessac
J. Lamarque
R. Tavernier

BORDAS

Tous les dessins de cet ouvrage ont été réalisés GRANDEUR NATURE à partir de rameaux fraîchement cueillis. Chacun d'eux constitue donc un document précis et même les jeunes, à partir de 7 ans, peuvent commencer à utiliser ce guide.
Les feuilles des arbres prennent à l'automne des couleurs variées. Les enfants colorient alors avec un réel plaisir chacun des dessins, transformant ainsi ce livre en un album personnel, agréable à regarder.

La photographie de la couverture est de R. Soulas. Les photographies des pages 3 et 120 sont de Jeanbor.

ISBN 2-04-010330-9

Printed en France

« J'ai connu le plus pauvre de tous les déshérités : celui pour qui l'arbre n'est rien. » **Jean Giono**

Comment utiliser ce guide ?

1. Si vous ne connaissez pas le nom de l'arbre.

Pour trouver rapidement le nom que vous cherchez et, de plus, éviter les erreurs, nous vous conseillons de *bien regarder le tableau de la page suivante* en ayant sous les yeux un rameau portant *plusieurs* feuilles. (N'utilisez jamais un rameau trop jeune ni une extrémité de tige où les feuilles sont très peu développées.)

Suivez bien l'ordre indiqué ci-après :

1° Observez la position du *bourgeon* et cherchez le dessin qui ressemble le plus à la feuille que vous voulez identifier. Correspond-elle aux feuilles des rangées A, B ou C ?

- **Rangée A :** le limbe de la feuille est divisé en plusieurs parties appelées *folioles* (la feuille est *composée de plusieurs folioles).*
- **Rangée B :** le limbe de la feuille, plus ou moins découpé, n'est pas divisé en plusieurs folioles (la feuille est *entière).*
- **Rangée C :** la feuille a la forme d'une *aiguille* ou d'une *petite écaille*. C'est le groupe des *résineux* (**A** et **B** constituent le groupe des *feuillus*).

2° Observez alors la disposition des *nervures* et le bord de la feuille.

Attention : dans la rangée **B**, ne manquez pas le groupe B_1 (présenté en page 40). Ces feuilles entières ont plusieurs grosses nervures qui se croisent en un même point à la partie inférieure du limbe.

3° Vous êtes ainsi renvoyé à une page de l'album, consultez-la. Elle vous propose deux ou plusieurs possibilités, choisissez celle qui convient. Lorsque vous hésitez (feuilles en bouquets, par exemple) regardez la disposition alterne ou opposée des rameaux feuillés sur la tige de l'année précédente : elle correspond à celle des feuilles.

A ce stade,

- consultez le tableau de détermination,
- ou feuilletez les pages qui sont indiquées.

Ce guide peut être, en effet, utilisé différemment :

- Les lecteurs non familiarisés avec le vocabulaire scientifique arrivent à une identification correcte, sans connaissances préalables, en feuilletant des pages de dessins. Peu à peu, ils découvrent l'intérêt et la signification des termes scientifiques les plus courants, et s'initient à l'emploi des "clés de détermination".
- Les utilisateurs plus avertis peuvent consulter au préalable les tableaux de détermination (pages de droite bordées d'une bande verticale) qui conduisent ensuite aux pages de dessins ; celles-ci permettent de préciser ou de vérifier les résultats.

Exemple :
Vous avez cueilli un rameau dont la feuille est représentée ci-dessous.

1° Page 5, vous choisissez la rangée B. L'observation de la disposition des nervures et du bord de la feuille vous conduit page 58.

2° Page 58, vous choisissez "feuilles opposées".

3° *Ou bien vous consultez le tableau de la page 59*.

Ou bien vous feuilletez les pages 60 à 70, et vous cherchez le dessin qui ressemble le plus à la feuille.

Seul le lilas correspond à la feuille ramassée.
Vous avez donc cueilli un rameau de lilas.

En cas d'échec, n'hésitez pas à revenir au tableau de la page 5 en observant à nouveau, avec soin, la position du bourgeon, la disposition des nervures et la forme du bord de la feuille.

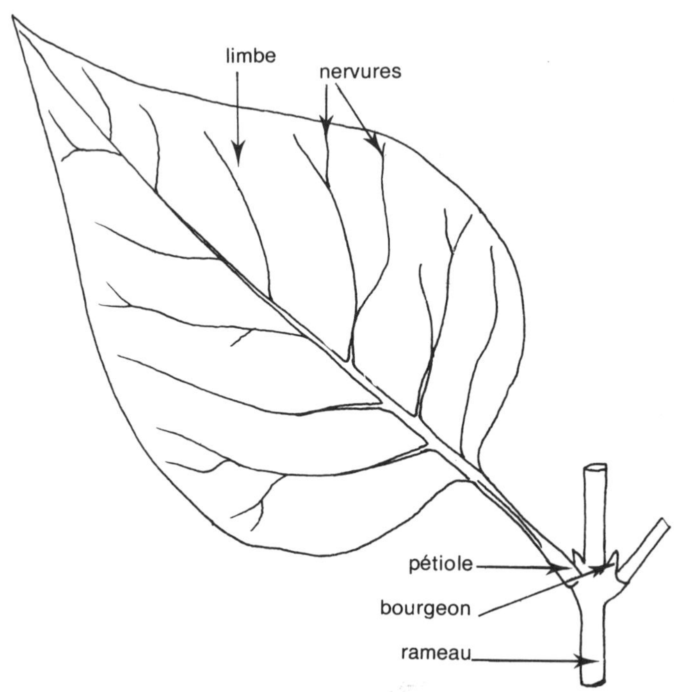

2. Si vous connaissez le nom de l'arbre, mais ressentez le besoin de le contrôler.

Utilisez directement l'index des pages 125 à 128. Il permet une vérification immédiate en renvoyant le lecteur à la page qui convient.
Cet index fournit en outre le nom latin des différentes espèces (c'est le langage international des scientifiques).

Remarques :

Le signe ⊙ accompagne les feuilles des plantes que l'on peut trouver dans la plupart des régions de France.

Le signe ☆ accompagne les feuilles des plantes des régions méditerranéennes.

Le signe △ accompagne les feuilles des plantes qui ne poussent pas à l'état sauvage et qui sont cultivées dans les parcs et les jardins.

A quel dessin de ce tableau les feuilles de votre arbre ressemblent-elles le plus ?

ATTENTION ! Observez bien la position du bourgeon (bg), puis les nervures.

A et **B** : Feuilles à limbe large et aplati soutenu par des nervures

A

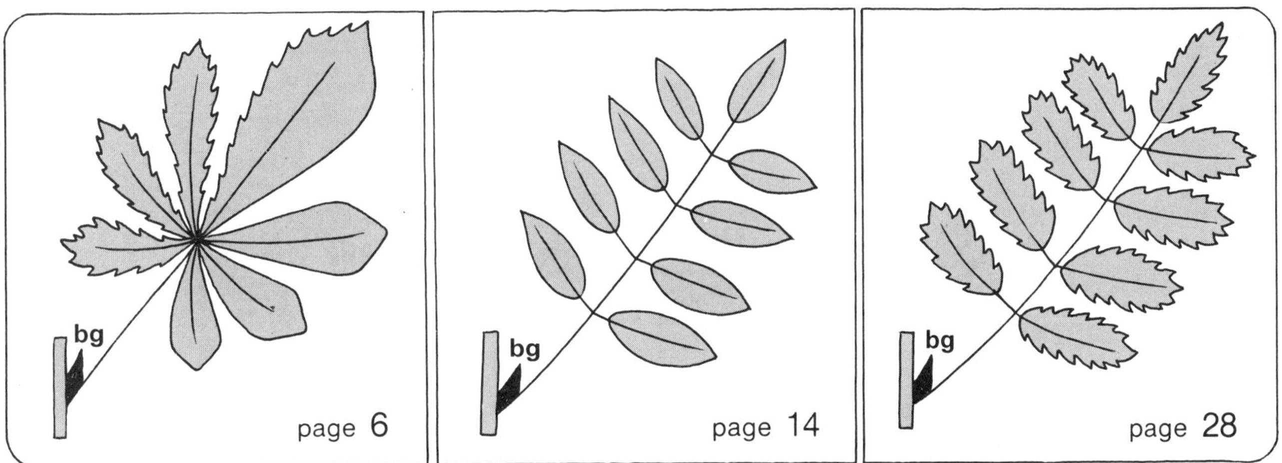

B

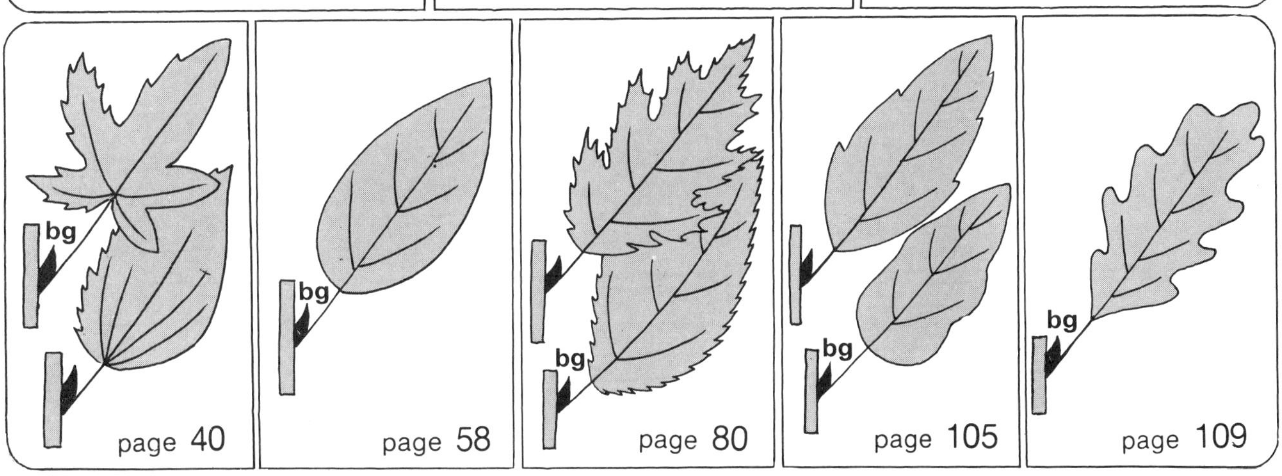

C : Feuilles très étroites (< 3 mm) en aiguilles ou en écailles

C

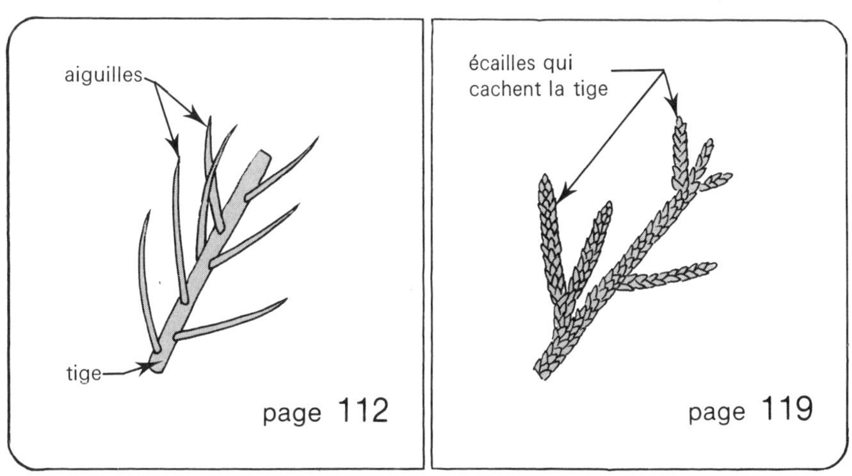

Ce tableau vous conduit directement aux pages qui vous intéressent...

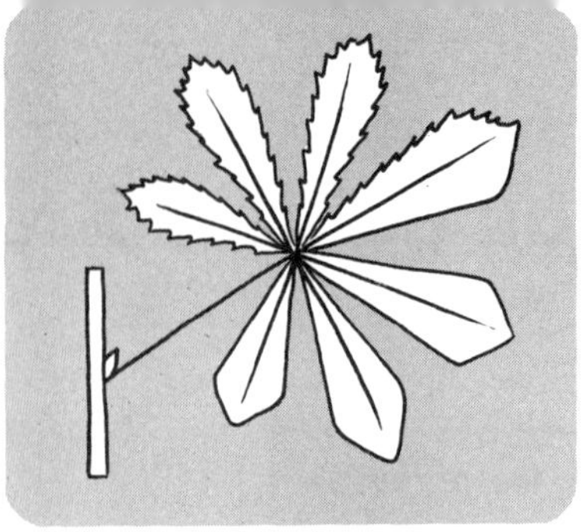

FEUILLES COMPOSÉES PALMÉES

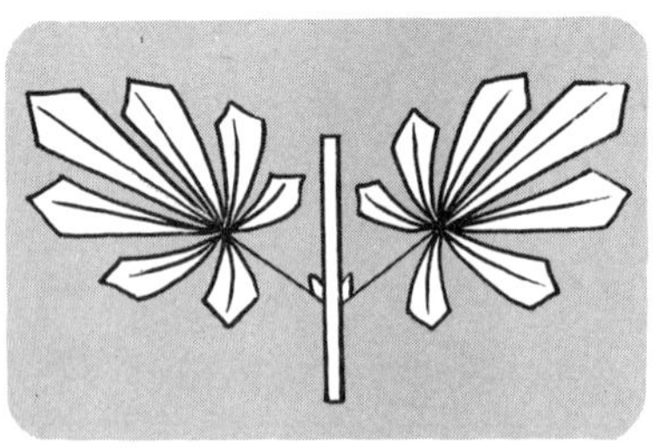

Feuilles opposées

Consultez le tableau page 7
ou feuilletez les pages 8 et 9

Feuilles alternes

Consultez le tableau page 11
ou feuilletez les pages 12 et 13

Feuilles opposées composées palmées

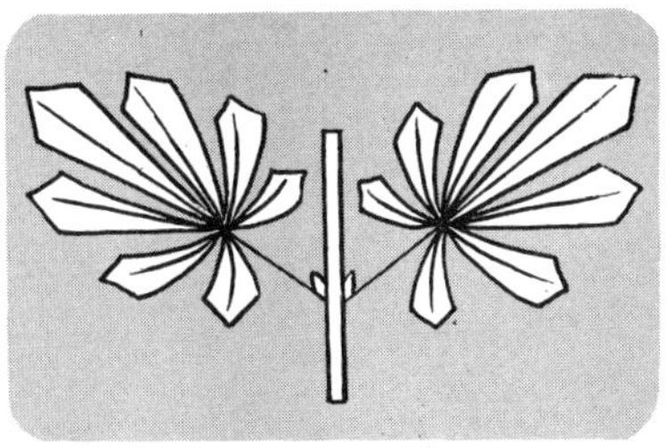

■ **Folioles non dentées**

■ **Folioles dentées**

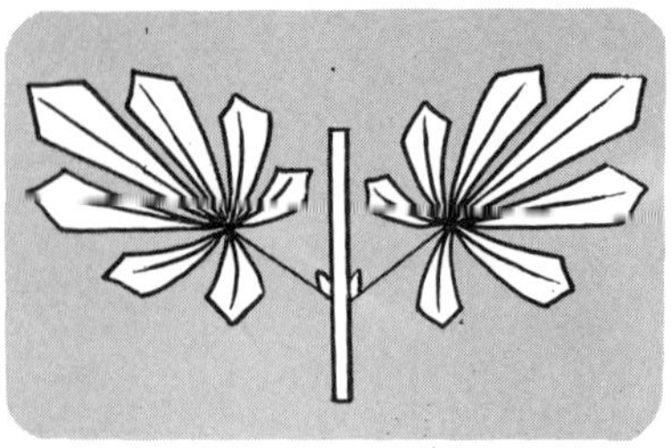

Feuilles opposées composées palmées

△ ORANGER DU MEXIQUE = Choisya

Arbuste

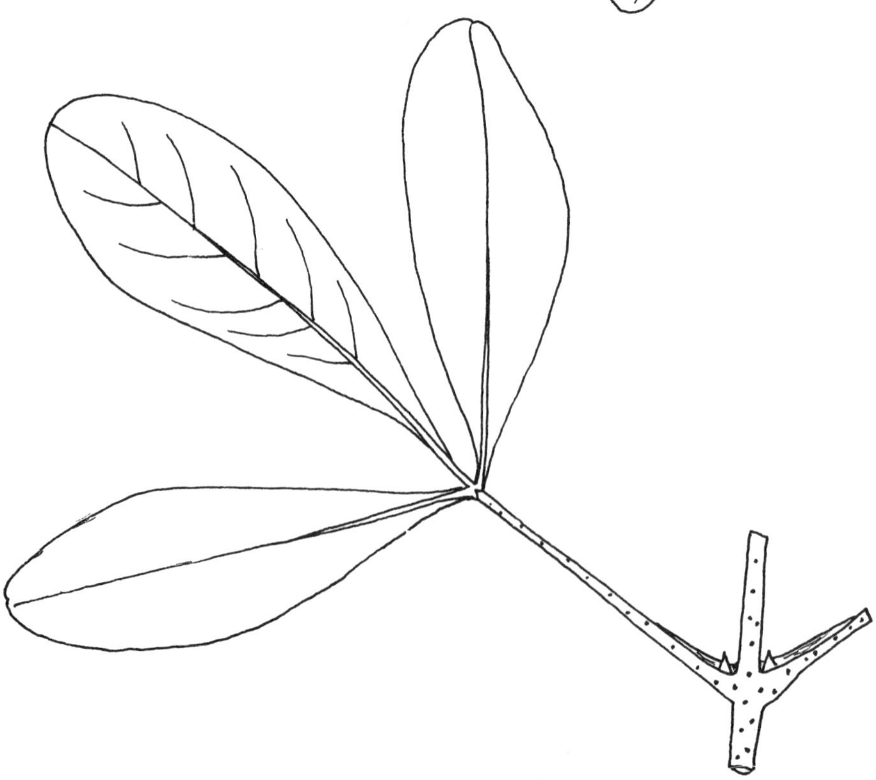

- Feuilles de 3 ou 5 folioles, présentant par transparence de nombreux petits trous.
- Rameaux couverts de petites glandes, bourgeons verts.
- Plante très odorante.

Feuilles opposées composées palmées

⊙ MARRONNIER

Arbre

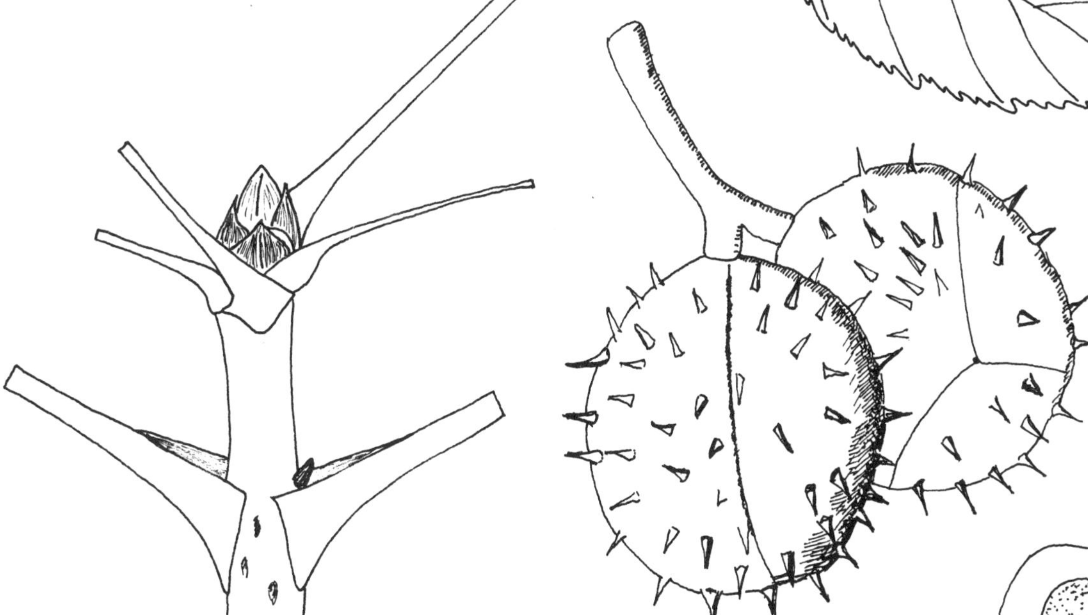

- Feuilles à 5 ou 7 grandes folioles.
- Bourgeons résineux, collants.
- Fruit : marron entouré de sa coque épineuse.

Feuilles alternes composées palmées

■ **Folioles dentées**

■ **Folioles non dentées**

Feuilles alternes composées palmées

⊙ VIGNE VIERGE

Liane

- Feuilles rougissant à l'automne.
- Longues vrilles.
- Grappes de petites fleurs verdâtres.
- Fruits = baies noires non comestibles.

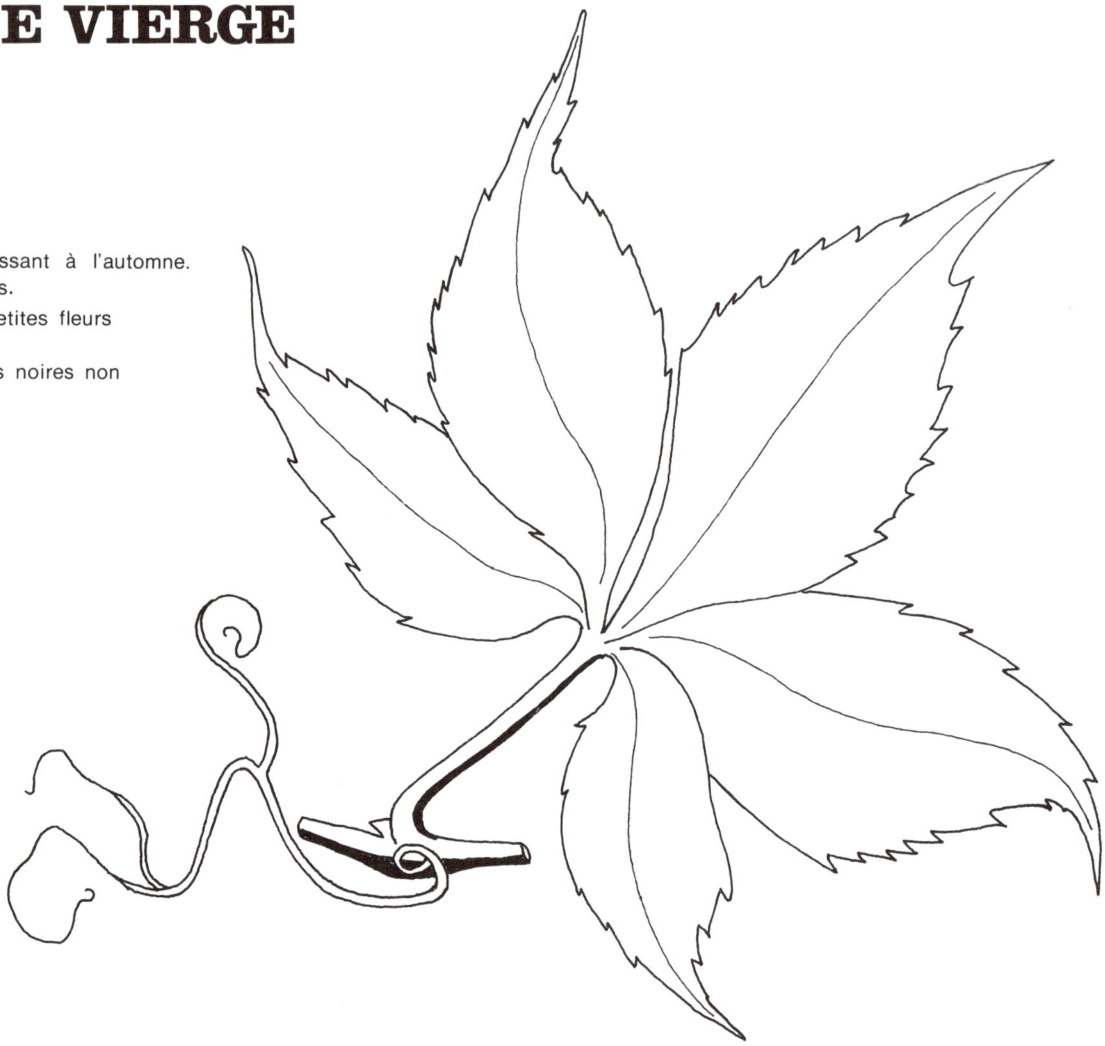

⊙ GENÊT À BALAIS

Arbrisseau

- A la base, feuilles composées à 3 folioles poilues et pétiole aplati.
- Au sommet, feuilles simples poilues.
- Tige présentant 5 arêtes saillantes.
- Fleurs jaunes.
- Fruits = gousses noires à longs poils blancs.

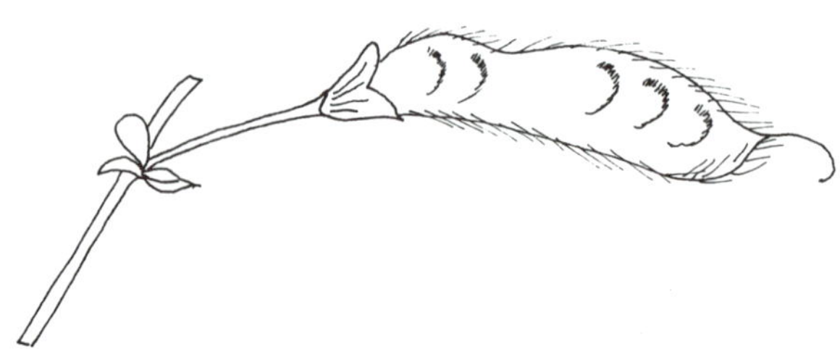

Feuilles alternes composées palmées

⊙ CYTISE AUBOUR

Arbre

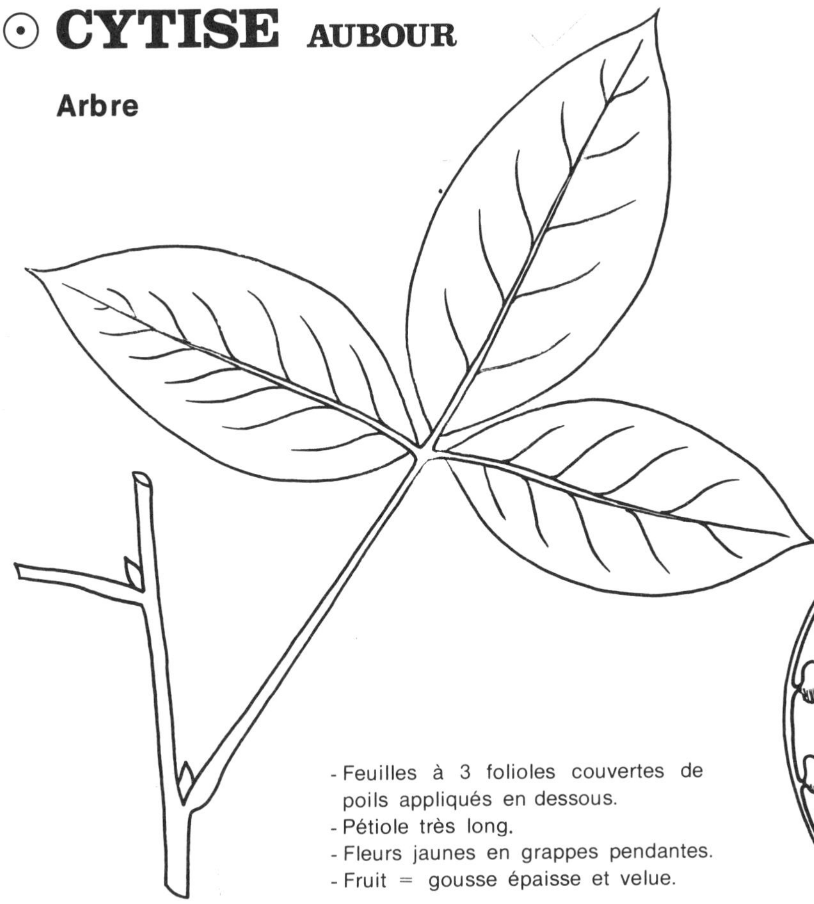

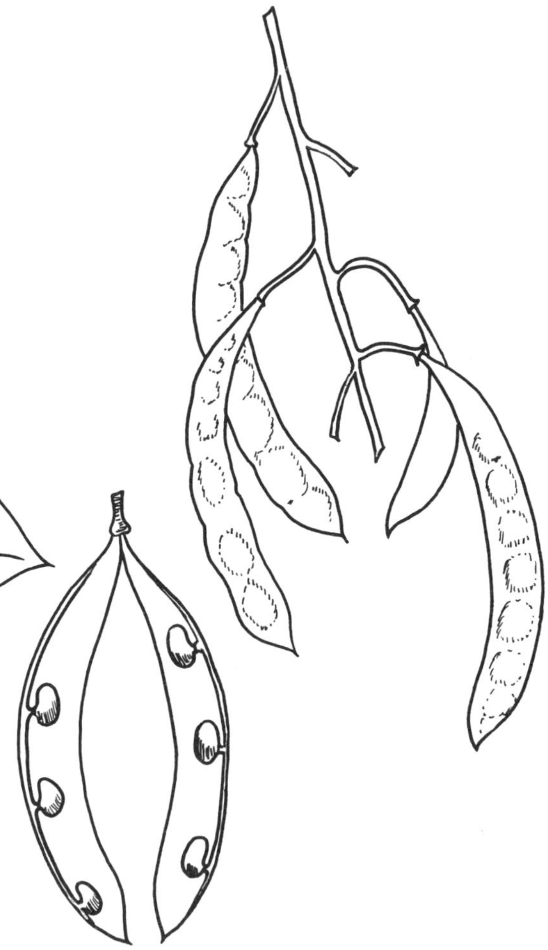

- Feuilles à 3 folioles couvertes de poils appliqués en dessous.
- Pétiole très long.
- Fleurs jaunes en grappes pendantes.
- Fruit = gousse épaisse et velue.

☆ CYTISE À FEUILLES SESSILES

Arbuste

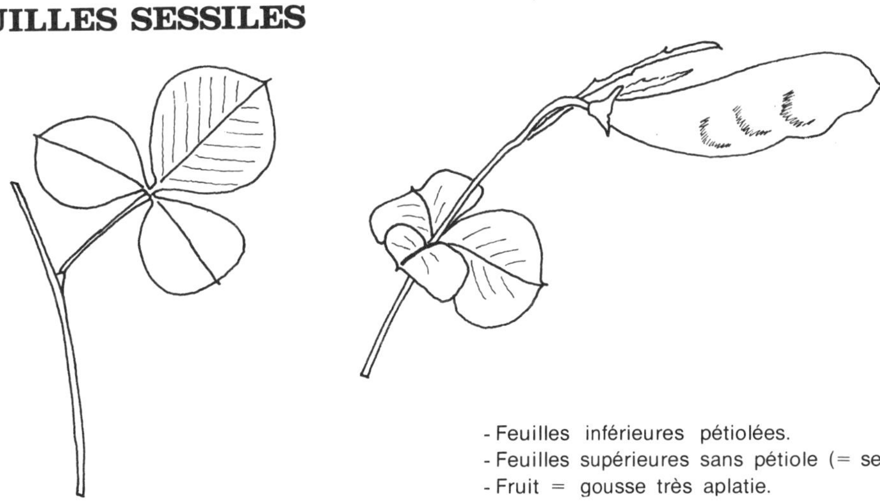

- Feuilles inférieures pétiolées.
- Feuilles supérieures sans pétiole (= sessiles).
- Fruit = gousse très aplatie.

☆ CALYCOTOME

Arbrisseau

- Feuilles très petites, tombant très tôt.
- Rameaux très épineux, striés longitudinalement.
- Fleurs jaunes groupées par 2 à 5.
- Fruit = gousse noire et luisante.

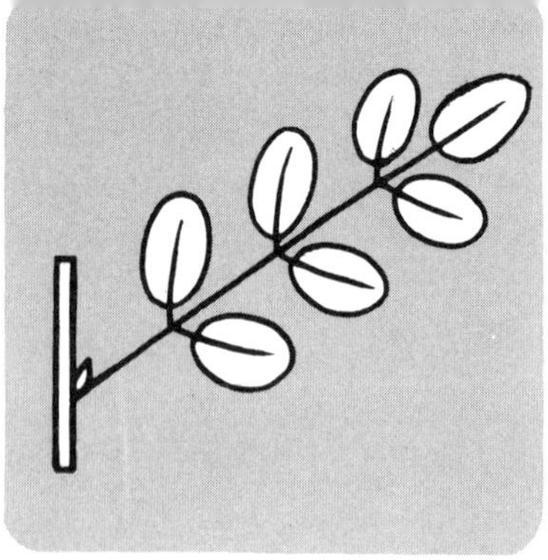

FEUILLES COMPOSÉES PENNÉES A FOLIOLES NON DENTÉES

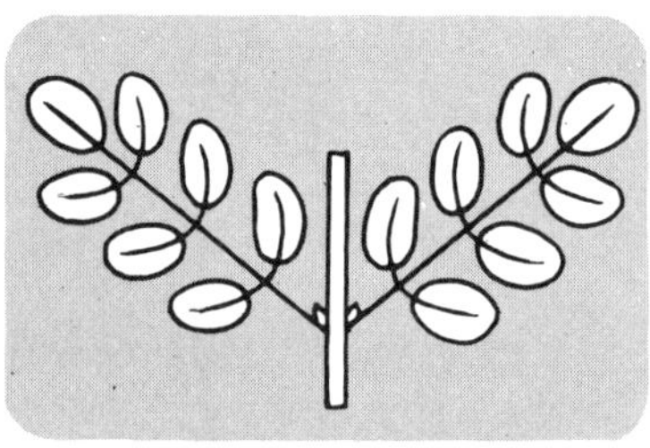

Feuilles opposées

Consultez le tableau page 15
ou feuilletez les pages 16 et 17.

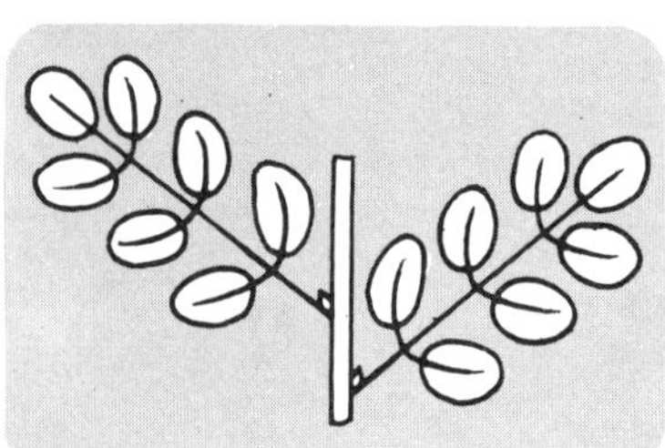

Feuilles alternes

Consultez le tableau page 19
ou feuilletez les pages 20 à 27.

Feuilles opposées composées pennées à folioles non dentées

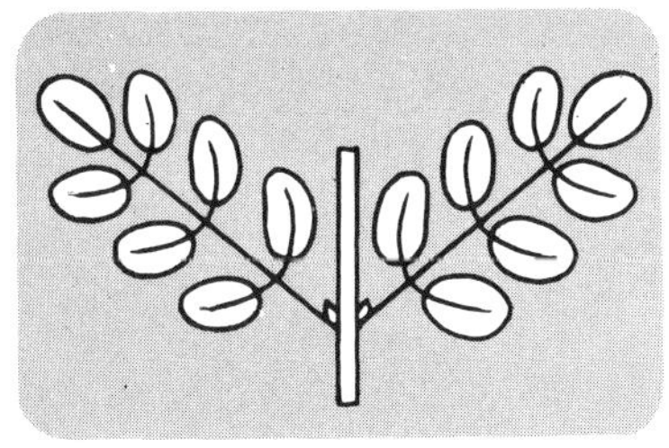

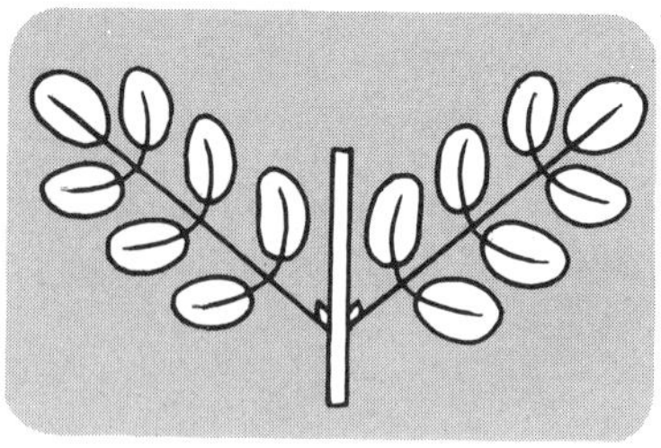

Feuilles opposées composées pennées à folioles non dentées

⊙ CLÉMATITE VIGNE BLANCHE

Liane

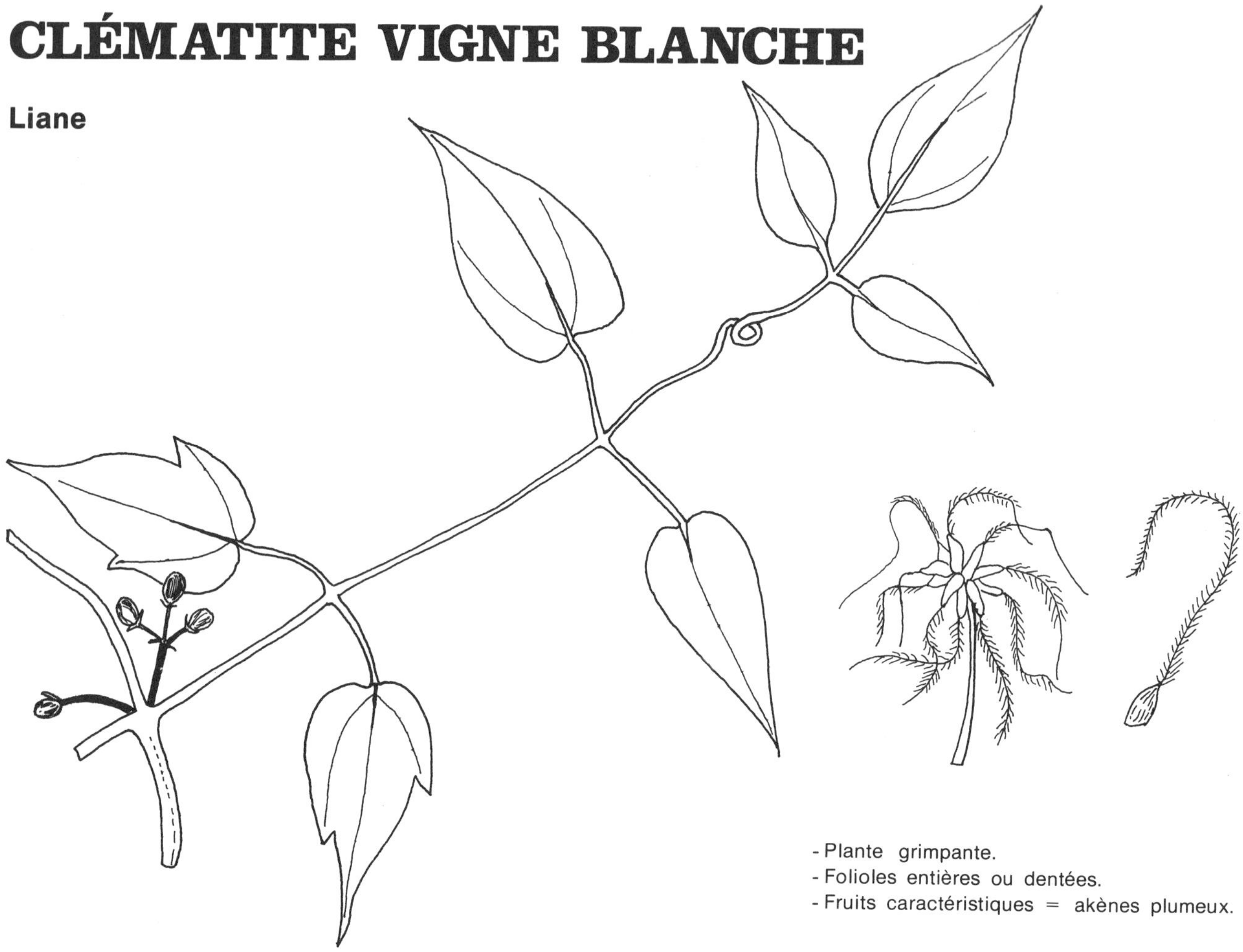

- Plante grimpante.
- Folioles entières ou dentées.
- Fruits caractéristiques = akènes plumeux.

☆ CLÉMATITE FLAMMETTE

Liane

- Folioles composées de forme très variable.

Feuilles opposées composées pennées à folioles non dentées

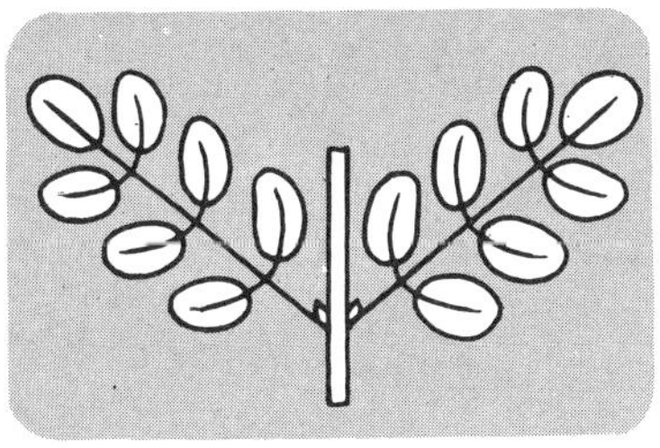

△ JASMIN BLANC

Arbrisseau grimpant

- La tige porte 2 sillons opposés.
- Chaque pétiole a 2 petites ailes rouges.
- Ne fructifie pas en France.

Feuilles alternes composées pennées à folioles non dentées

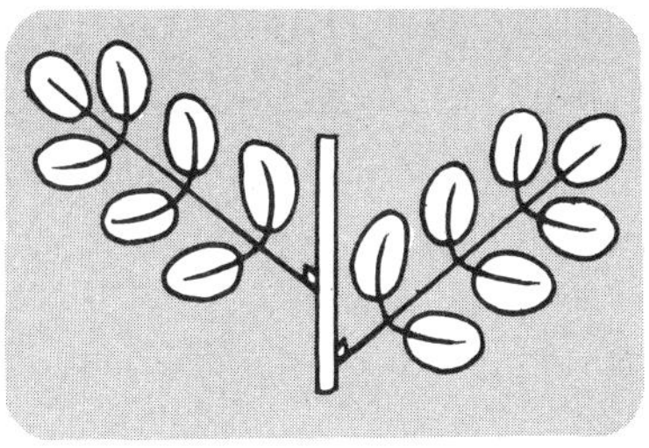

■ 3 folioles

➔ Plante avec épines	page 20	☆ **Calycotome**
➔ Plante sans épines		
▶ Arbre ou arbuste	20	⊙ **Cytise**
▶ Arbrisseau	27	☆ **Jasmin arbrisseau**

■ 5 folioles et plus

➔ Folioles entières

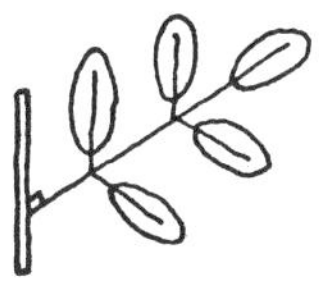

▶ Plante grimpante	21	△ **Glycine**
▶ Plante non grimpante		
▷ avec épines	22	⊙ **Robinier**
▷ sans épines		
● Arbre	22	⊙ **Noyer**
	23	☆ **Caroubier**
	24	△ **Sophora**
	25	⊙ **Ailante**
● Arbrisseau	24	⊙ **Baguenaudier**
	26	☆ **Pistachier**
	26	☆ **Coronille**
	27	△ **Jasmin**
➔ Folioles composées à divisions très nombreuses	27	☆ **Mimosa d'hiver**

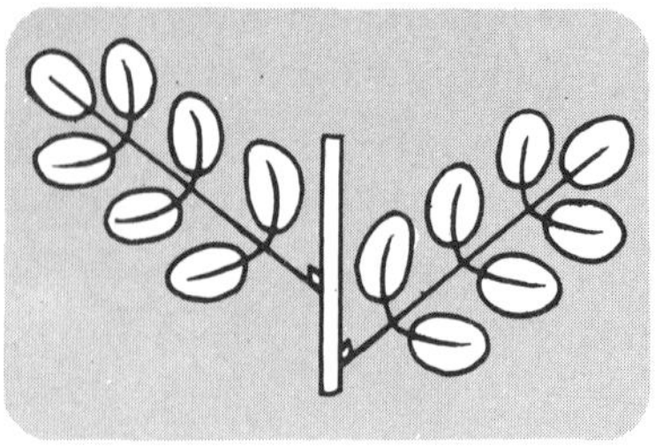

Feuilles alternes composées pennées à folioles non dentées

⊙ CYTISE AUBOUR

Arbre

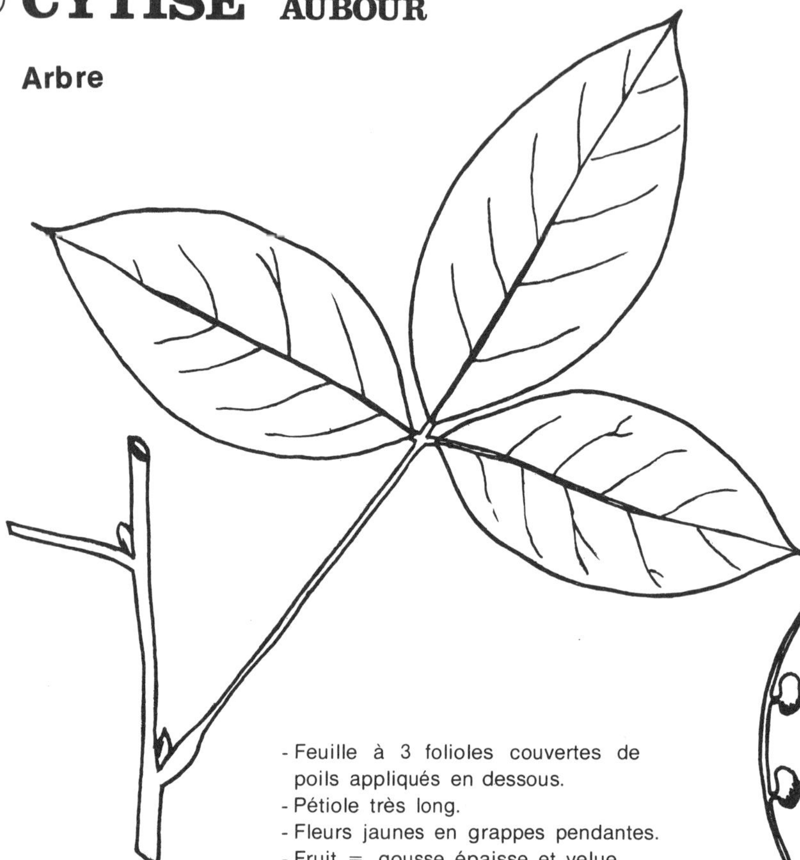

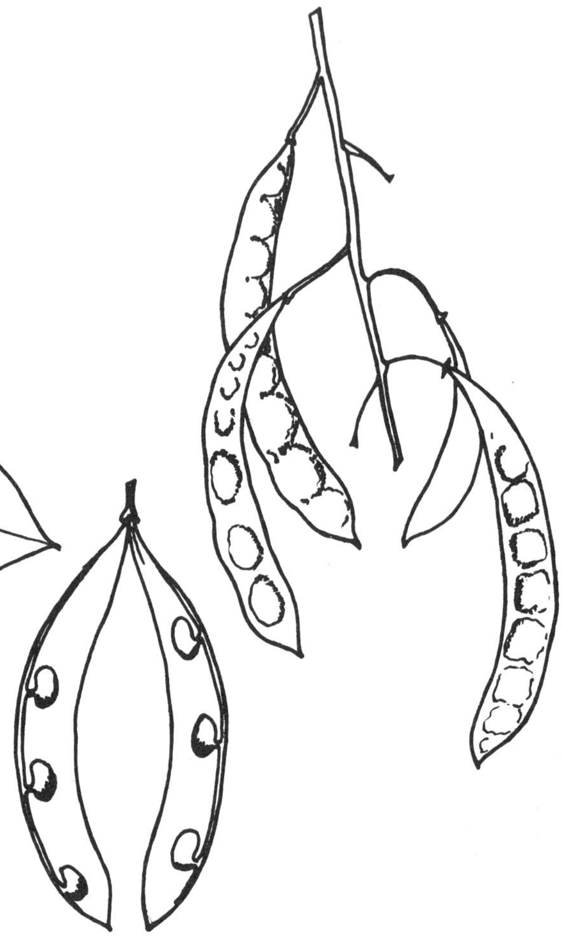

- Feuille à 3 folioles couvertes de poils appliqués en dessous.
- Pétiole très long.
- Fleurs jaunes en grappes pendantes.
- Fruit = gousse épaisse et velue.

☆ CYTISE À FEUILLES SESSILES

Arbuste

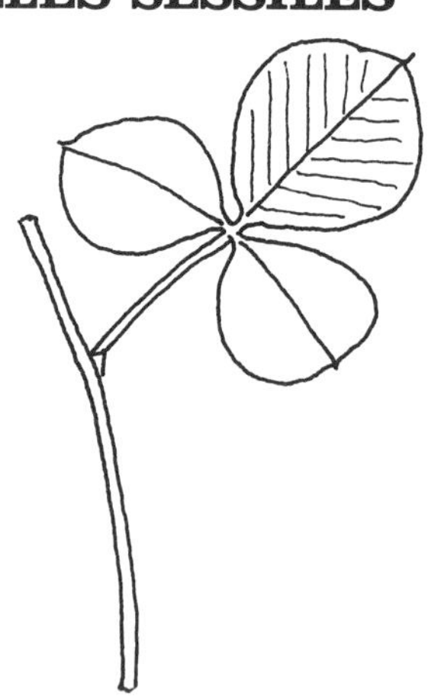

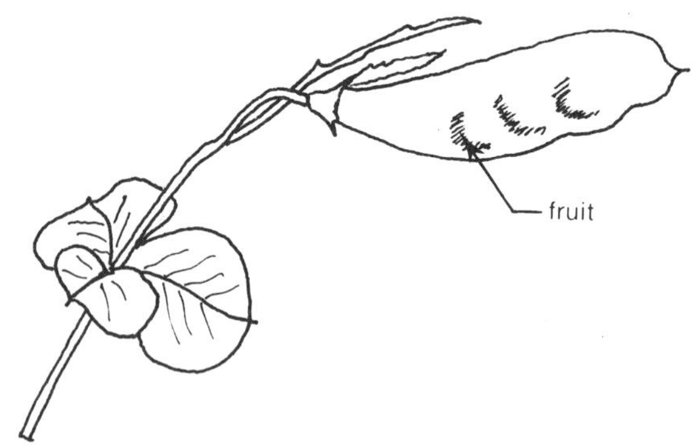

- Feuilles inférieures pétiolées.
- Feuilles supérieures sans pétiole (= sessiles).
- Fruit = gousse très aplatie.

☆ CALYCOTOME

Arbrisseau

- Feuilles très petites, tombant très tôt.
- Rameaux très épineux, striés longitudinalement.
- Fleurs jaunes groupées par 2 à 5.
- Fruit = gousse noire et luisante.

Feuilles alternes composées pennées à folioles non dentées

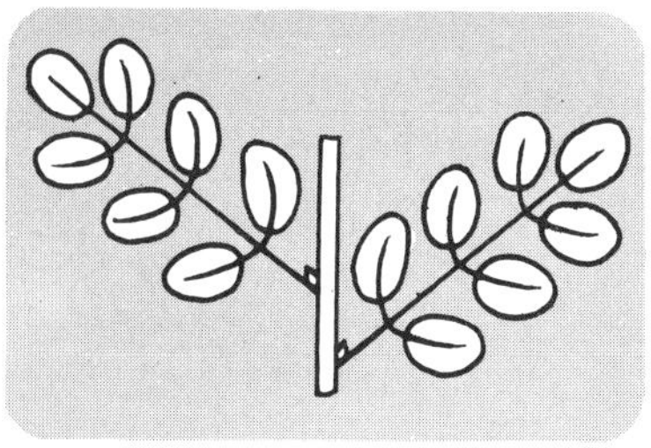

△ GLYCINE

Liane

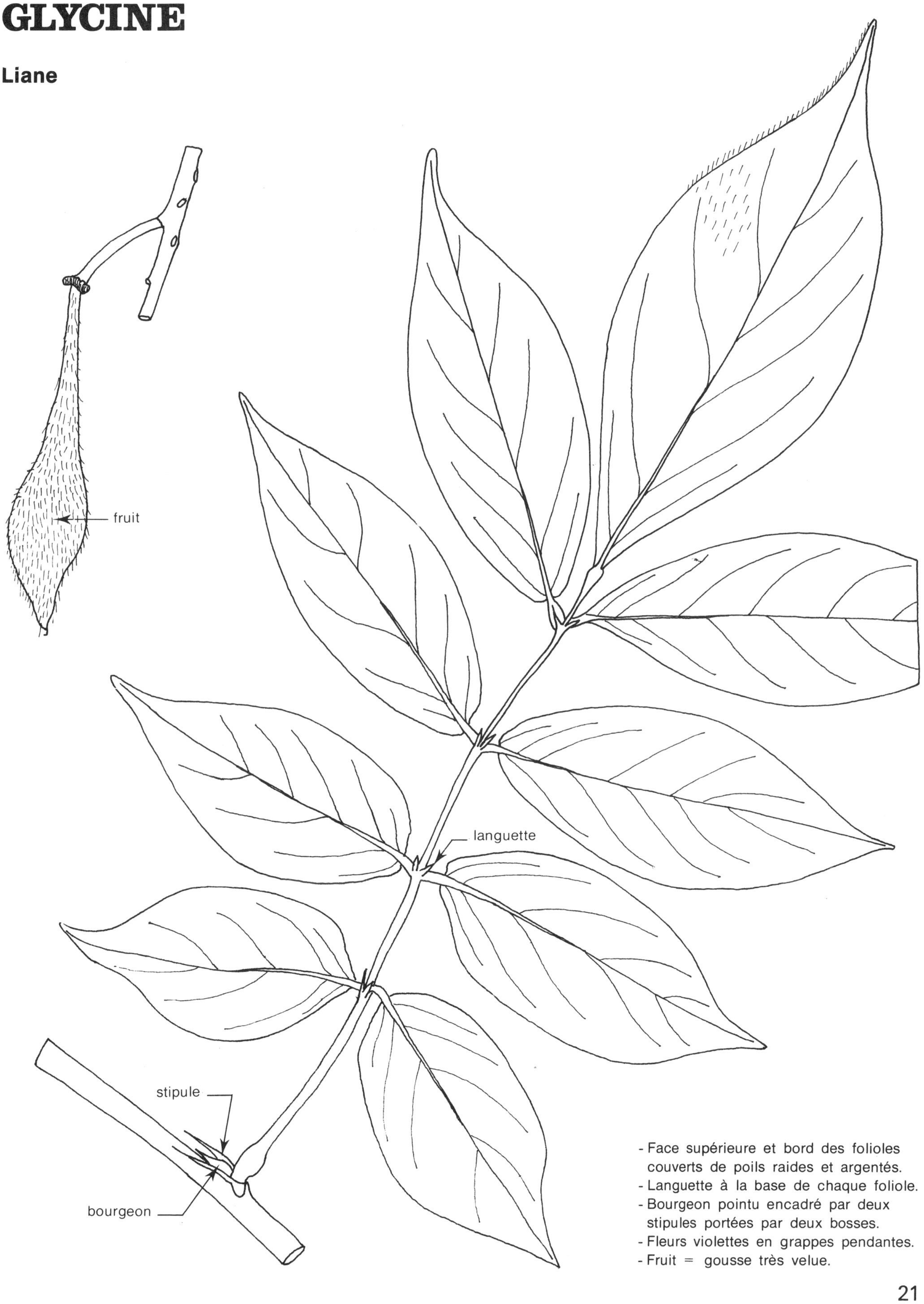

- Face supérieure et bord des folioles couverts de poils raides et argentés.
- Languette à la base de chaque foliole.
- Bourgeon pointu encadré par deux stipules portées par deux bosses.
- Fleurs violettes en grappes pendantes.
- Fruit = gousse très velue.

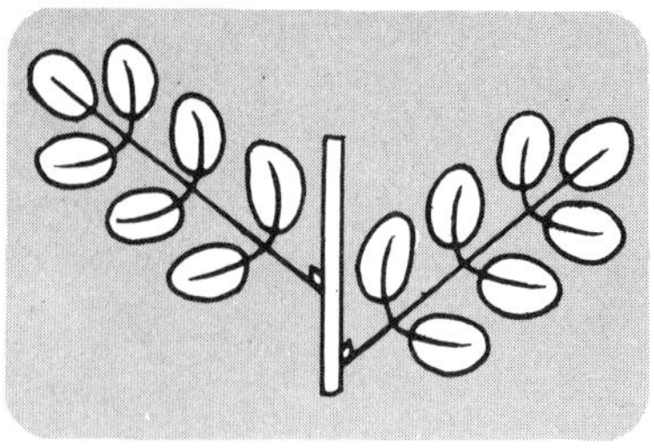

Feuilles alternes composées pennées à folioles non dentées

⊙ ROBINIER = Faux acacia

Arbre

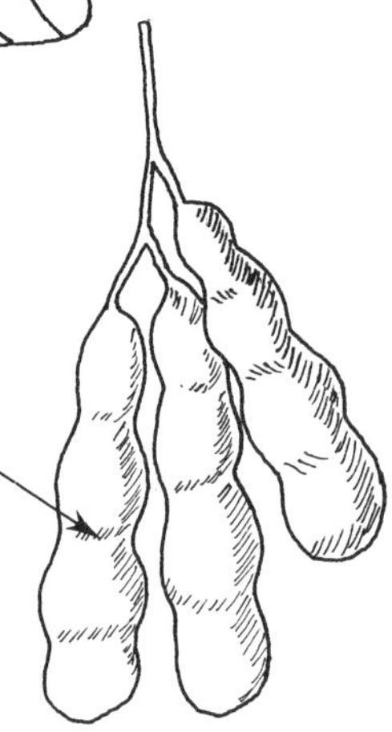

△ *Espèces cultivées :*

- Pas d'épines.

- Plus de 5 folioles.
- 2 épines sur la tige à la base de chaque feuille.
- Bourgeons axillaires peu ou pas visibles.
- Fleurs blanches en grappes odorantes.
- Fruits secs = gousses très aplaties.

⊙ NOYER

Arbre

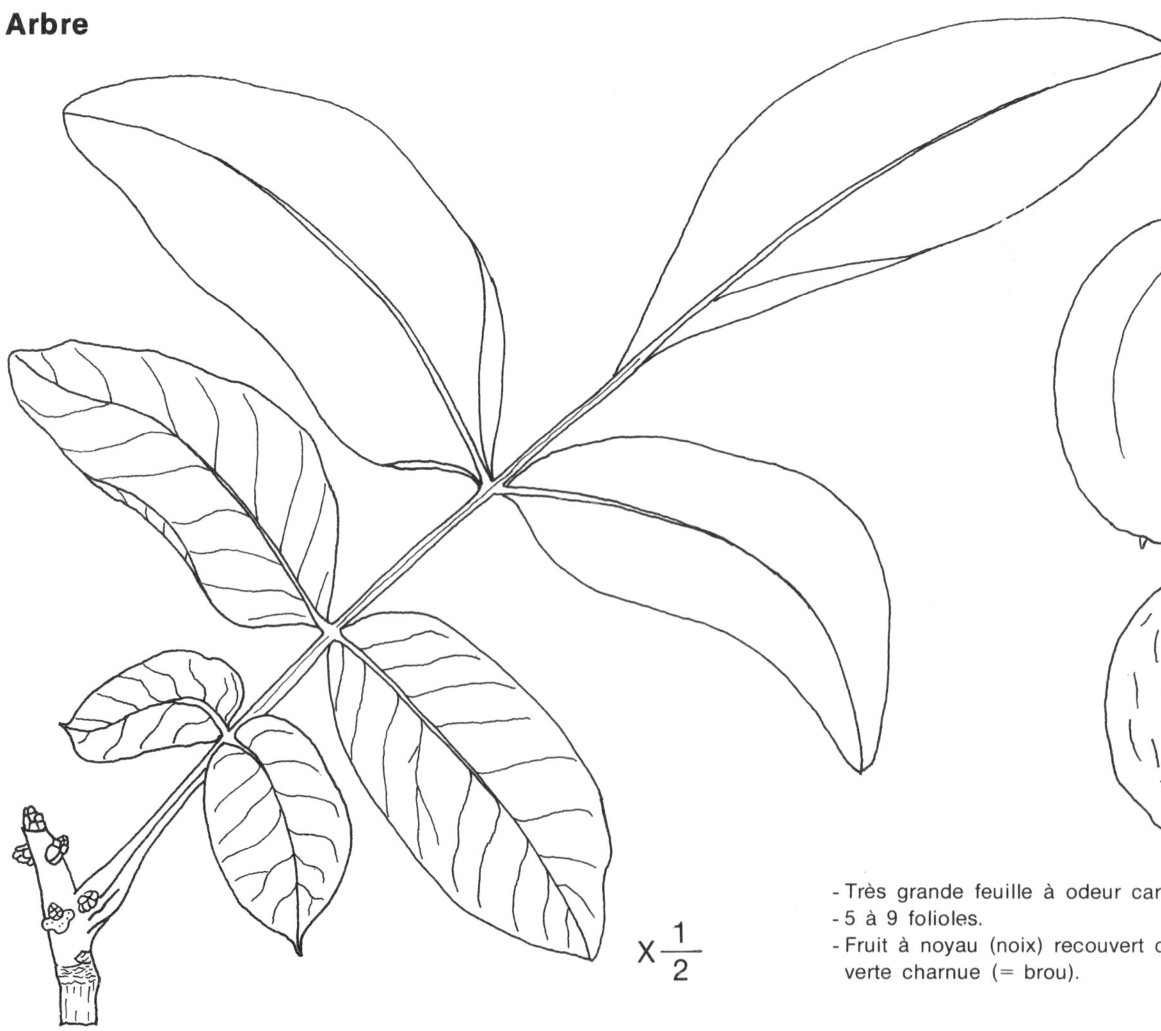

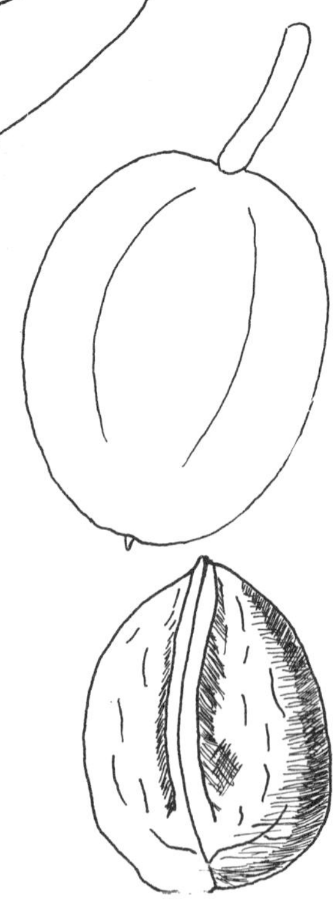

$X\frac{1}{2}$

- Très grande feuille à odeur caractéristique.
- 5 à 9 folioles.
- Fruit à noyau (noix) recouvert d'une enveloppe verte charnue (= brou).

Feuilles alternes composées pennées à folioles non dentées

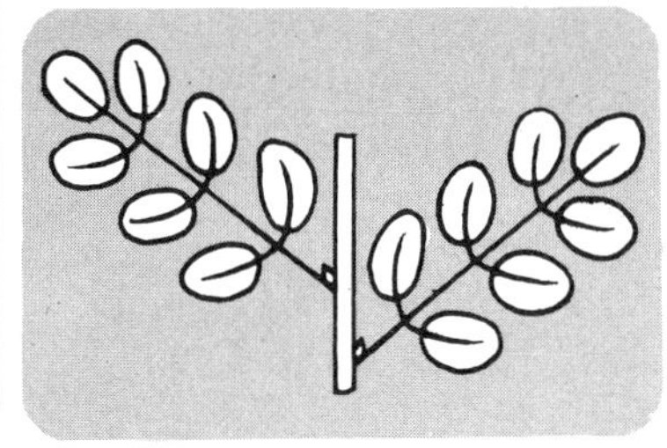

☆ CAROUBIER

Arbre

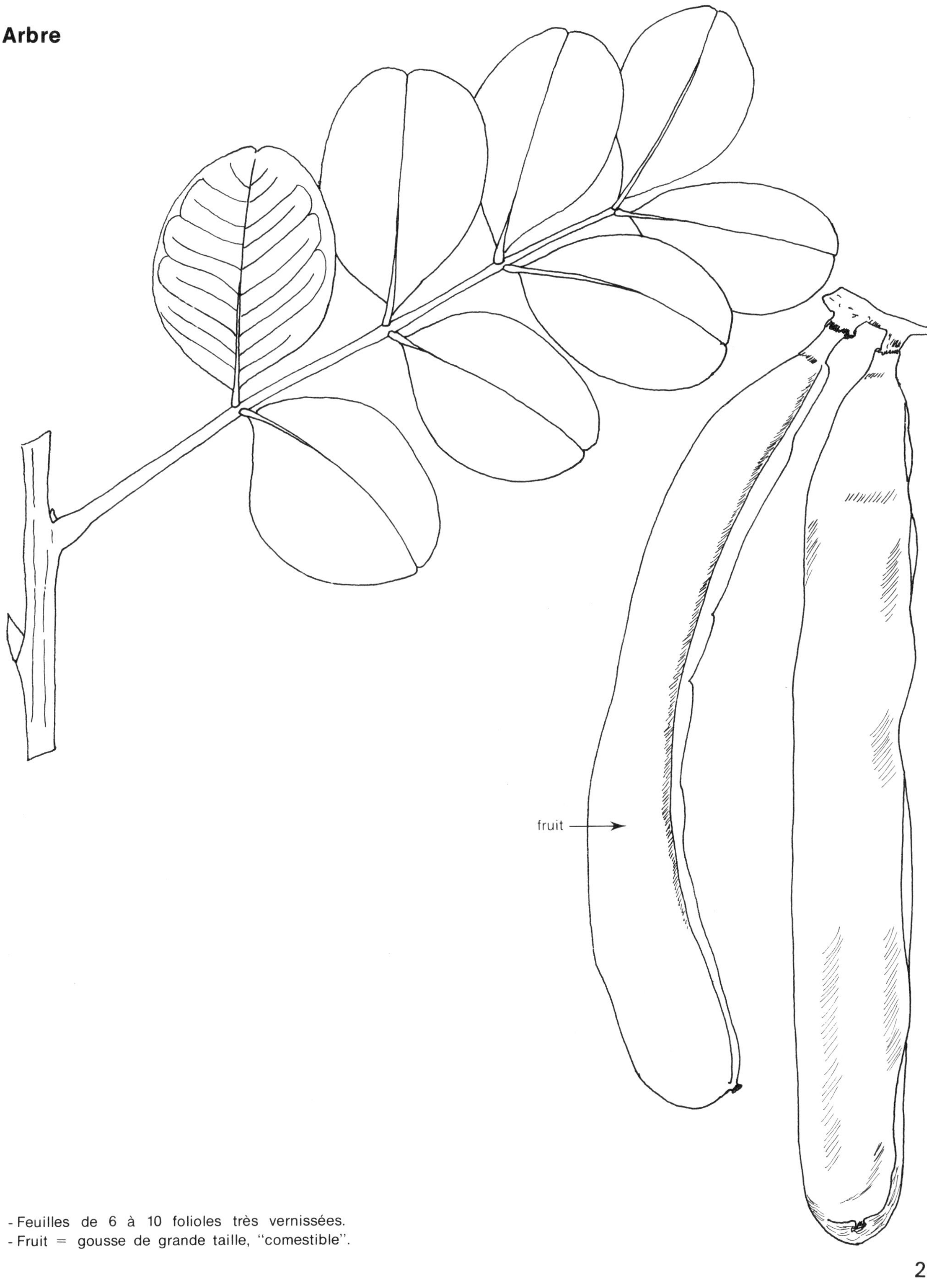

- Feuilles de 6 à 10 folioles très vernissées.
- Fruit = gousse de grande taille, "comestible".

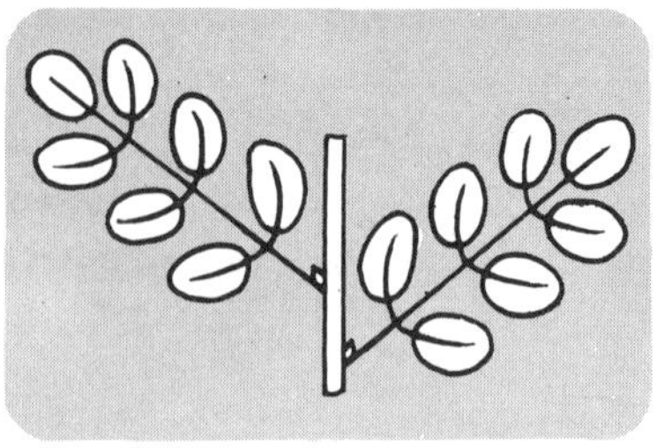

Feuilles alternes composées pennées à folioles non dentées

△ SOPHORA

Arbre

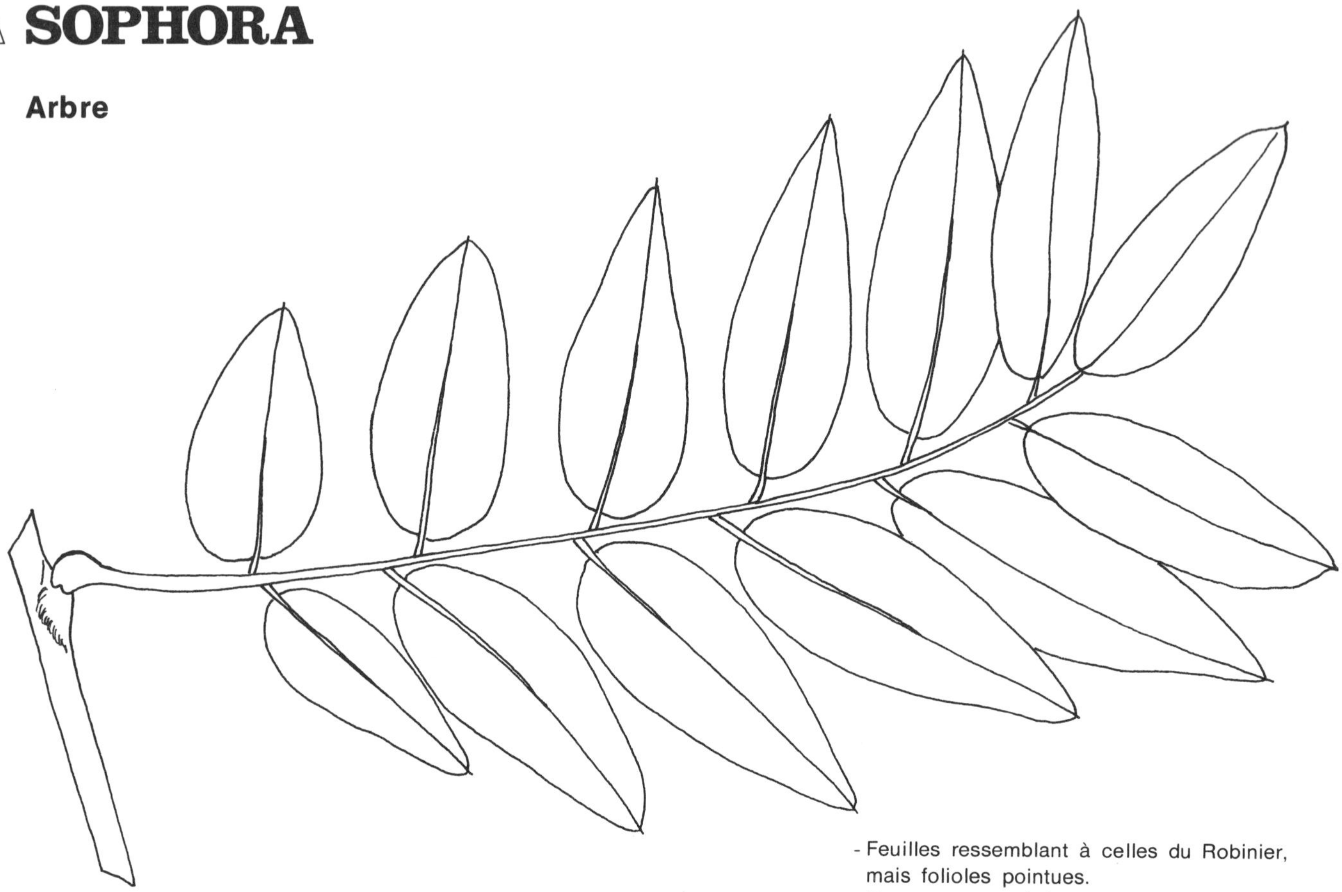

- Feuilles ressemblant à celles du Robinier, mais folioles pointues.
- Rameaux sans épines.
- Fruit = gousse verte, charnue, étranglée entre les graines.

⊙ BAGUENAUDIER

Arbrisseau

- 5 à 11 petites folioles.
- Grappe de 2 à 6 fleurs jaunes.
- Fruit = gousse très enflée.

fruit

Feuilles alternes composées pennées à folioles non dentées

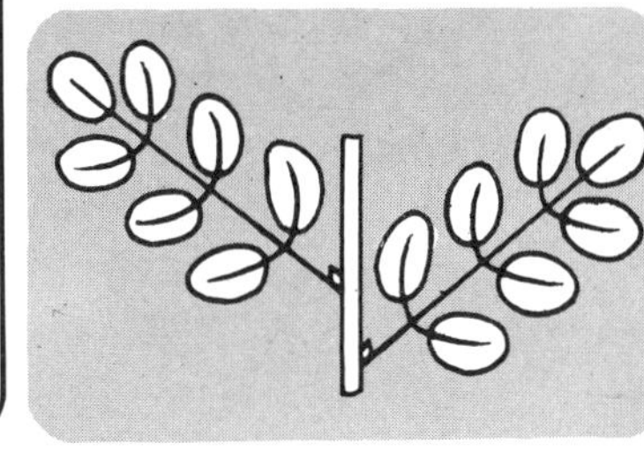

⊙ AILANTE = Vernis du Japon

Arbre

X 1

$X \frac{1}{5}$

- Feuille de 50 cm à 1 m, à odeur désagréable.
- 13 à 41 grandes folioles.
- Petites glandes à la base des "dents" des folioles.

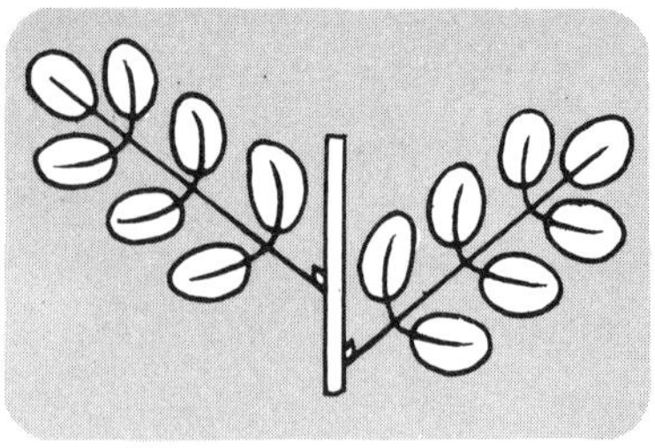

Feuilles alternes composées pennées à folioles non dentées

☆ PISTACHIER

Arbuste

Térébinthe

Lentisque

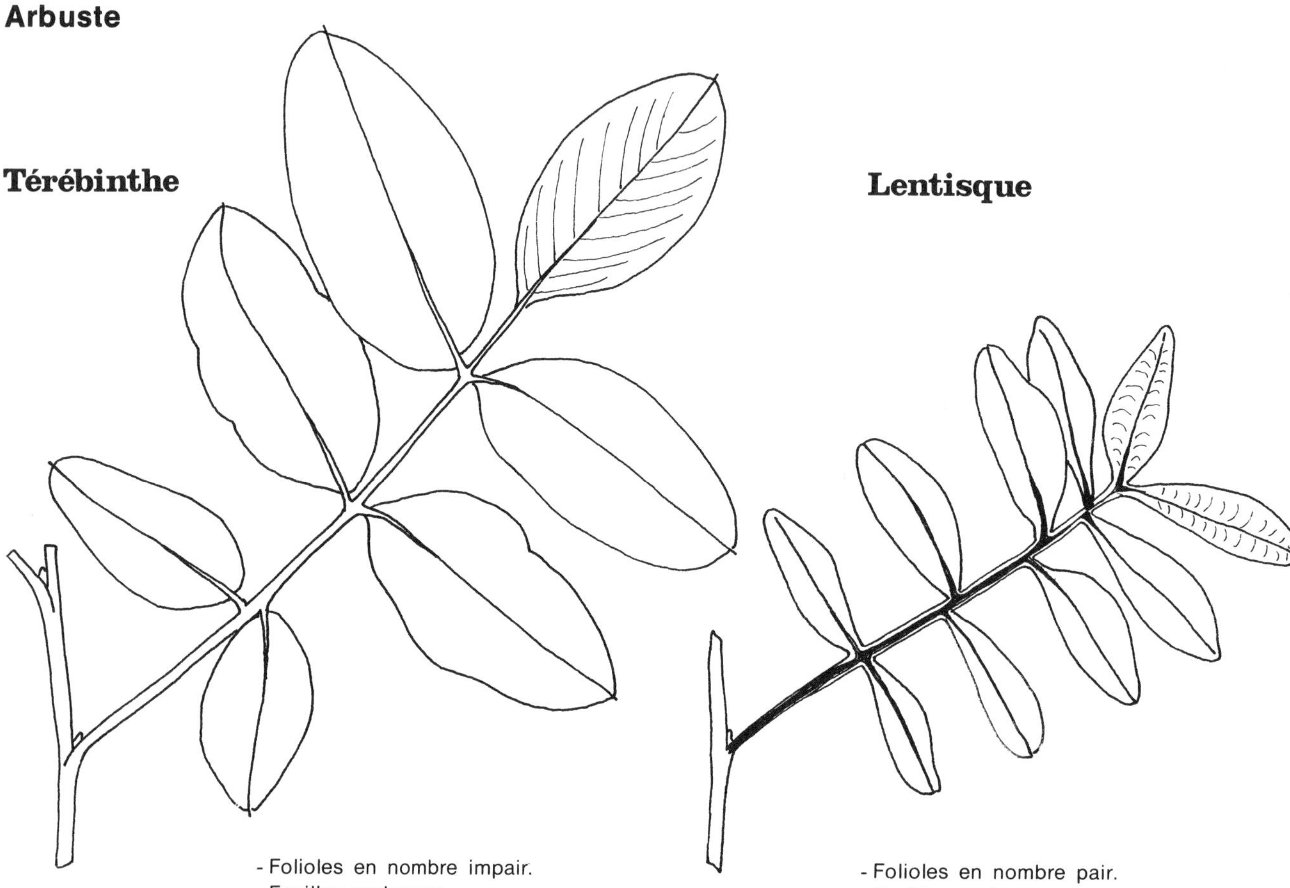

- Folioles en nombre impair.
- Feuilles caduques.
- Pétiole non ailé.
- Galle en "banane" très fréquente.

- Folioles en nombre pair.
- Feuilles coriaces, persistantes.
- Pétiole bordé d'une aile verte entre les folioles.

☆ CORONILLE

Arbrisseau

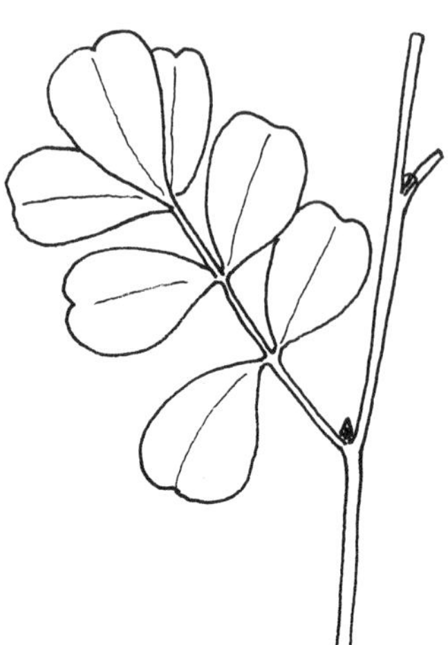

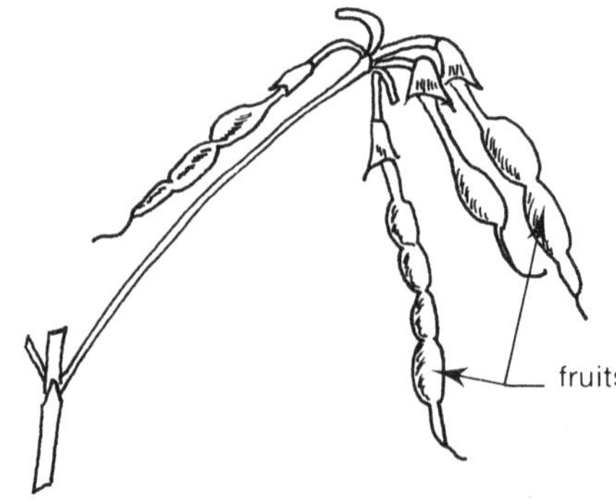

- Fleurs jaunes groupées en couronne.
- Gousses divisées en segments successifs plus ou moins nets, se séparant à maturité.

Plusieurs espèces méditerranéennes.

Feuilles alternes composées pennées à folioles non dentées

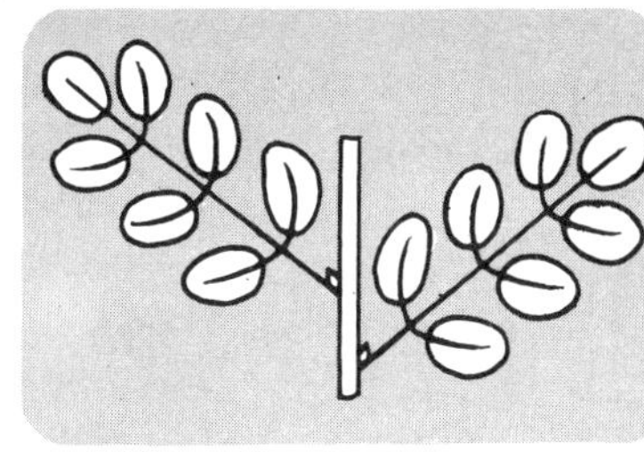

☆ JASMIN ARBRISSEAU

Arbrisseau

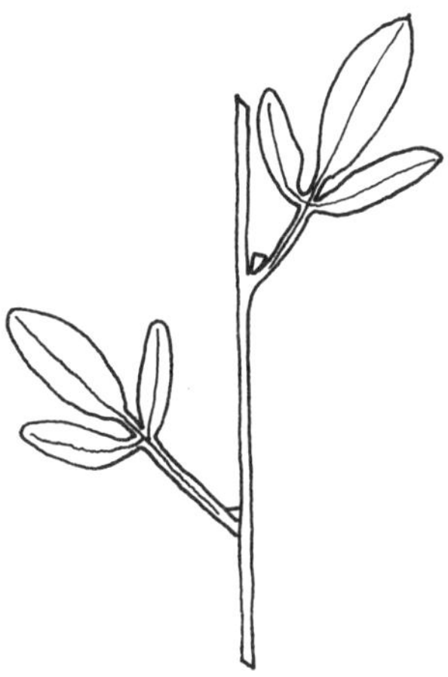

- Feuilles alternes caduques.
- Fleurs jaunes peu odorantes.
- Fruits = baies noires.

△ JASMIN CULTIVÉ

Arbrisseau

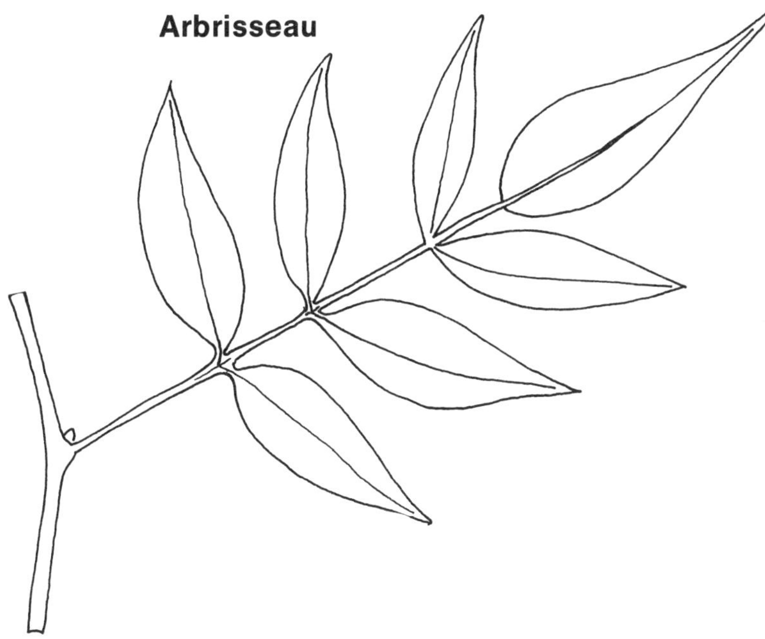

- Nombreuses variétés à feuilles alternes ou opposées et folioles en nombre variable (5 à 9).
- Fleurs jaunes ou blanches.

☆ MIMOSA D'HIVER

Arbre

- Feuilles pouvant avoir jusqu'à 25 paires de folioles divisées.
- Bourgeons gris vert.

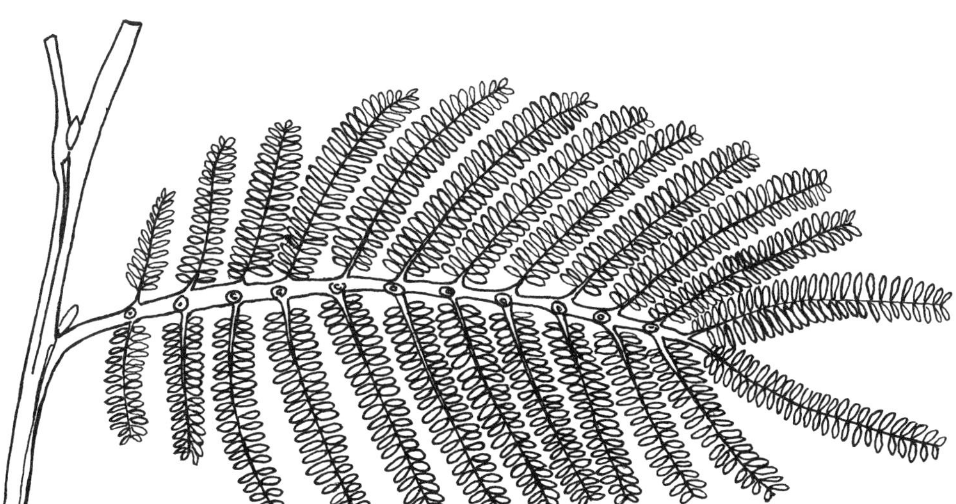

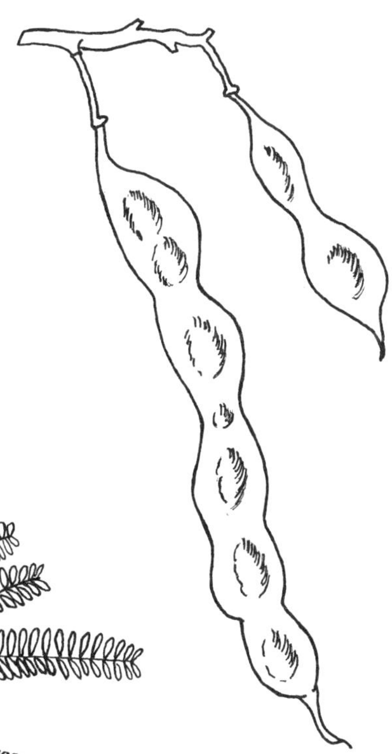

Espèce à feuilles comparables mais à grandes fleurs :

△ **Albizzia**

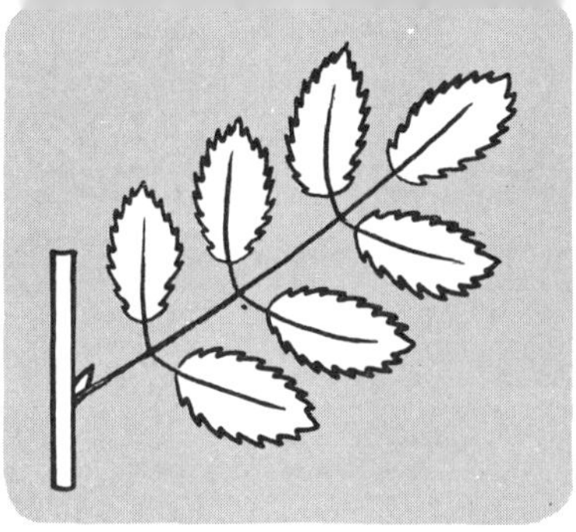

FEUILLES COMPOSÉES PENNÉES A FOLIOLES DENTÉES

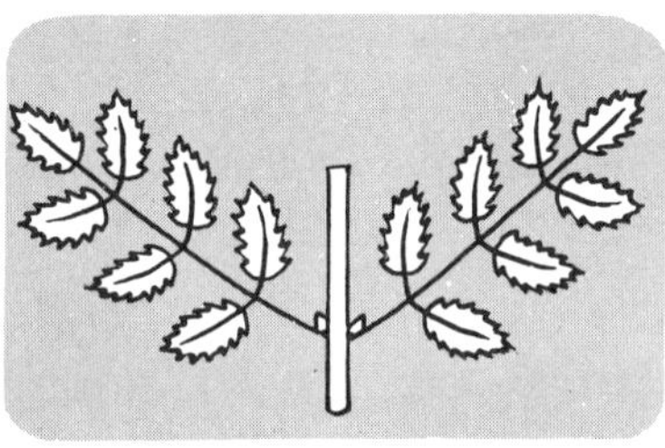

Feuilles opposées

Consultez le tableau page 29
ou feuilletez les pages 30 à 33.

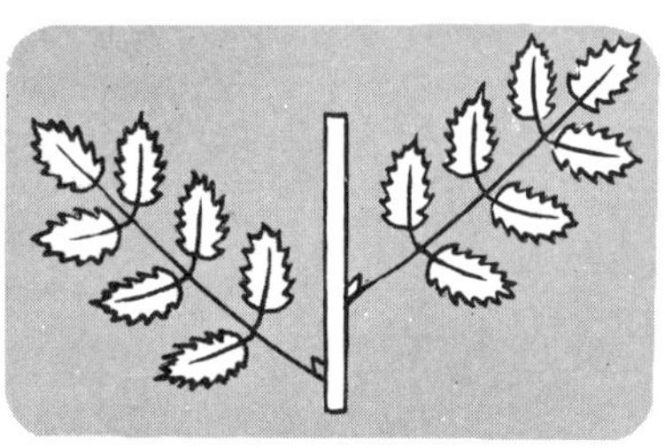

Feuilles alternes

Consultez le tableau page 35
ou feuilletez les pages 36 à 39.

Feuilles opposées composées pennées à folioles dentées

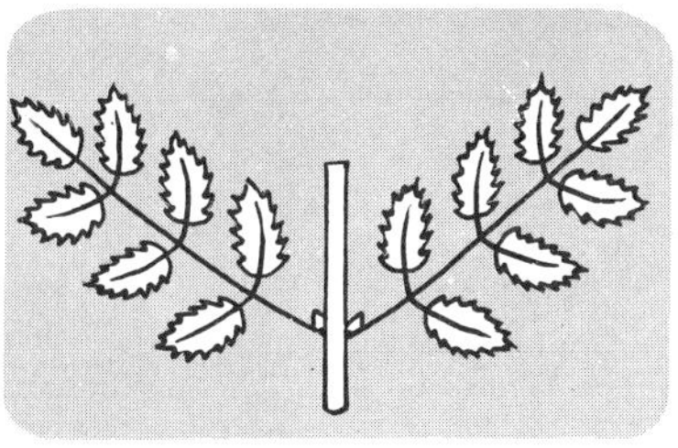

■ De 3 à 7 folioles

■ Plus de 7 folioles

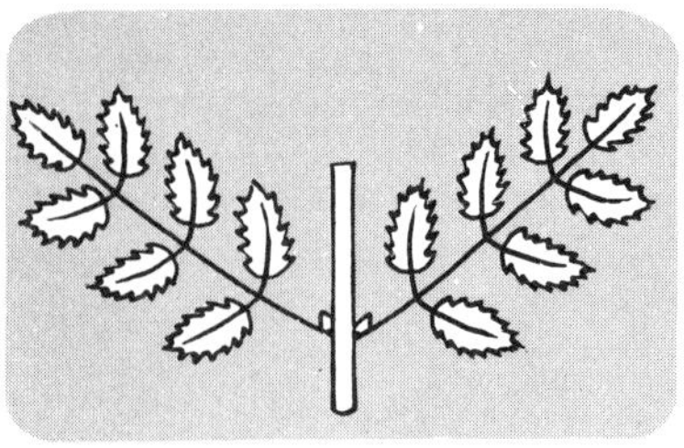

Feuilles opposées composées pennées à folioles dentées

△ ÉRABLE NÉGUNDO

Arbre

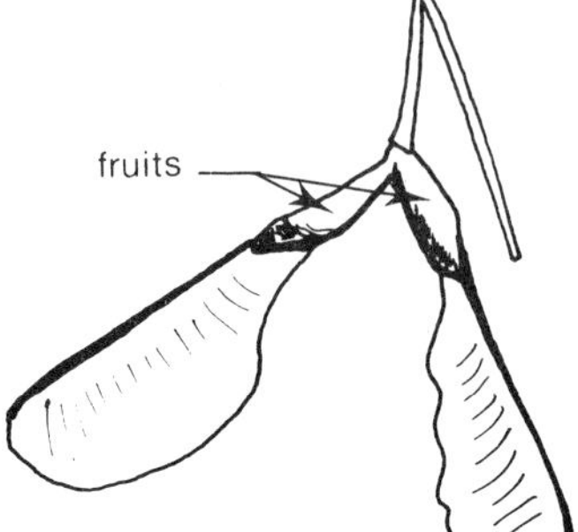

- 3 à 7 folioles irrégulièrement dentées ou lobées.
- Renflement rougeâtre cachant un petit bourgeon blanc à la base du pétiole.
- Fruit = double samare dont les ailes font entre elles un angle aigu.

- Une variété présente des feuilles panachées.

Feuilles opposées composées pennées à folioles dentées

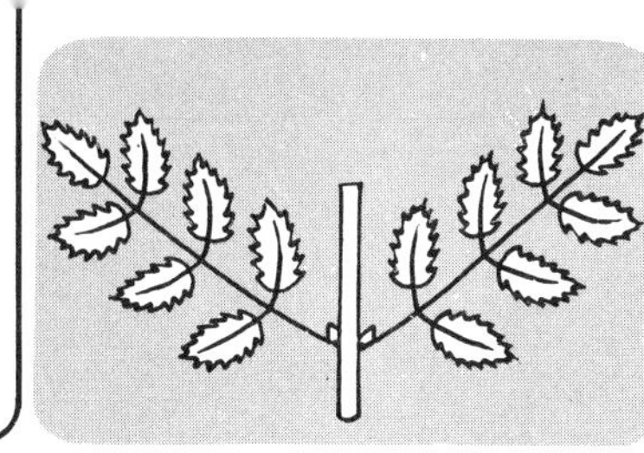

⊙ FRÊNE

Arbre

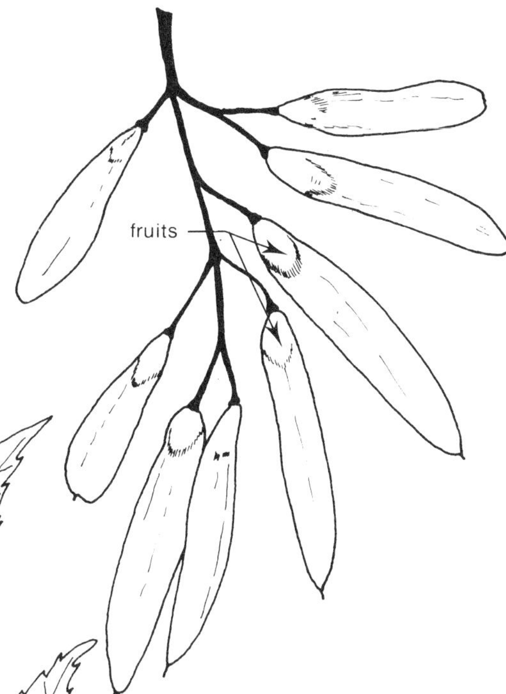

- Feuilles ressemblant à celles du Sorbier (voir page 36) mais opposées et non alternes.
- Folioles de largeur variable.
- Fruits secs aplatis qui pendent = samares.

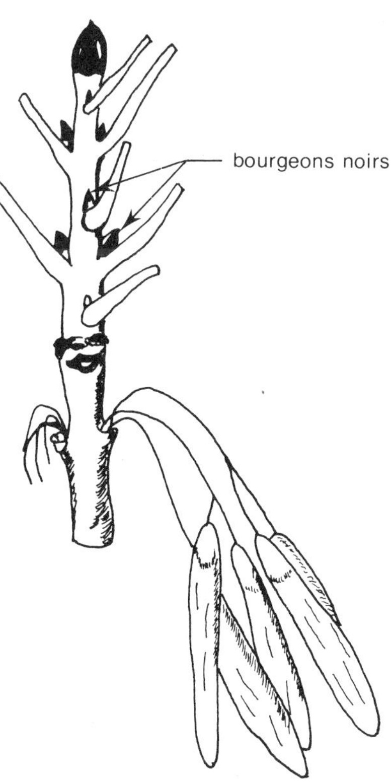

2 espèces :

Frêne commun

- Bourgeons noirs.
- Sommet des folioles peu aigu.

Frêne oxyphylle

- Bourgeons bruns.
- Sommet des folioles très aigu.

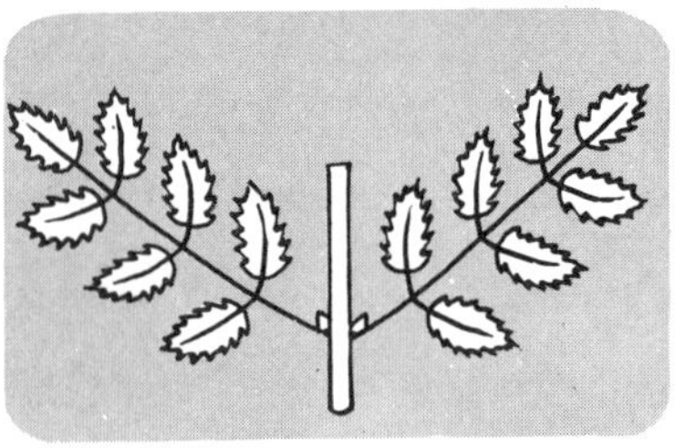

Feuilles opposées composées pennées à folioles dentées

⊙ SUREAU

Arbuste

Feuille à odeur caractéristique

2 espèces

Sureau noir

- Folioles ovales.
- Moelle blanche.
- Fruit mûr noir.

Sureau à grappe

- Folioles lancéolées.
- Moelle brun jaunâtre.
- Fruit mûr rouge.

Féuilles opposées composées pennées à folioles dentées

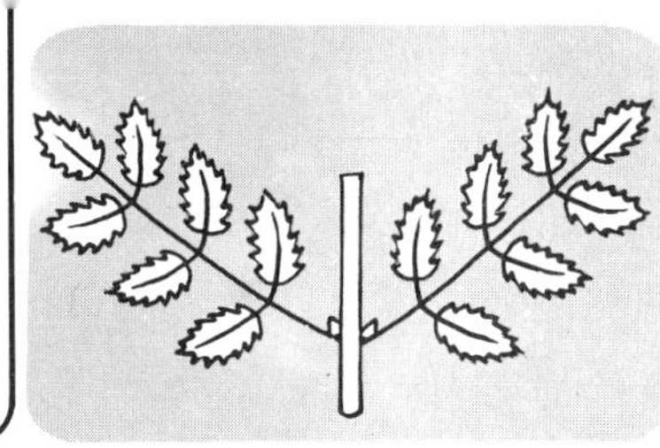

△ BIGNONIA

Liane

fleur

- Tige verte avec des taches rouges.
- Fleurs orangées ou écarlates.

Feuilles alternes composées pennées à folioles dentées

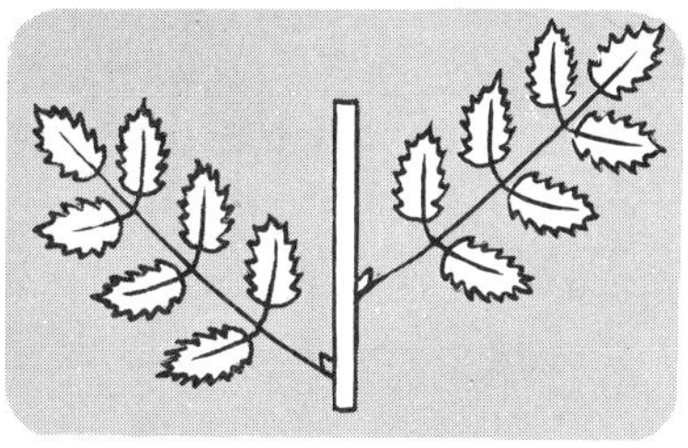

■ Plante sans épines

➔ Arbre

- ▶ **Folioles à dents nombreuses** ———— page 36 ⊙ **Sorbier**
- ▶ **Folioles à dents peu nombreuses (1 à 5)** ———— 25 ⊙ **Ailante**

➔ Arbuste ———— 38 △ **Sumac**

———— 39 ☆ **Sumac**

■ Plante avec épines

➔ sur feuilles et rameaux ———— 36 ⊙ **Rosier**

———— 37 ⊙ **Ronce**

➔ sur feuilles seulement ———— 39 △ **Mahonia**

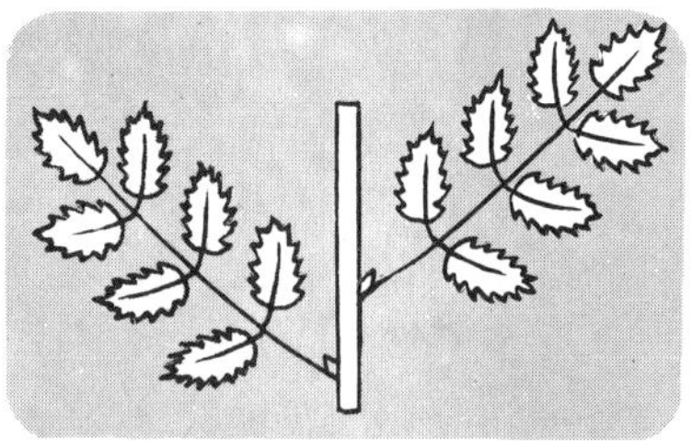

Feuilles alternes composées pennées à folioles dentées

⊙ SORBIER

Arbre

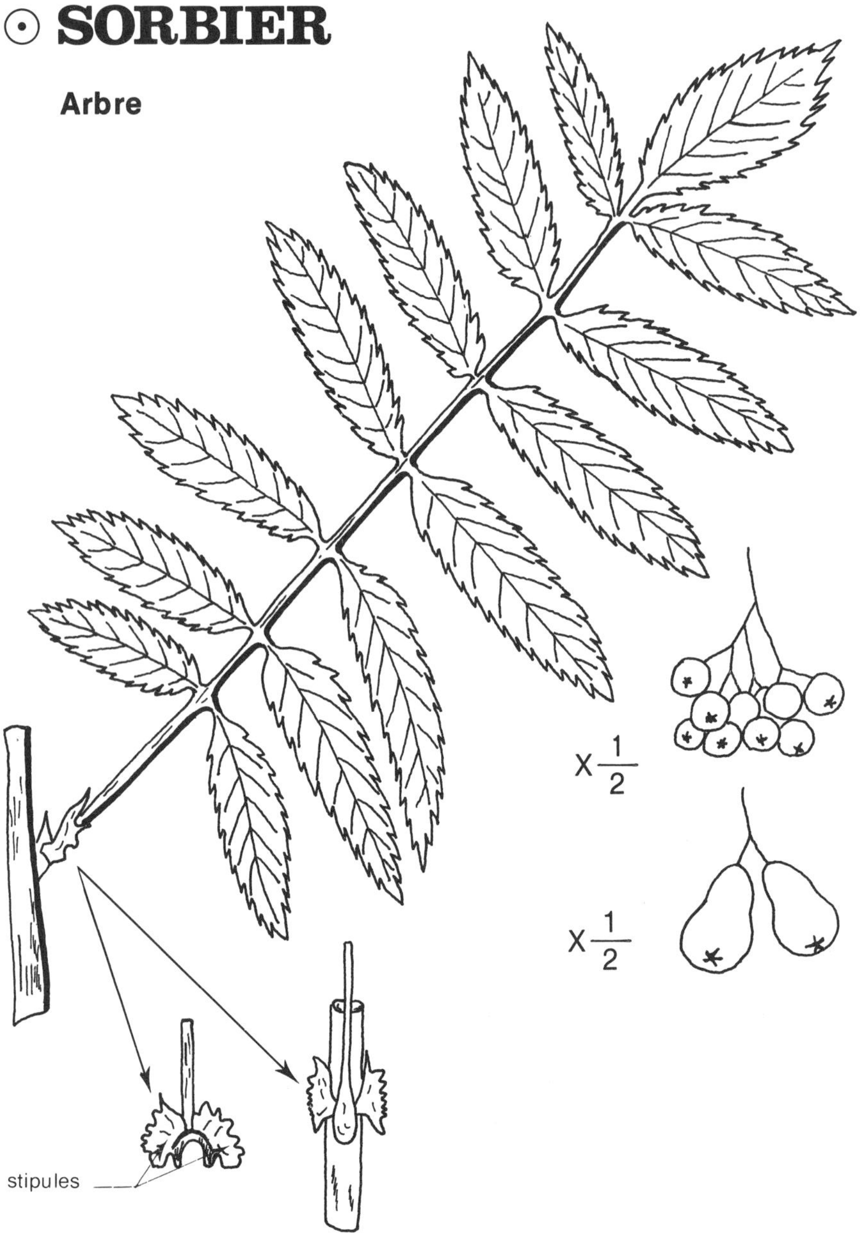

11 à 17 folioles de forme variable.

x $\frac{1}{2}$

Sorbier des oiseleurs

- Folioles entièrement dentées.
- Pétiole souvent rougeâtre.
- Bourgeons très poilus.
- Fruits ronds, rouges, charnus, de 1 cm de diamètre.

x $\frac{1}{2}$

Sorbier domestique

- Folioles non dentées dans le 1/3 inférieur.
- Pétiole jaunâtre ou verdâtre.
- Bourgeons sans poils, visqueux.
- Fruit en forme de poire, de 1,5 à 3 cm de long.

⊙ ROSIER

Arbrisseau

fruit

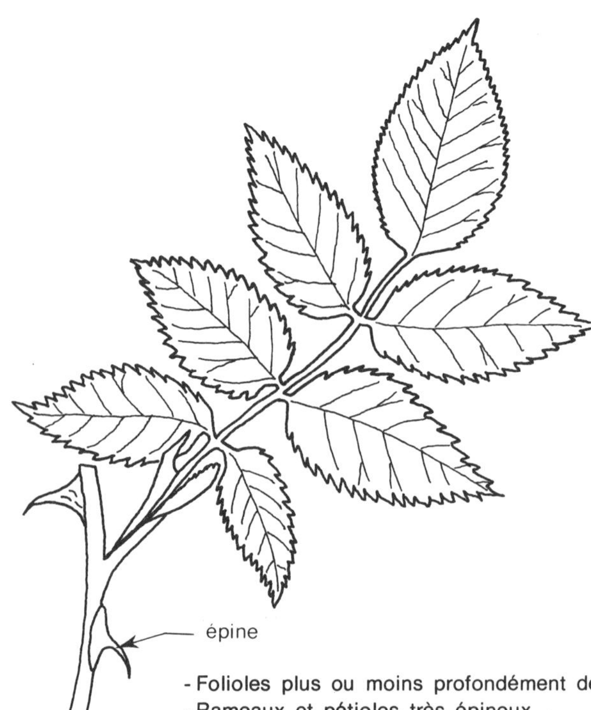

Nombreuses espèces difficiles à déterminer.
Espèce la plus commune :

Rosier des Chiens ou Églantier

- Folioles plus ou moins profondément dentées.
- Rameaux et pétioles très épineux.
- Fruits mûrs rouges remplis de poils et de grains durs (= akènes).

Feuilles alternes composées pennées à folioles dentées

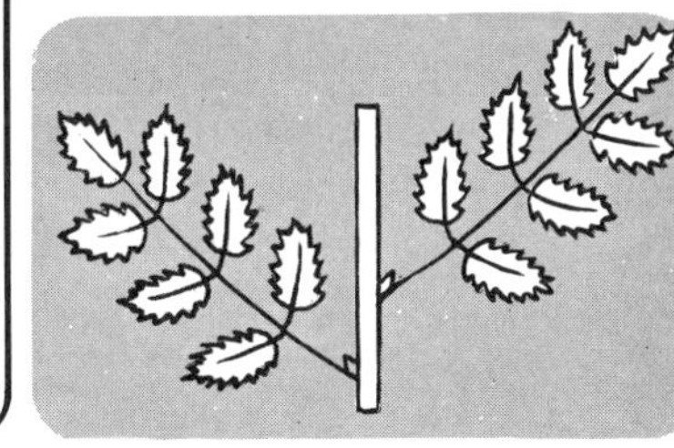

⊙ RONCE

Arbrisseau

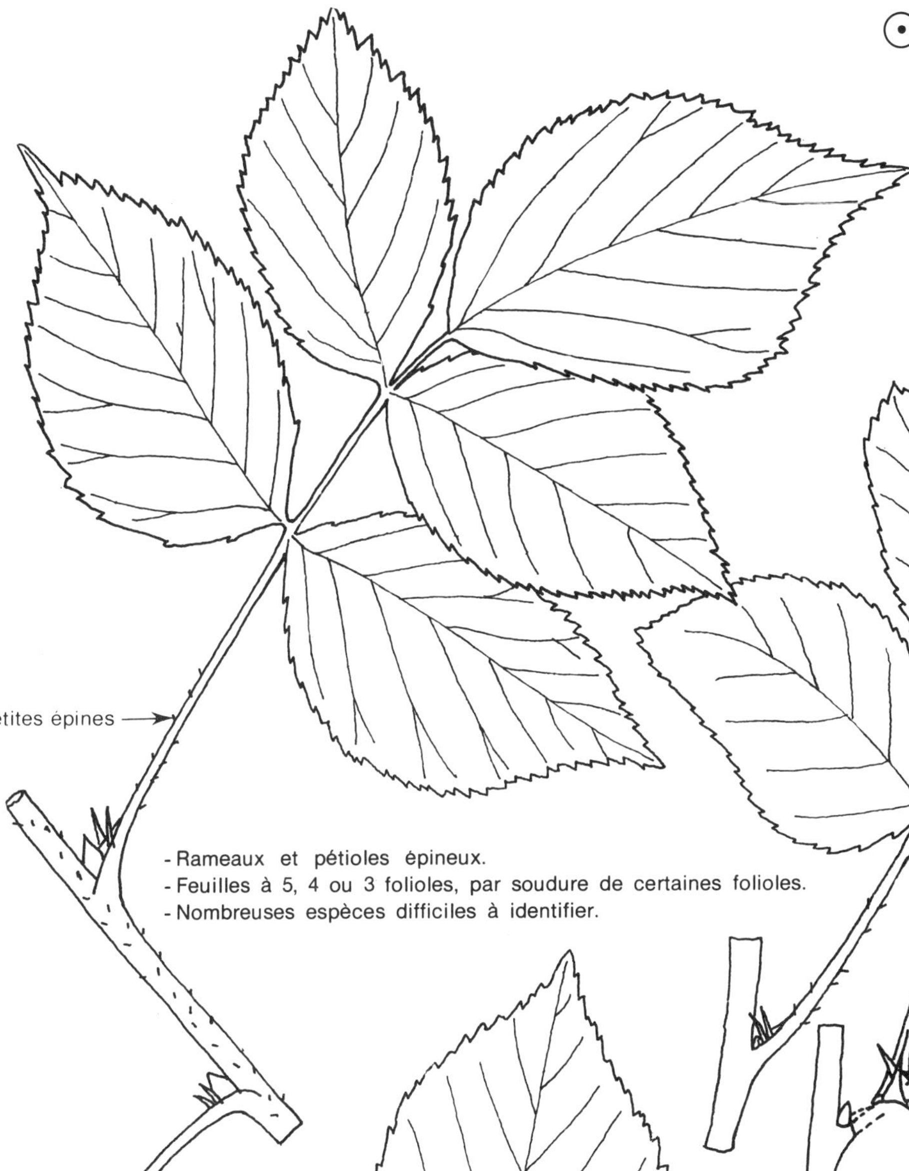

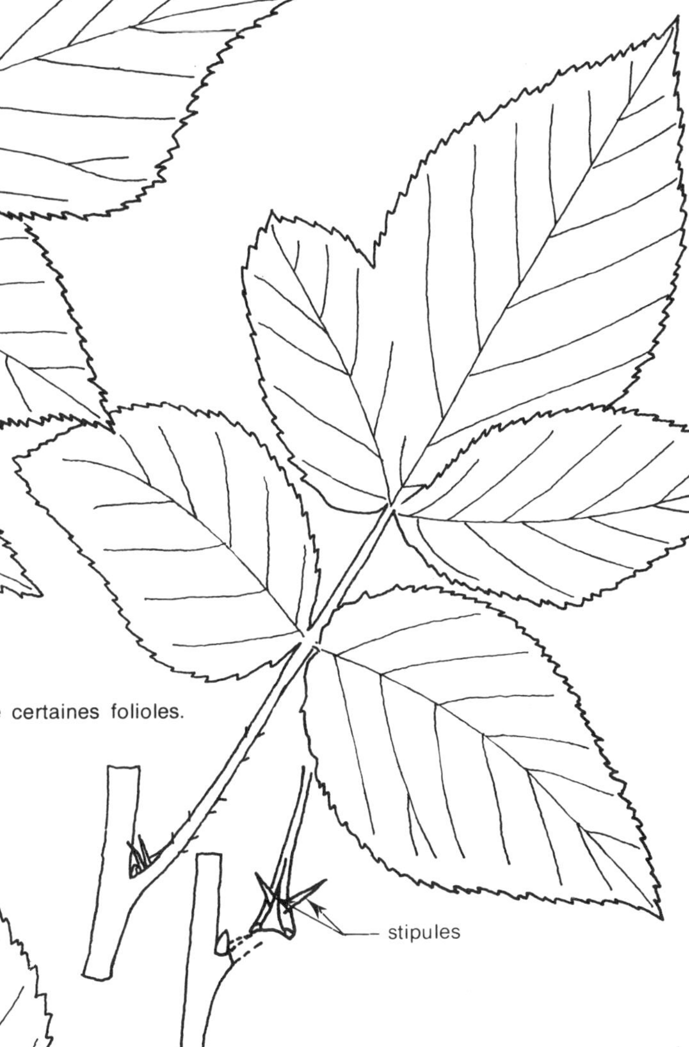

- Rameaux et pétioles épineux.
- Feuilles à 5, 4 ou 3 folioles, par soudure de certaines folioles.
- Nombreuses espèces difficiles à identifier.

2 espèces :

Ronce framboisier

- Arbrisseau à rameaux dressés.
- Feuilles blanches poilues en dessous.
- Fruit rouge : framboise.

Ronce frutescente

- Arbrisseau à rameaux rampants (en arceaux).
- Feuilles vertes en dessous.
- Fruit noir : mûre.

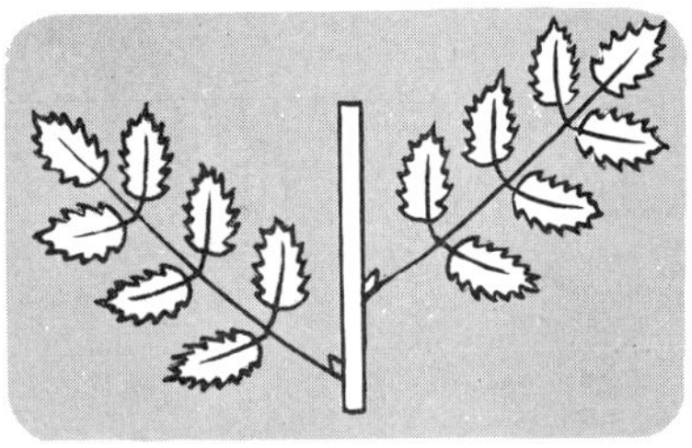

Feuilles alternes composées pennées à folioles dentées

△ SUMAC DE VIRGINIE

Arbuste

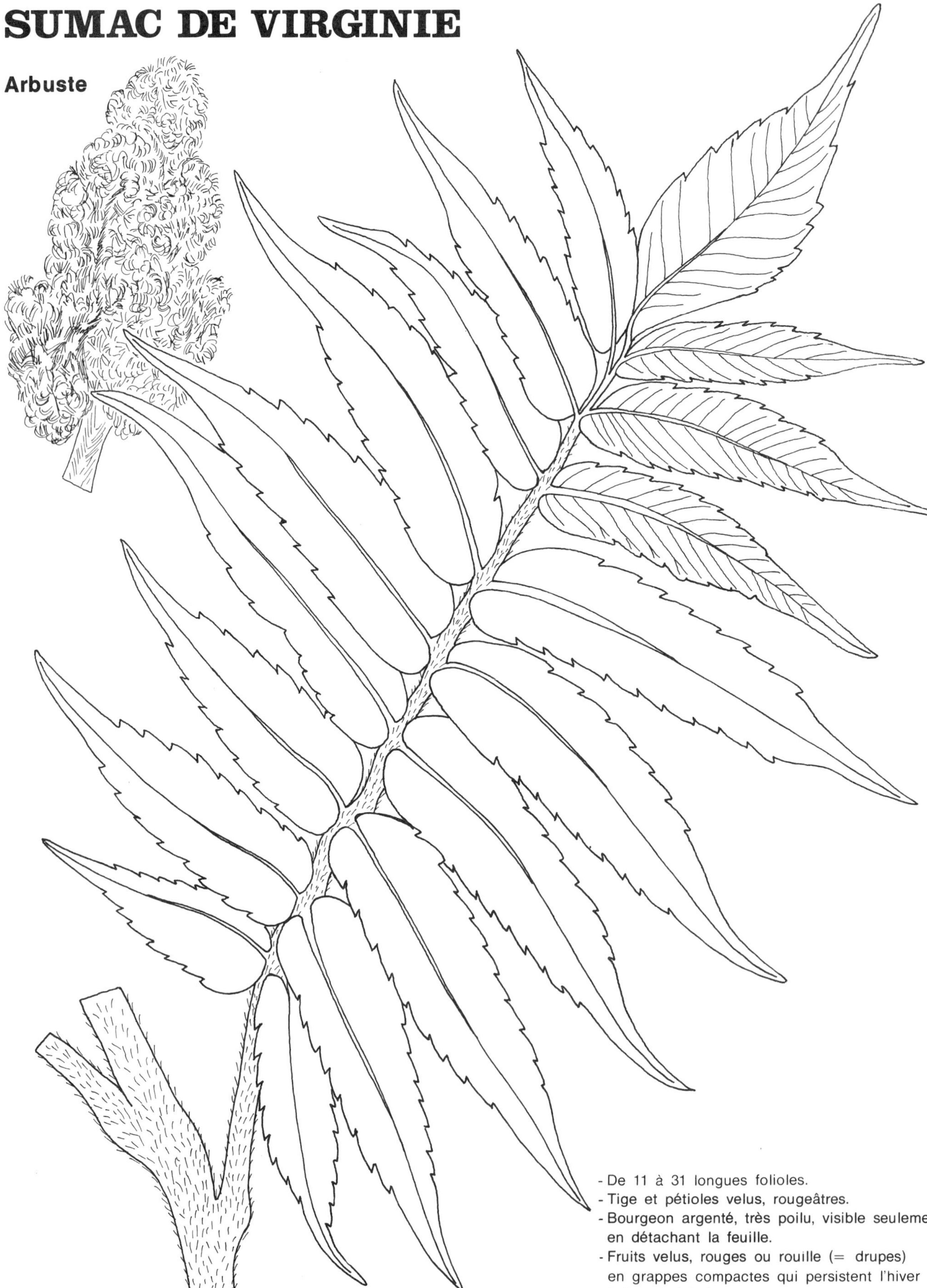

- De 11 à 31 longues folioles.
- Tige et pétioles velus, rougeâtres.
- Bourgeon argenté, très poilu, visible seulement en détachant la feuille.
- Fruits velus, rouges ou rouille (= drupes) en grappes compactes qui persistent l'hiver à l'extrémité des rameaux.

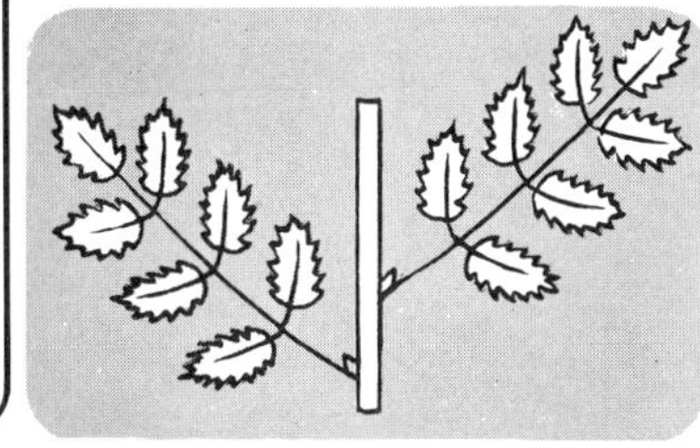

☆ SUMAC DES CORROYEURS

Arbuste

A ne pas confondre avec le Sorbier.

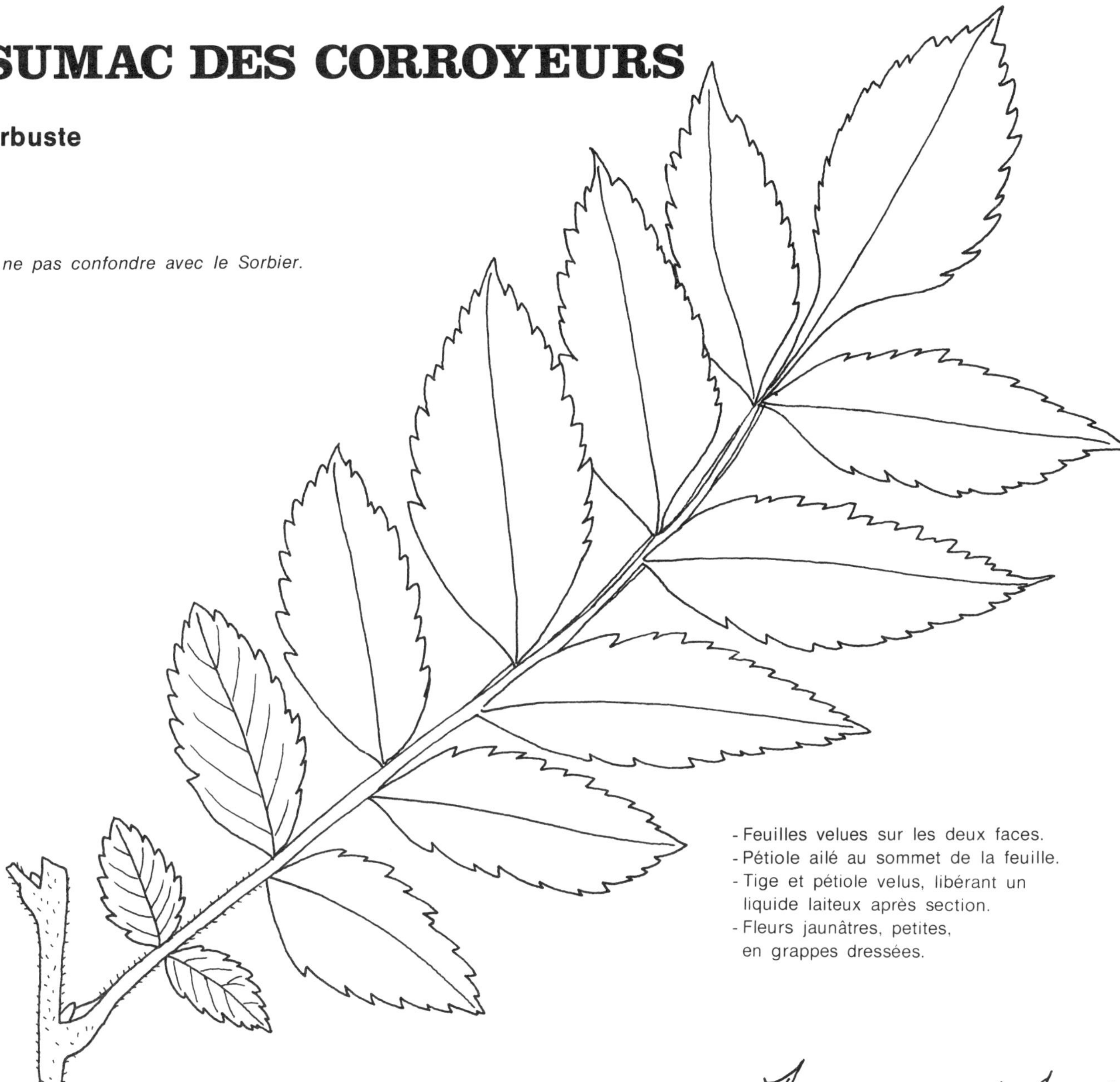

- Feuilles velues sur les deux faces.
- Pétiole ailé au sommet de la feuille.
- Tige et pétiole velus, libérant un liquide laiteux après section.
- Fleurs jaunâtres, petites, en grappes dressées.

△ MAHONIA

Arbuste

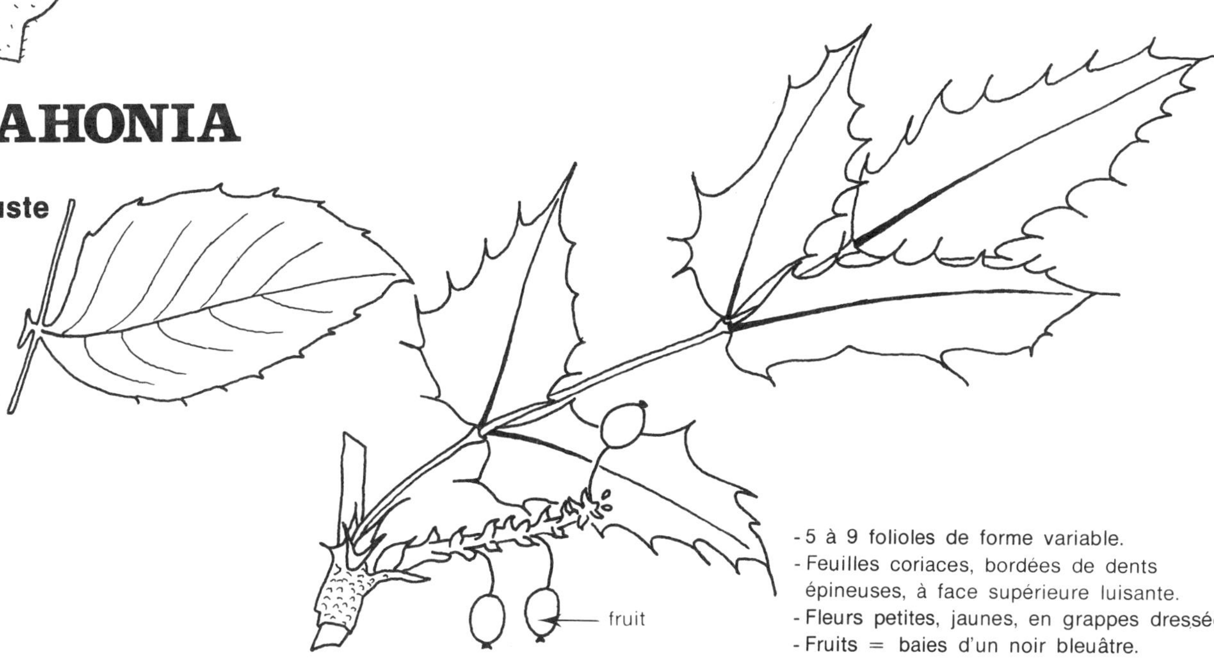

- 5 à 9 folioles de forme variable.
- Feuilles coriaces, bordées de dents épineuses, à face supérieure luisante.
- Fleurs petites, jaunes, en grappes dressées.
- Fruits = baies d'un noir bleuâtre.

FEUILLES SIMPLES A NERVATION PALMÉE

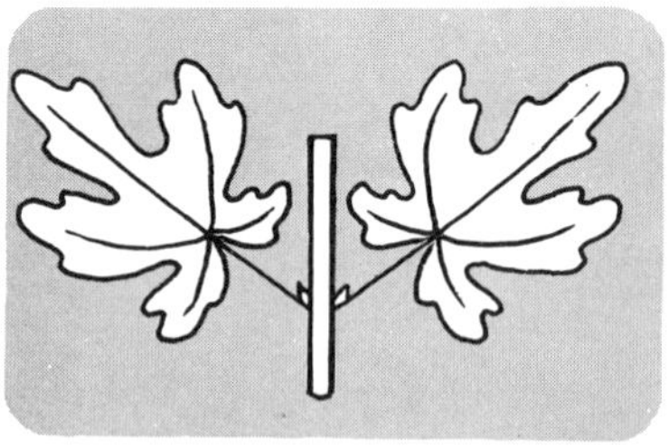

Feuilles opposées

Consultez le tableau page 41
ou feuilletez les pages 42 à 47.

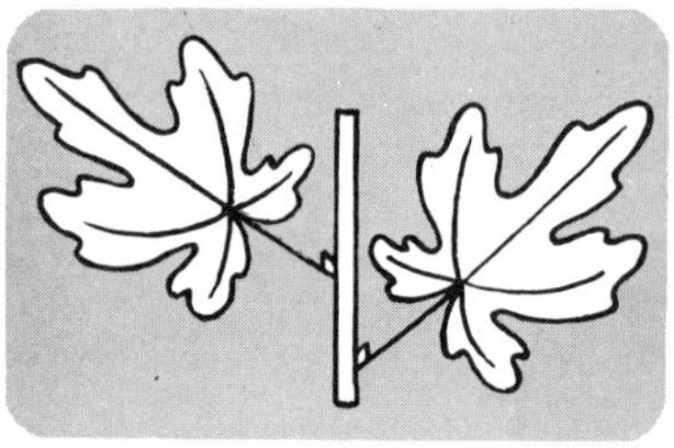

Feuilles alternes

Consultez le tableau page 49
ou feuilletez les pages 50 à 57.

Feuilles opposées simples à nervation palmée

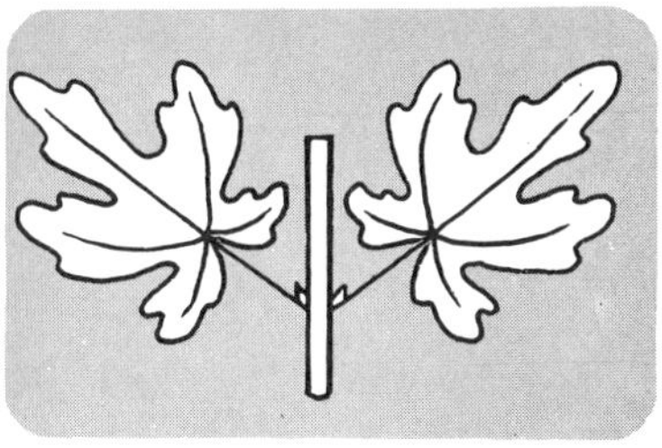

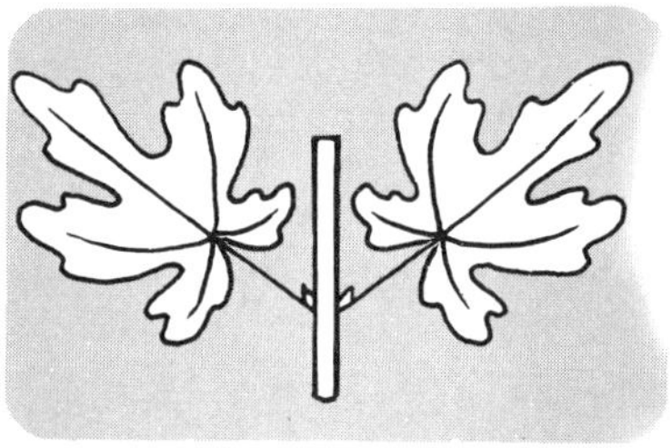

Feuilles opposées simples à nervation palmée

△ PAULOWNIA

Arbre

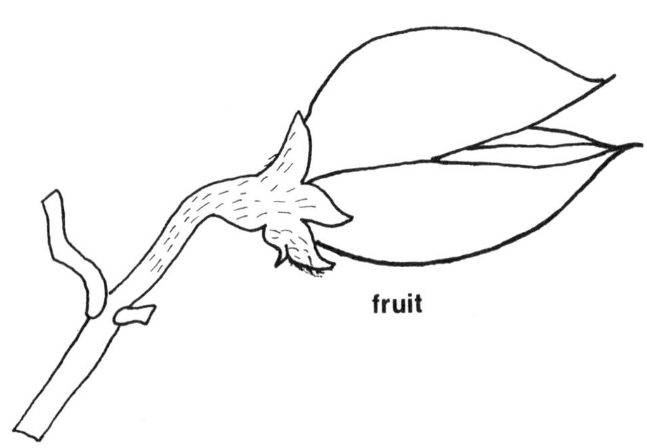

- Feuille gaufrée pouvant atteindre 40 cm de large.
- Tige, pétiole et limbe très velus.
- Tige creuse, couverte de taches blanches.
- Fruit = capsule à deux valves
  (partagée intérieurement en 4 loges).

fruit

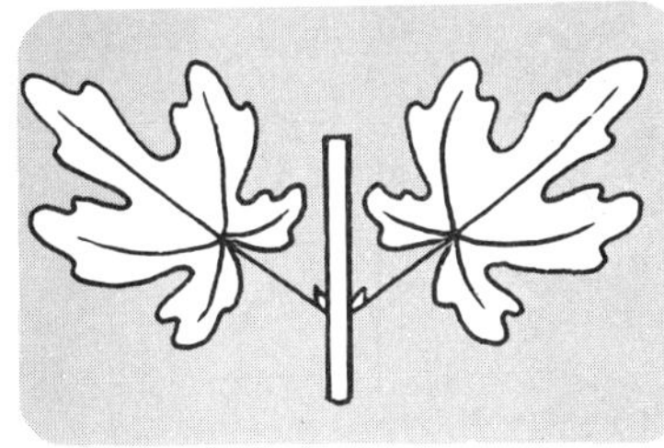

△ CATALPA

Arbre

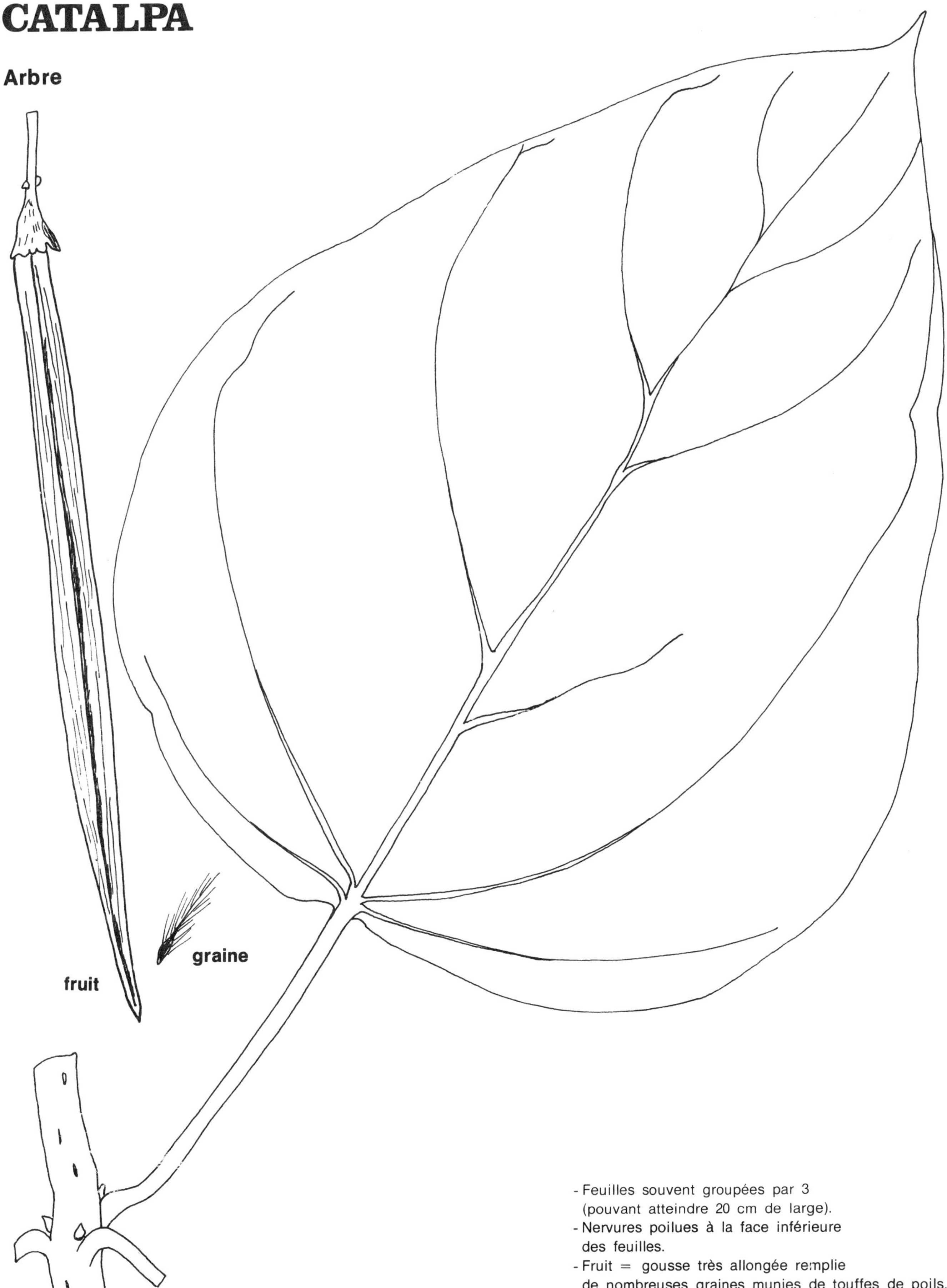

- Feuilles souvent groupées par 3 (pouvant atteindre 20 cm de large).
- Nervures poilues à la face inférieure des feuilles.
- Fruit = gousse très allongée remplie de nombreuses graines munies de touffes de poils.

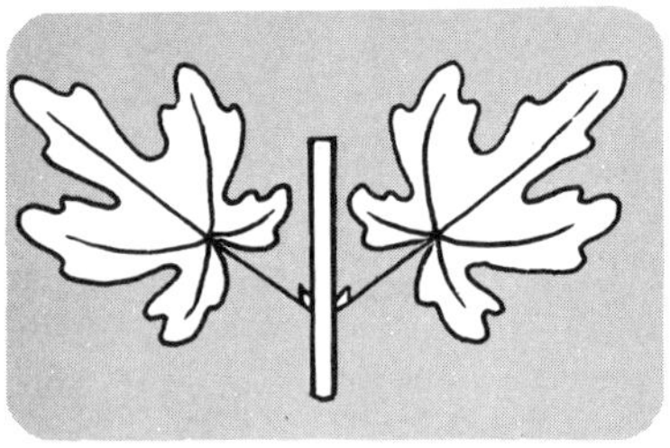

Feuilles opposées simples à nervation palmée

⊙ HOUBLON

Liane

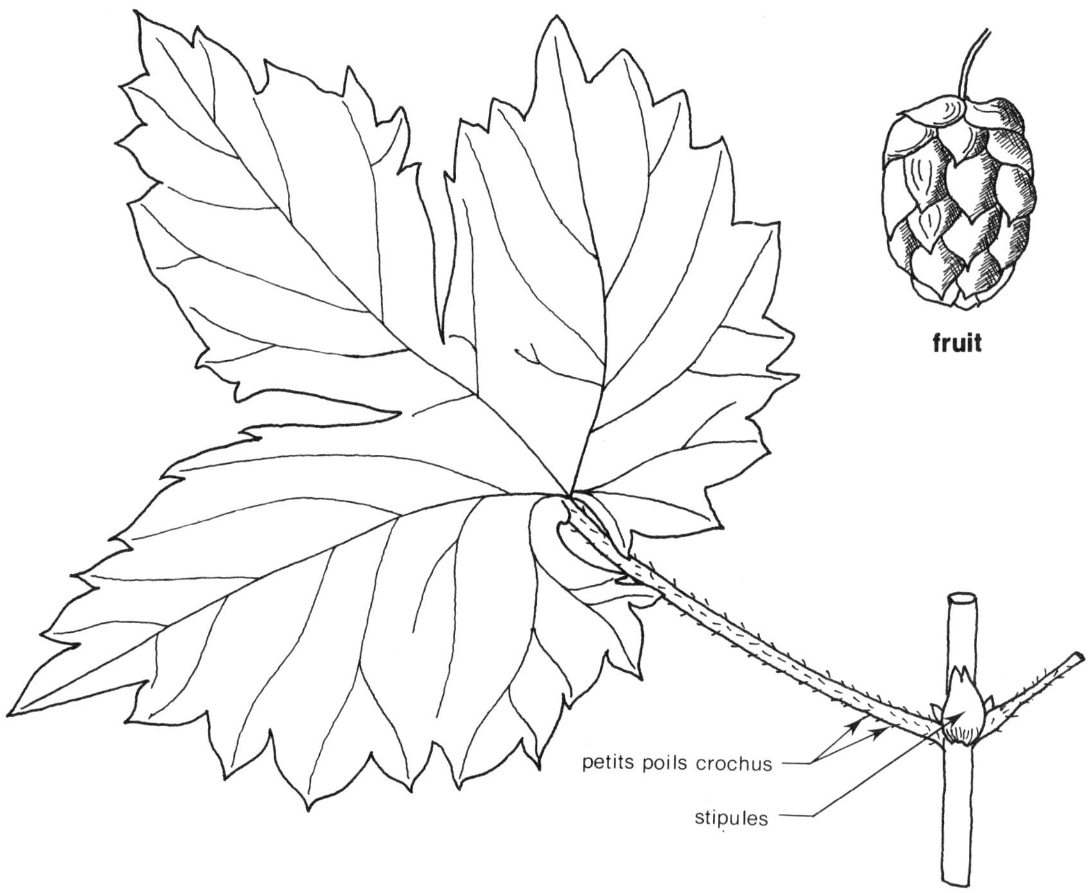

- Feuilles à 3 ou 5 lobes.
- Pétiole portant des lignes longitudinales de petits crochets.
- 2 stipules soudées à la base des feuilles.
- Fruit = cône pendant, utilisé dans la fabrication de la bière.

Feuilles opposées simples à nervation palmée

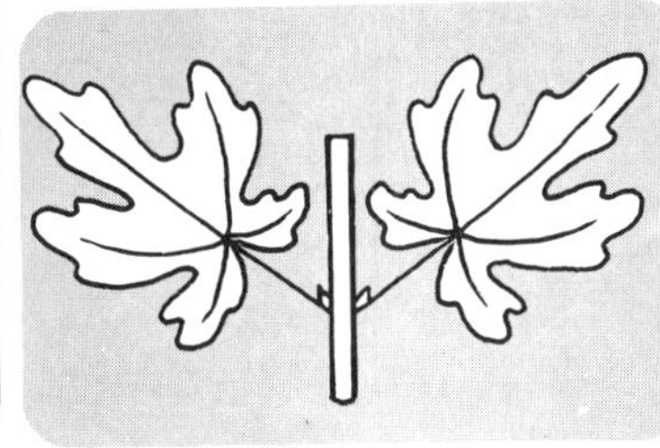

⊙ VIORNE OBIER

Arbrisseau

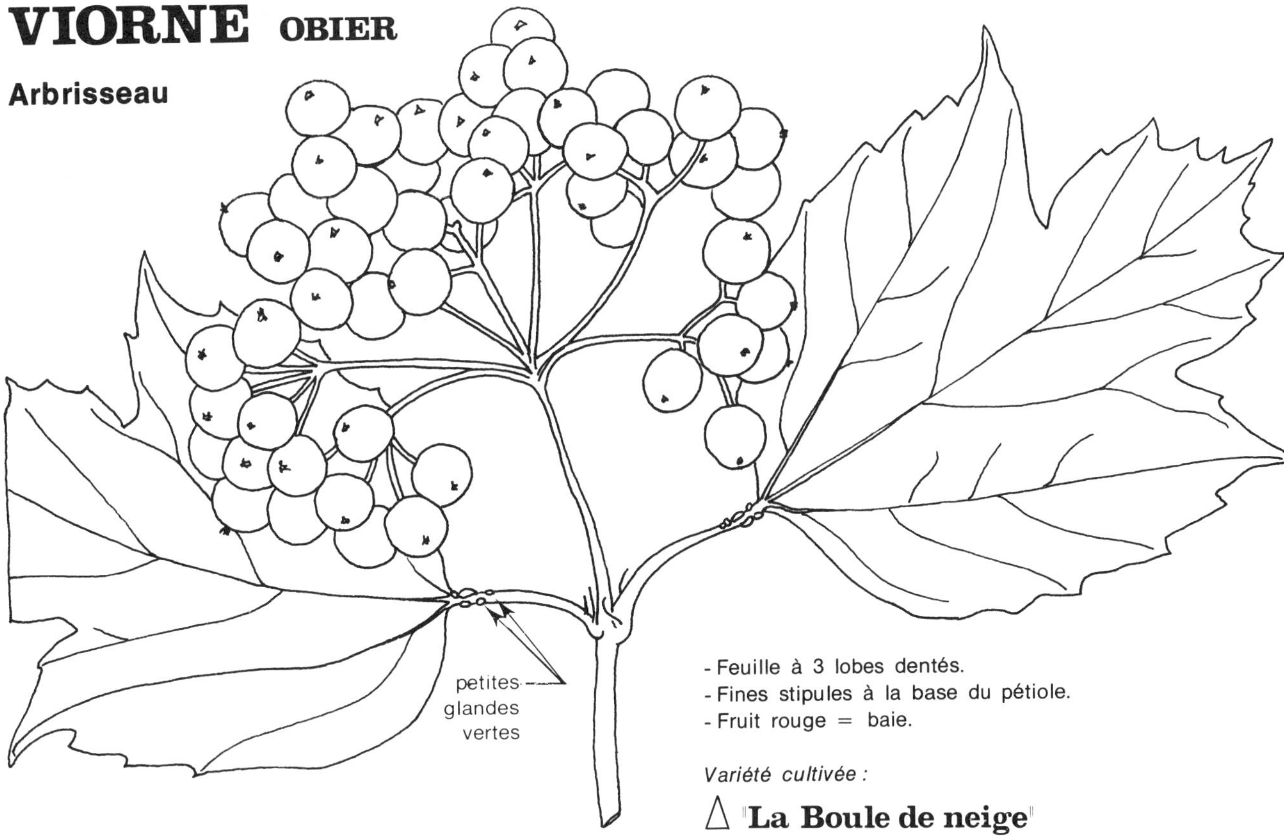

- Feuille à 3 lobes dentés.
- Fines stipules à la base du pétiole.
- Fruit rouge = baie.

Variété cultivée :

△ **"La Boule de neige"**

⊙ ÉRABLE CHAMPÊTRE

Arbre

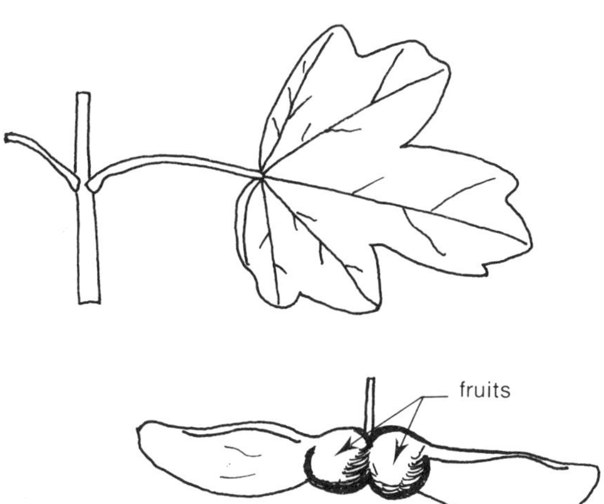

- Petite feuille à 5 lobes séparés par un angle aigu.
- 2 fruits très écartés = double samare.

☆ ÉRABLE DE MONTPELLIER

Arbre

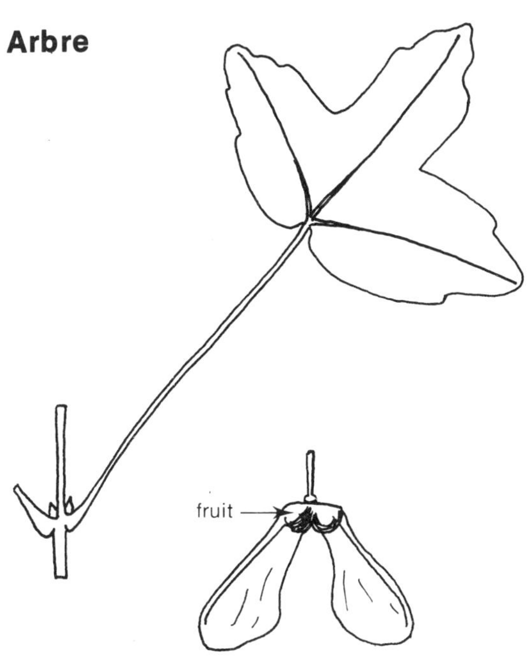

- Petite feuille à 3 lobes séparés presque à angle droit.
- 2 fruits très rapprochés = double samare.

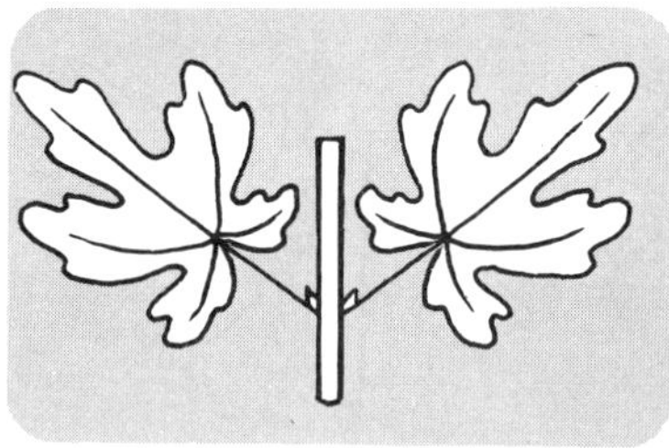

Feuilles opposées simples à nervation palmée

⊙ ÉRABLE SYCOMORE

Arbre

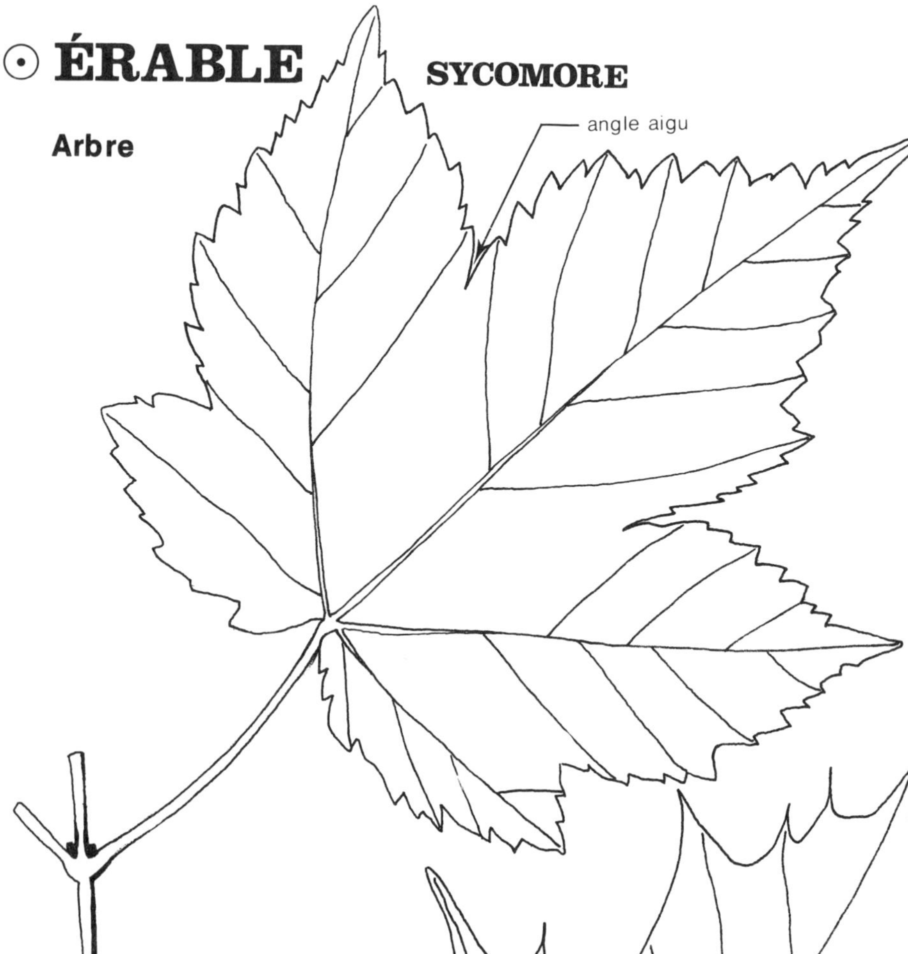

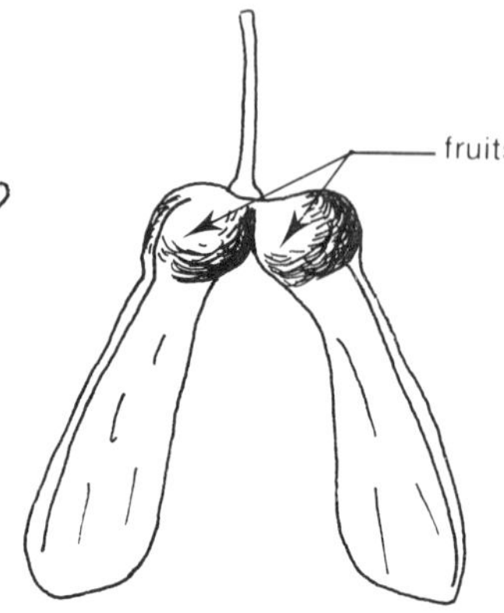

- 5 lobes séparés par un angle aigu.
- Section du pétiole sans lait.
- Fleurs pendantes.
- 2 fruits rapprochés = double samare.

- 5 lobes séparés par une dépression arrondie.
- Dents longues et pointues.
- Section du pétiole secrétant du lait.
- Fleurs dressées.
- 2 fruits écartés à angle très ouvert.

⊙ ÉRABLE PLANE

Arbre

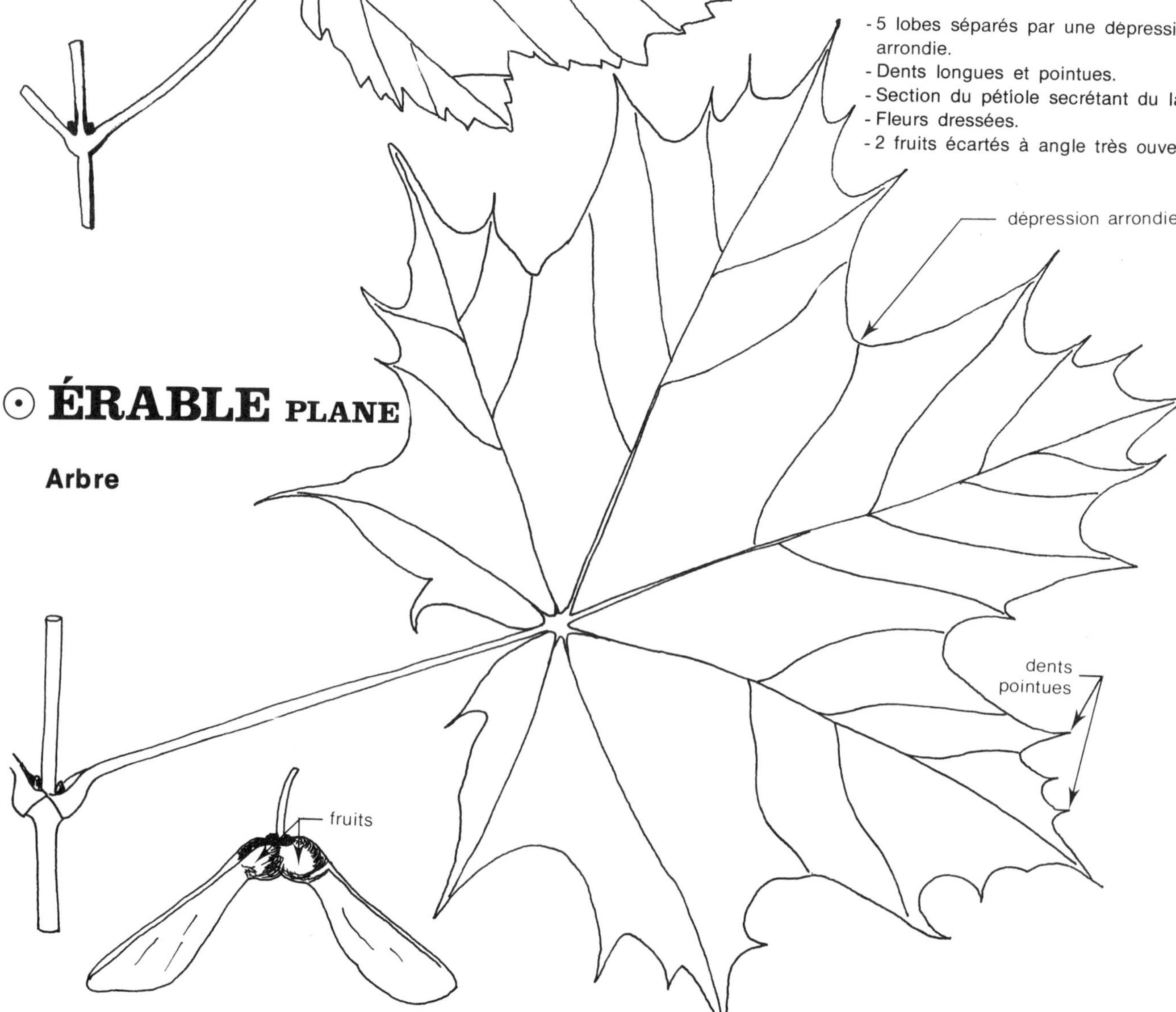

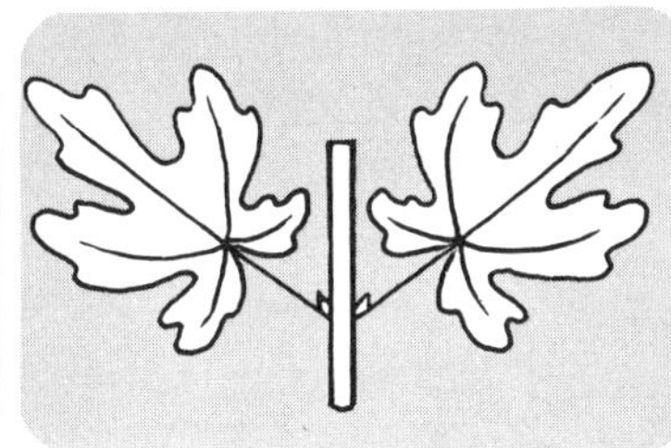

△ ÉRABLE DU JAPON

Arbre

- Pétiole long et souple.
- Bourgeons verts à pointe jaunâtre.
- Ecorce ayant des boursouflures rouges.

Feuilles alternes simples à nervation palmée

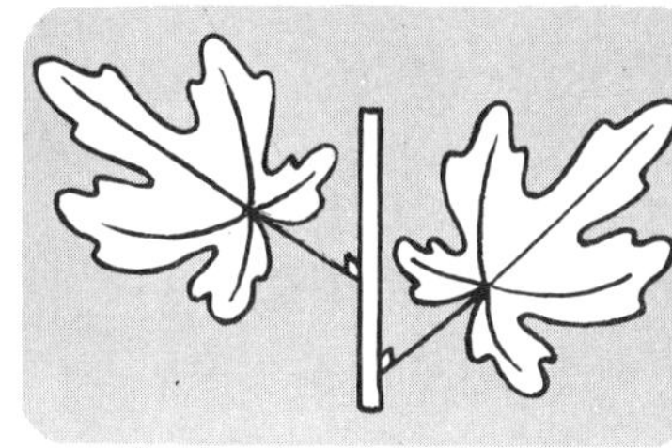

■ Plante grimpante

	Page	Plante
➜ à vrilles, sans épines	page 50	⊙ **Vigne**
	51	⊙ **Bryone**
➜ à vrilles, avec épines	50	☆ **Salsepareille**
➜ sans vrilles, avec racines crampons	51	⊙ **Lierre**

■ Plante non grimpante

➜ **Feuilles entières** 

	Page	Plante
▶ Rameaux épineux	52	☆ **Paliure**
▶ Rameaux non épineux		
▷ Feuilles rondes	53	☆ **Arbre de Judée**
▷ Feuilles en éventail	53	△ **Ginkgo**
▷ Feuilles allongées	54	△ **Bambou**

➜ **Feuilles lobées, non dentées**  — 52 — ☆ **Figuier**

➜ **Feuilles lobées et dentées** 

	Page	Plante
▶ Grandes feuilles	55	⊙ **Platane**
	57	☆ **Mûrier**
▶ Feuilles plus petites		
▷ Feuilles vertes dessous	57	⊙ **Alisier torminal**
	56	⊙ **Groseillier**
	54	△ **Hibiscus**
▷ Feuilles blanches dessous	57	⊙ **Peuplier blanc**

Feuilles alternes simples à nervation palmée

⊙ VIGNE

Liane

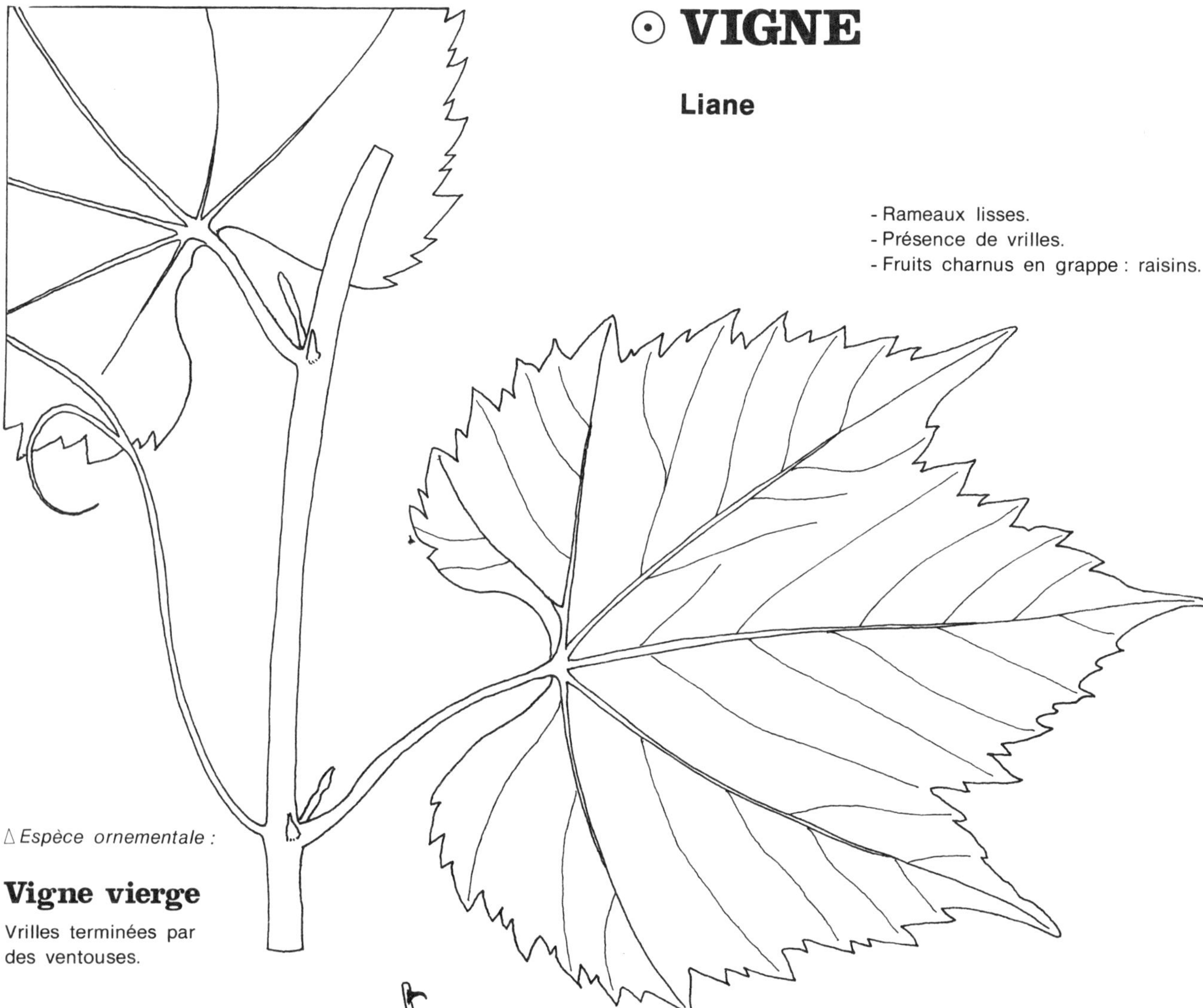

- Rameaux lisses.
- Présence de vrilles.
- Fruits charnus en grappe : raisins.

△ *Espèce ornementale :*

Vigne vierge

Vrilles terminées par des ventouses.

☆ SALSEPAREILLE

Liane

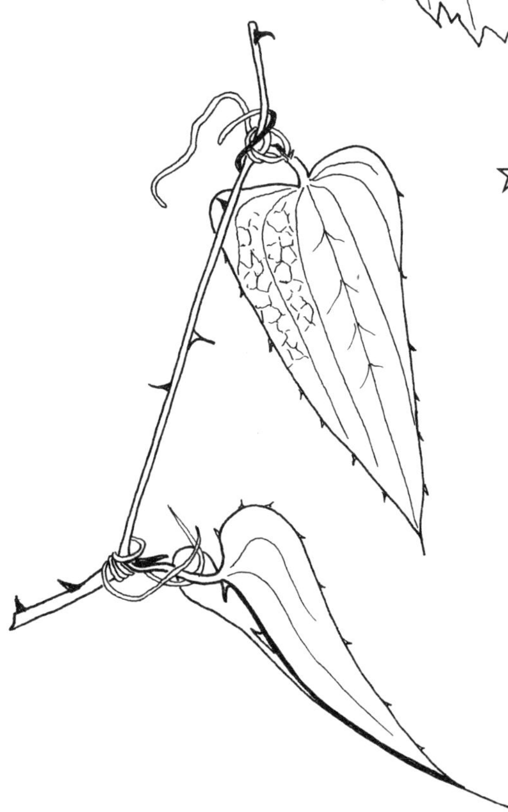

- Feuilles persistantes, coriaces, luisantes.
- Feuilles et rameaux épineux.
- Stipules transformées en vrilles.
- Fruits = petites baies rouge foncé.

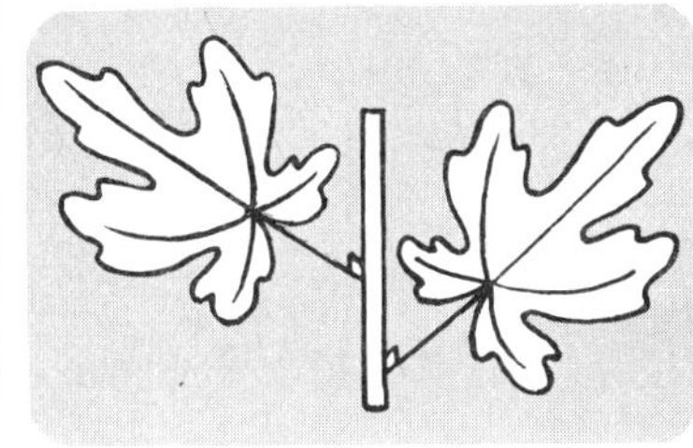

⊙ BRYONE

Liane

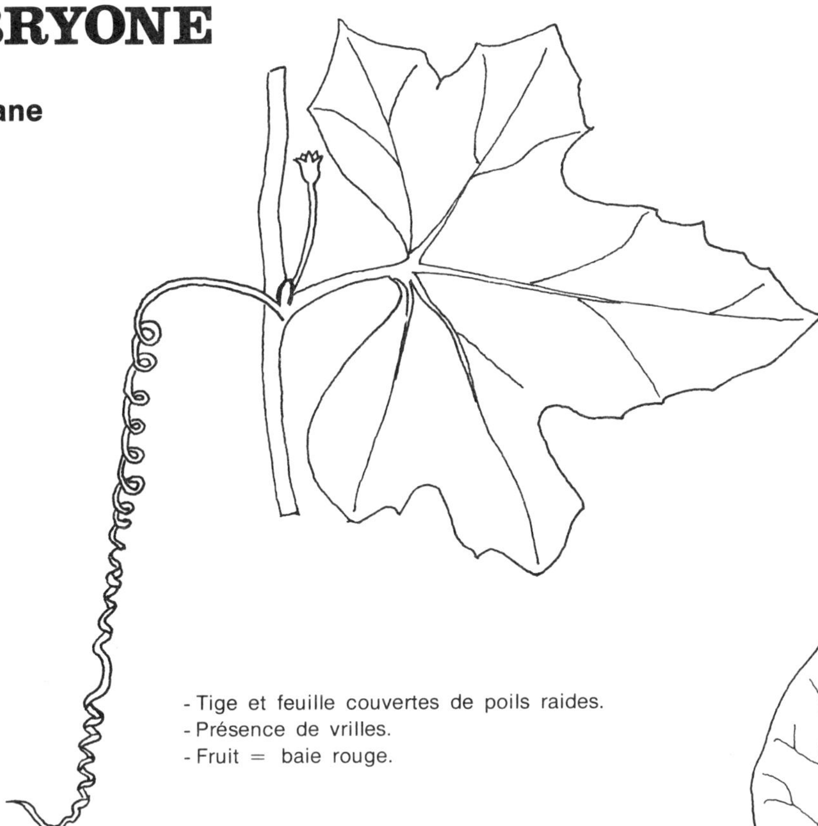

- Tige et feuille couvertes de poils raides.
- Présence de vrilles.
- Fruit = baie rouge.

⊙ LIERRE

Liane

- Feuilles coriaces et persistantes de 2 types :
  - à 3-5 lobes sur les rameaux végétatifs.
  - ovales ou rondes sur les rameaux florifères.
- Fruits = baies noires.
- Fixation des tiges par des racines adventives (= crampons).

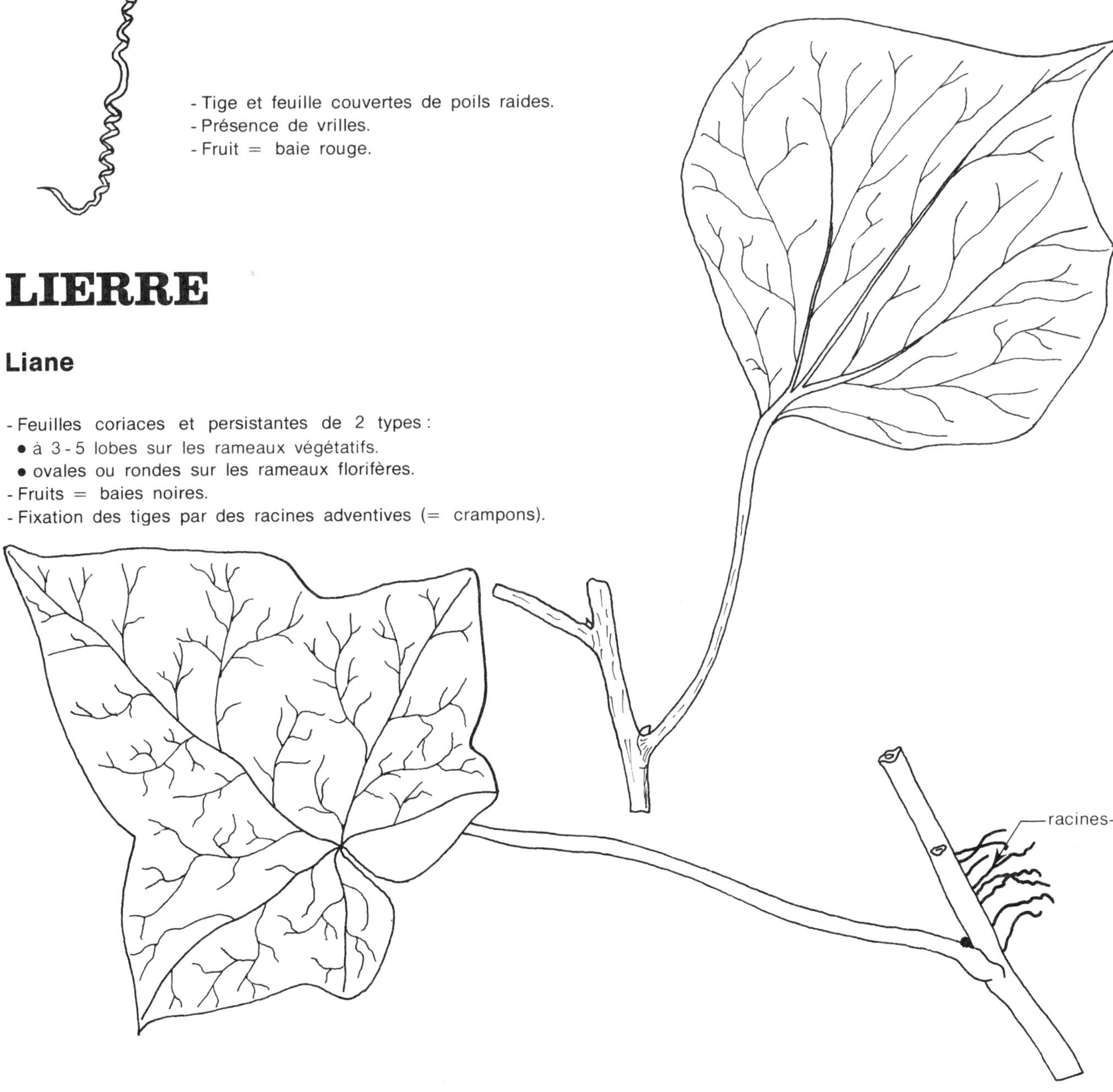

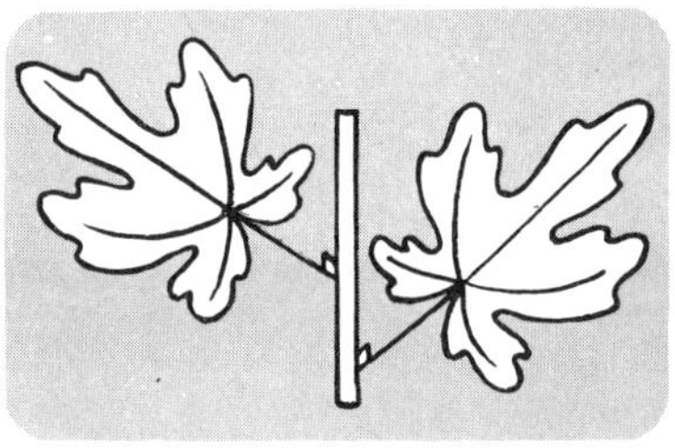

Feuilles alternes simples à nervation palmée

☆ PALIURE

Épine du Christ

Arbrisseau

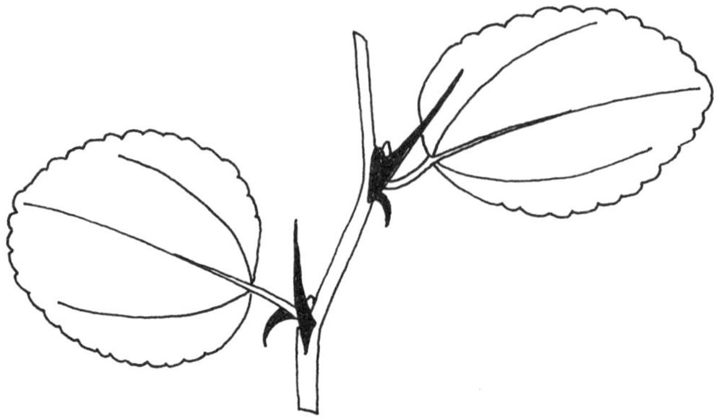

- Rameaux en zigzag.
- 2 types d'épines.
- Petites fleurs jaunes.
- Fruit à collerette caractéristique = samare.

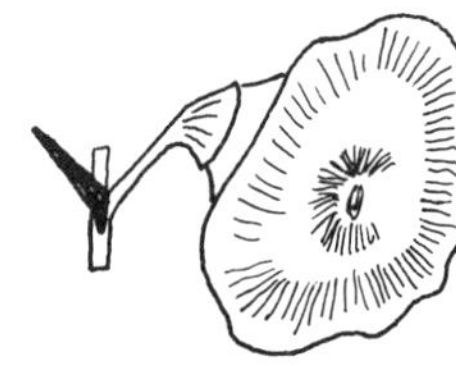

fruit

☆ FIGUIER

Arbre

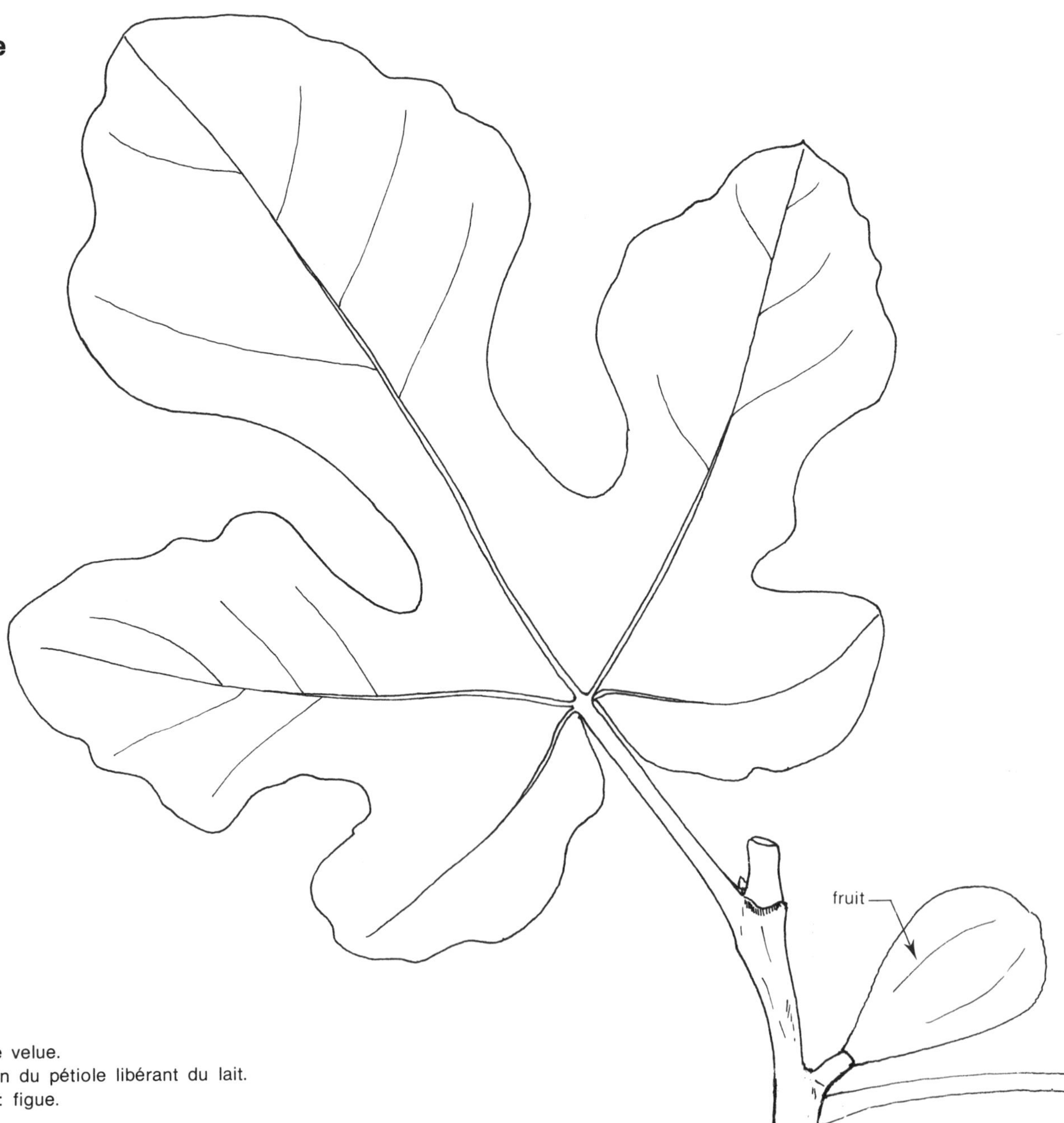

- Feuille velue.
- Section du pétiole libérant du lait.
- Fruit : figue.

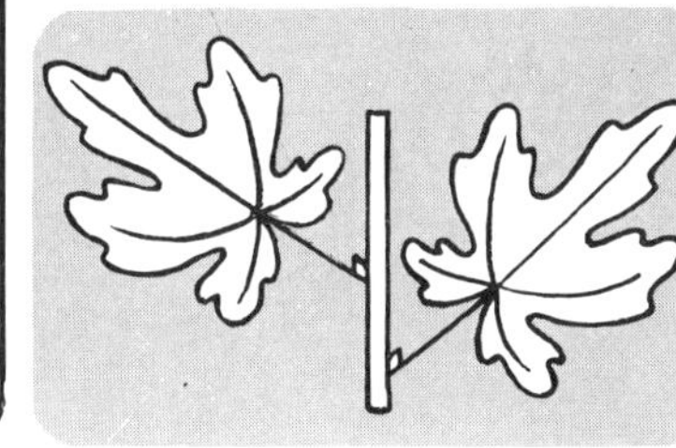

☆ ARBRE DE JUDÉE

Arbre

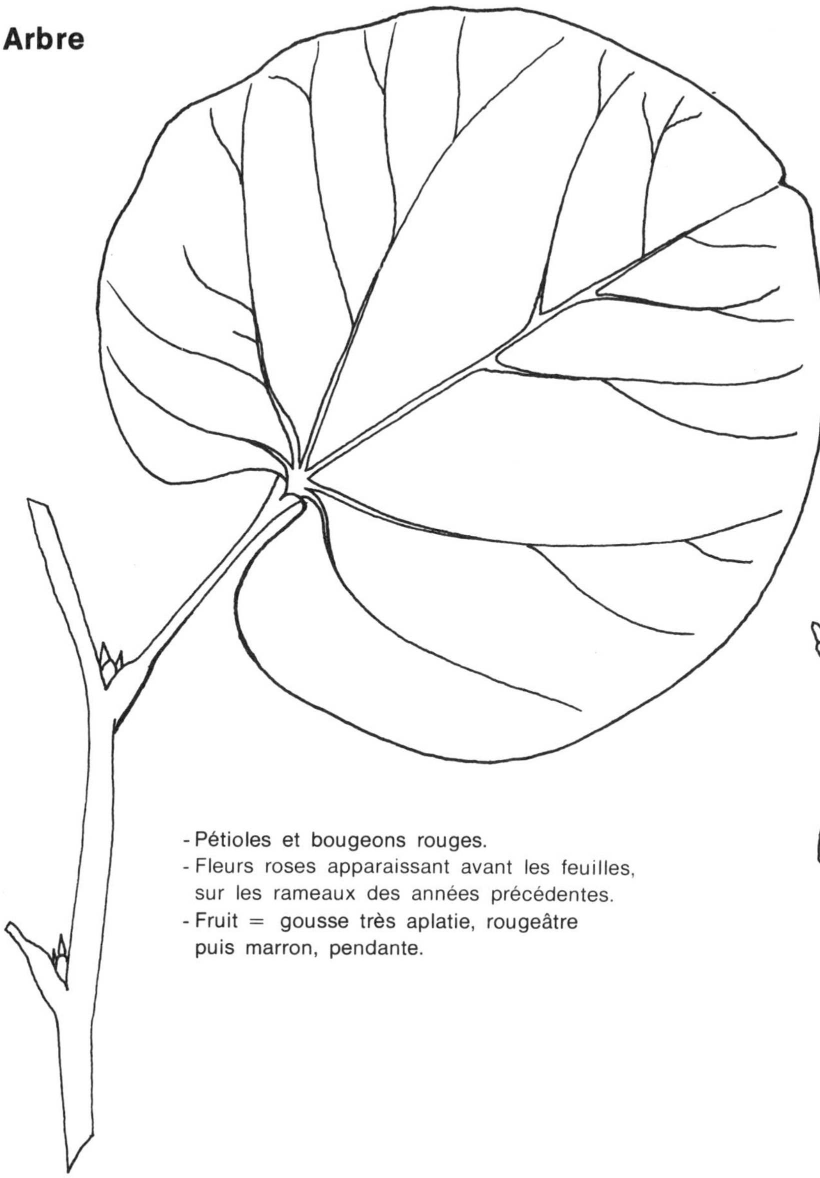

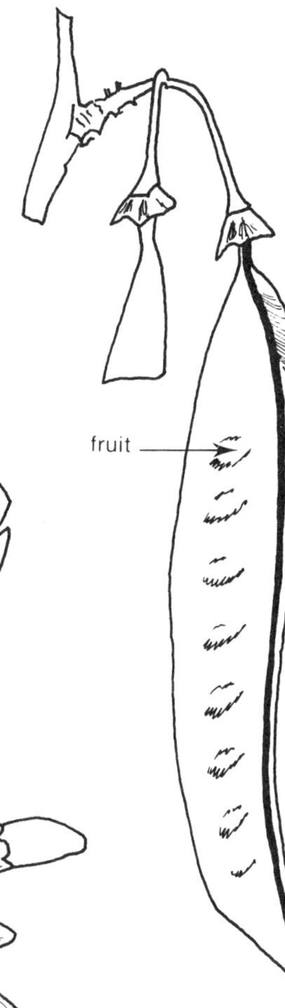

- Pétioles et bougeons rouges.
- Fleurs roses apparaissant avant les feuilles, sur les rameaux des années précédentes.
- Fruit = gousse très aplatie, rougeâtre puis marron, pendante.

△ GINKGO = Arbre aux quarante écus

Arbre

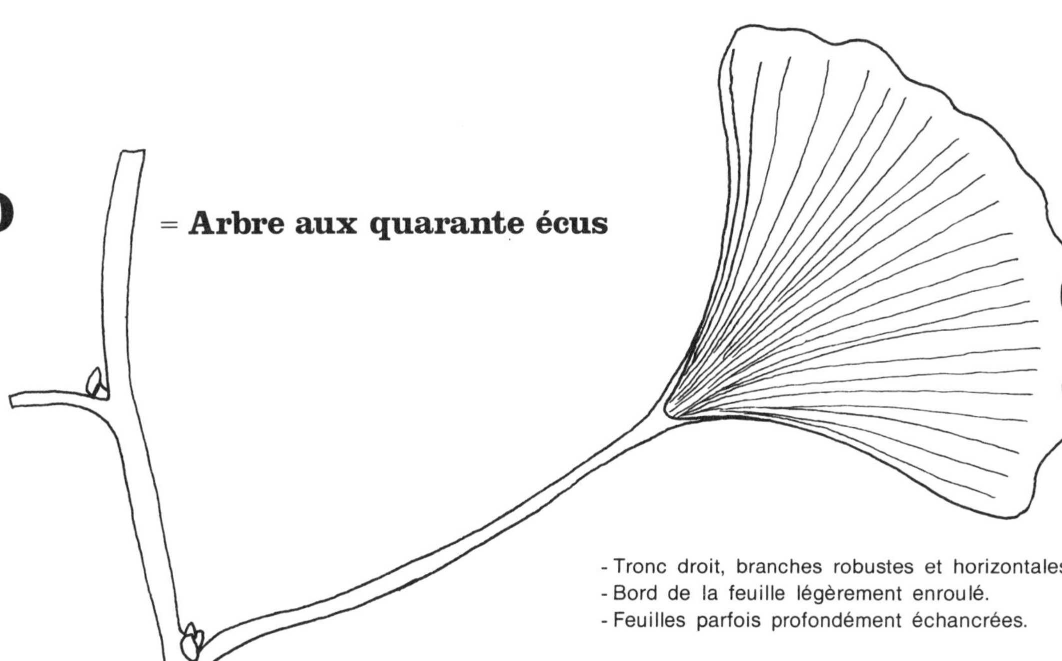

- Tronc droit, branches robustes et horizontales.
- Bord de la feuille légèrement enroulé.
- Feuilles parfois profondément échancrées.

(voir page 110)

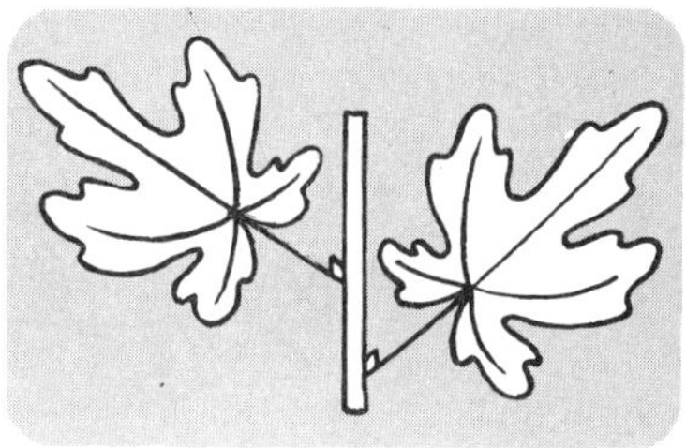

△ BAMBOU

Arbrisseau

- Feuillage léger, vigoureux.
- Pétiole formant un tube autour de la tige.
- Jeunes feuilles enroulées en long.

Nombreuses espèces cultivées.

△ HIBISCUS

= Mauve en arbre

Arbuste

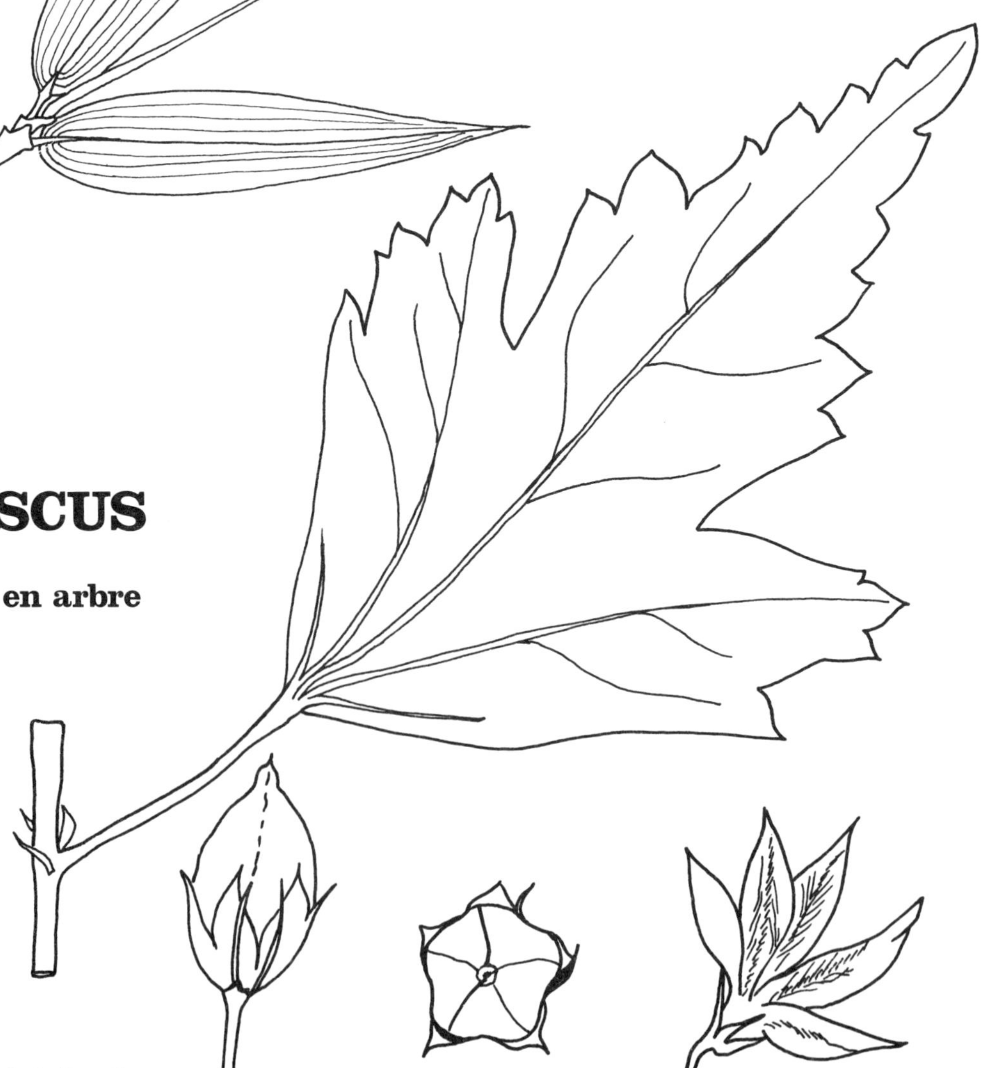

Fruit sec formé de 5 parties.

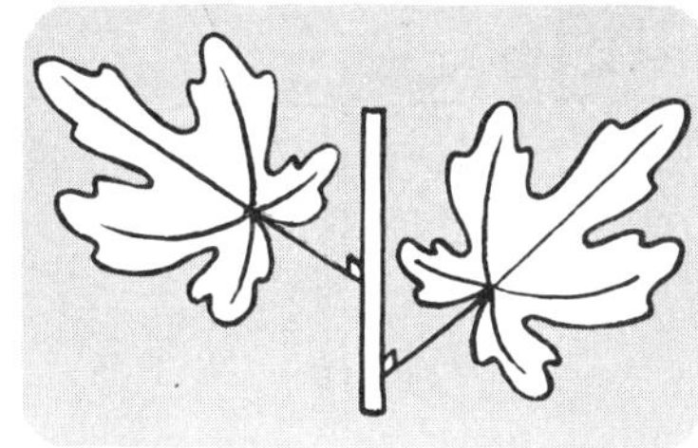

⊙ PLATANE

Arbre

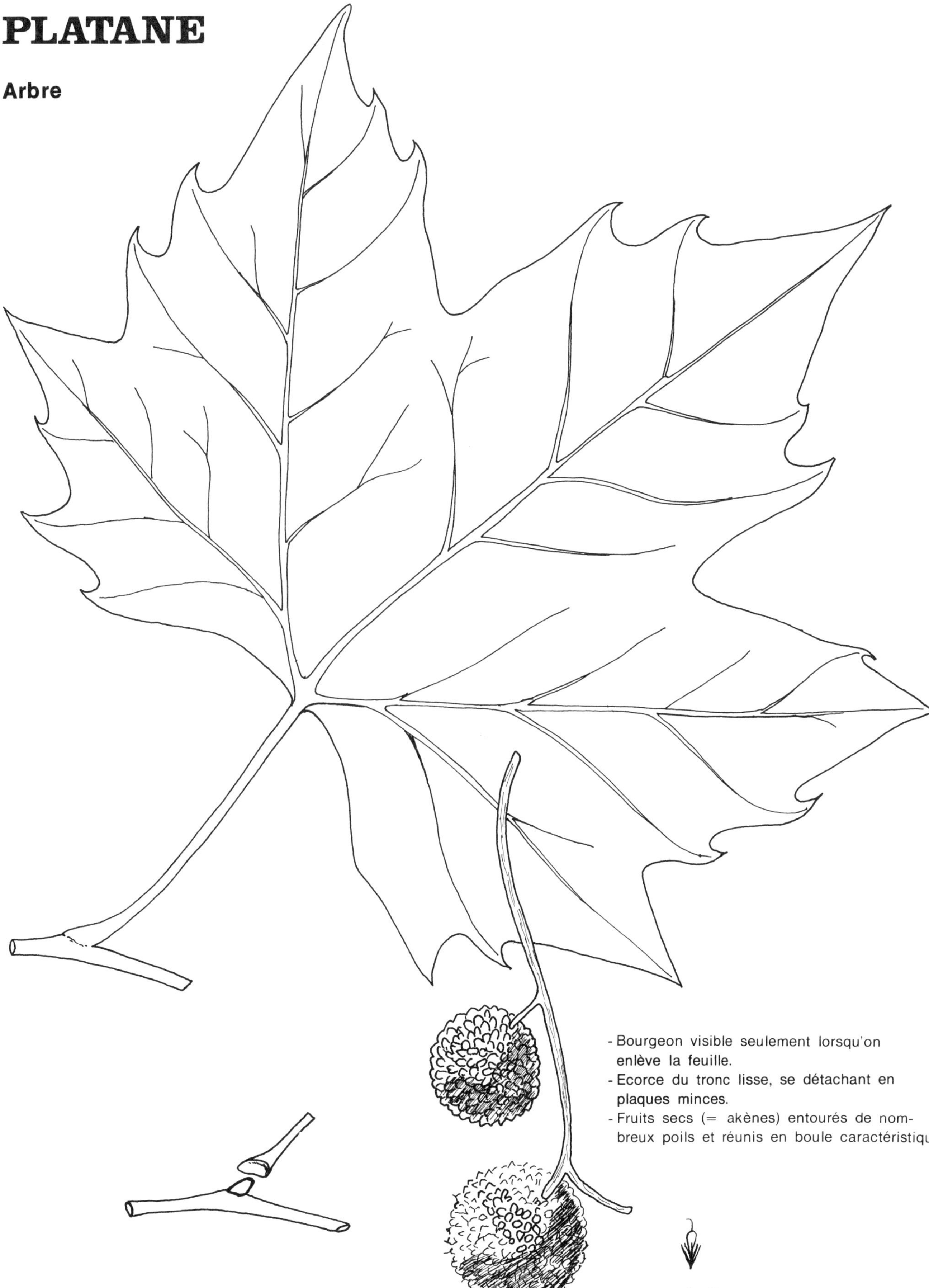

- Bourgeon visible seulement lorsqu'on enlève la feuille.
- Ecorce du tronc lisse, se détachant en plaques minces.
- Fruits secs (= akènes) entourés de nombreux poils et réunis en boule caractéristique.

un fruit

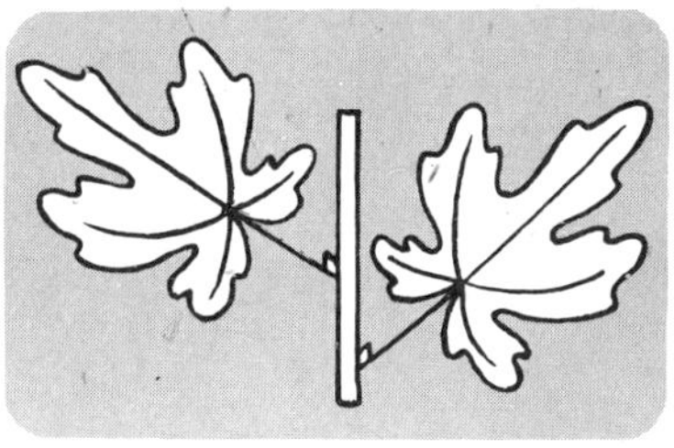

Feuilles alternes simples à nervation palmée

⊙ GROSEILLIER

Arbrisseau

3 espèces :

G. épineux
G. noir
G. rouge

Groseillier épineux

- Pétiole poilu.
- Epines réunies par 3, isolées ou absentes.
- Fruit (= baie) souvent hérissé de poils.

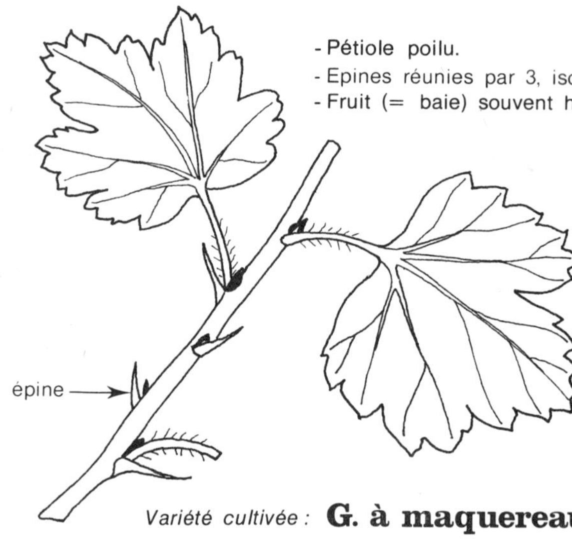

Variété cultivée : **G. à maquereau**

Groseillier noir = Cassis

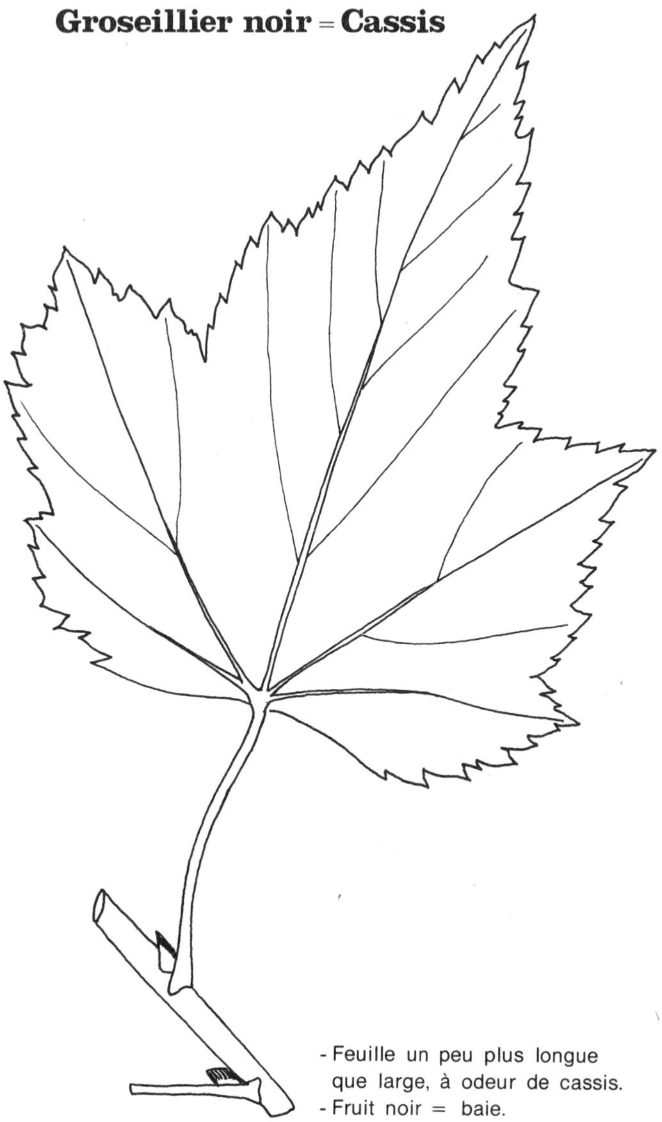

- Feuille un peu plus longue que large, à odeur de cassis.
- Fruit noir = baie.

Groseillier rouge

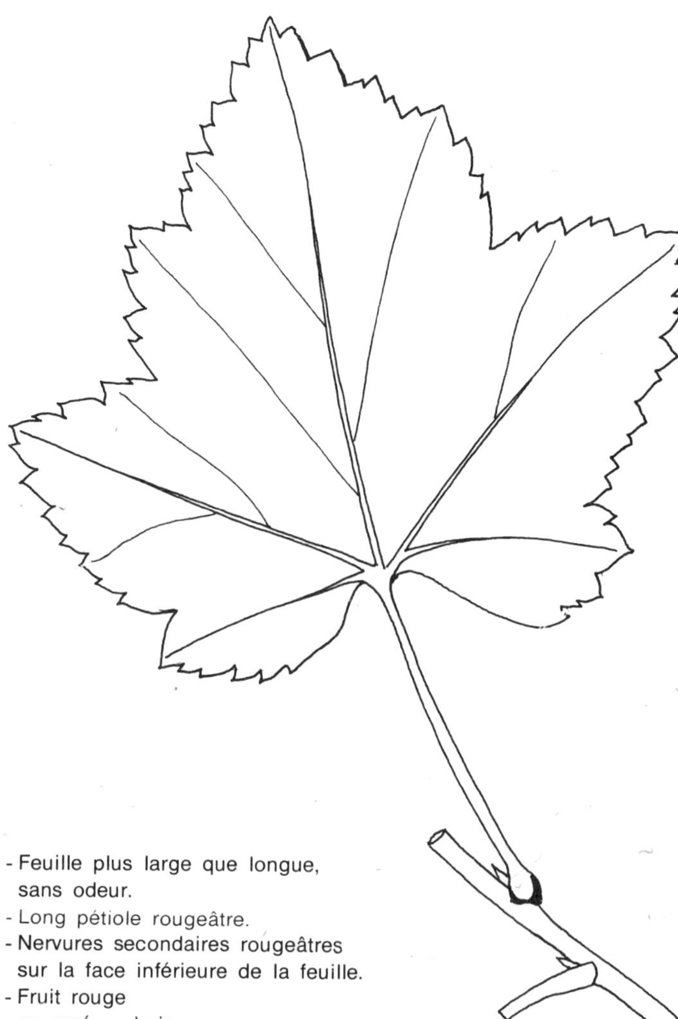

- Feuille plus large que longue, sans odeur.
- Long pétiole rougeâtre.
- Nervures secondaires rougeâtres sur la face inférieure de la feuille.
- Fruit rouge ou rosé = baie.

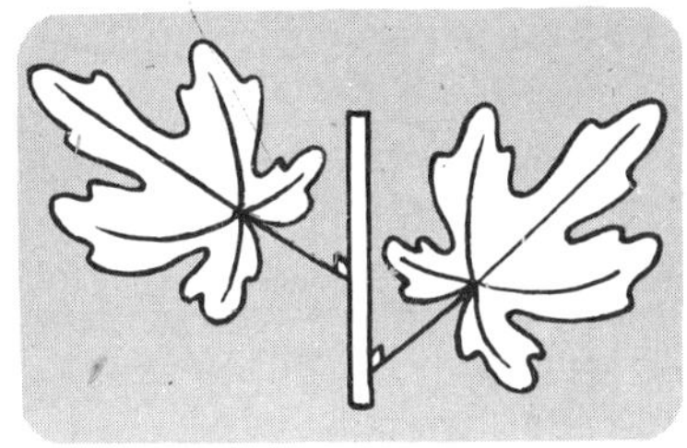

⊙ ALISIER TORMINAL

Arbre

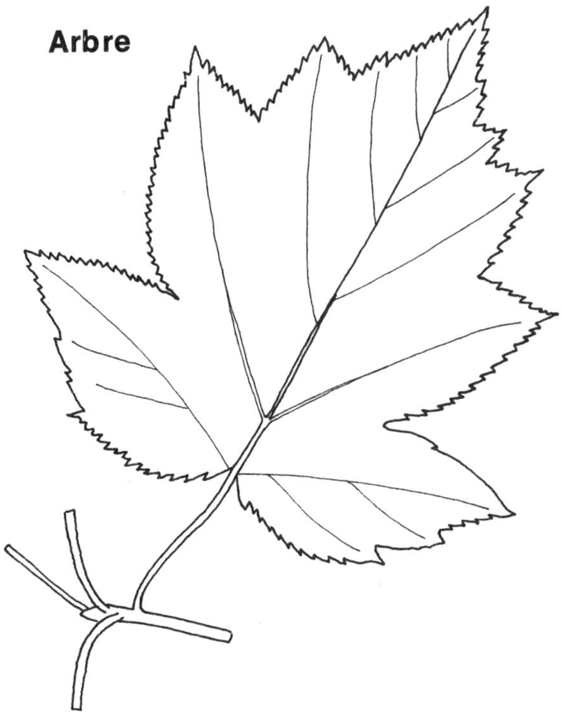

⊙ PEUPLIER BLANC

Arbre

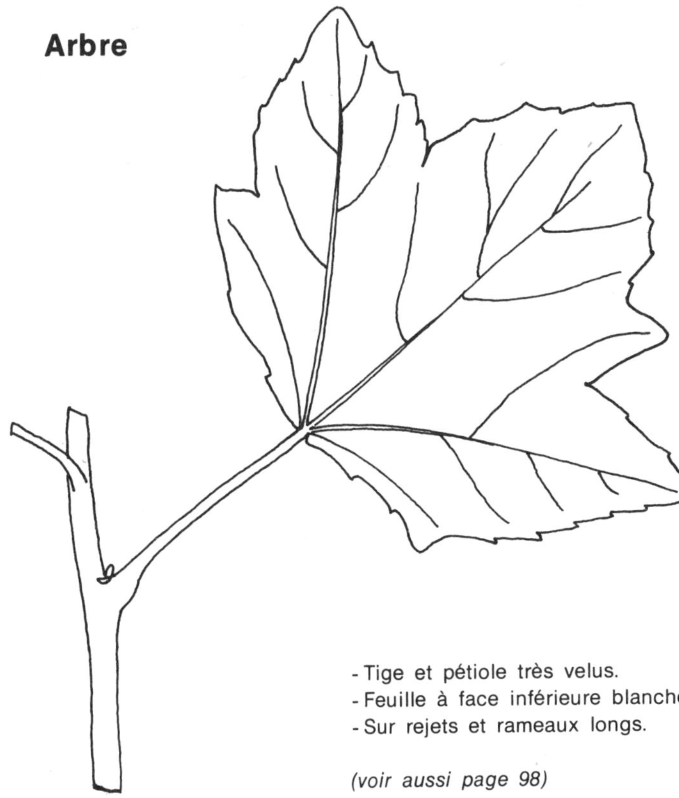

- Tige et pétiole très velus.
- Feuille à face inférieure blanche.
- Sur rejets et rameaux longs.

(voir aussi page 98)

☆ MÛRIER

Arbre

- Feuilles parfois entières, à face supérieure luisante et un peu gaufrée.
- Fruit : mûre.

(voir aussi page 95)

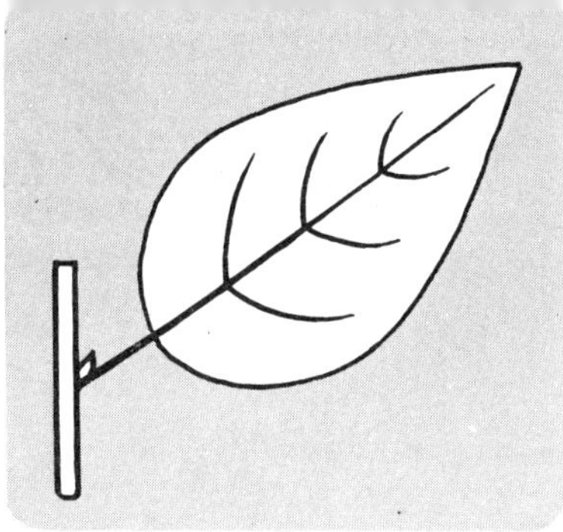

FEUILLES SIMPLES NON DENTÉES

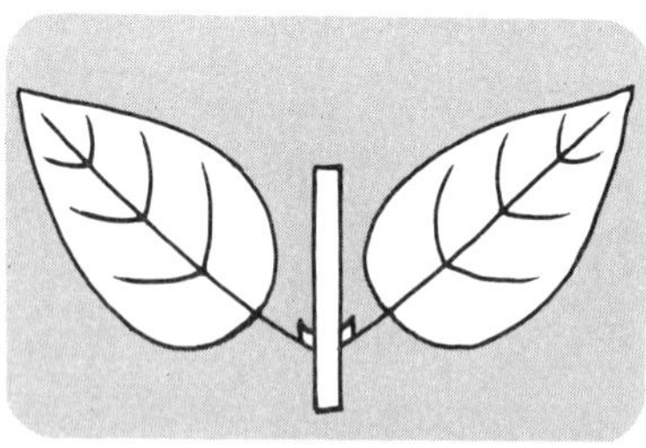

Feuilles opposées

Consultez le tableau page 59
ou feuilletez les pages 60 à 70

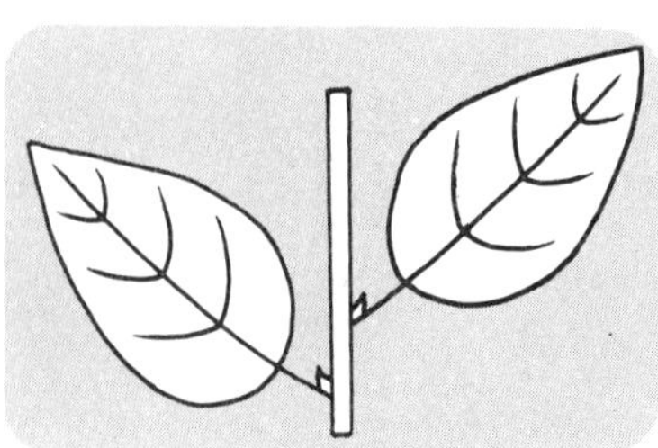

Feuilles alternes

Consultez le tableau page 71
ou feuilletez les pages 72 à 79

Feuilles opposées simples non dentées

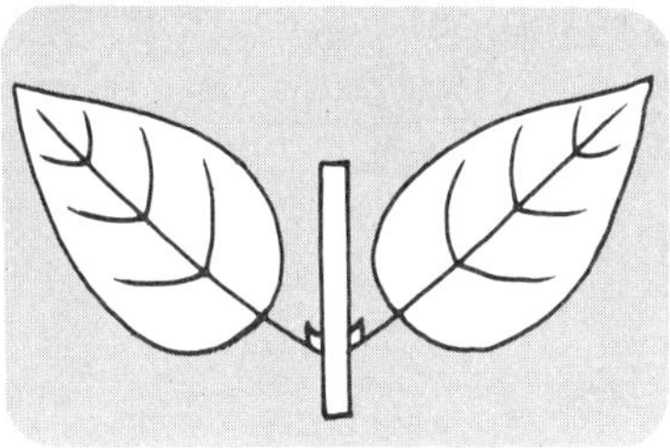

■ Feuilles rigides ou épaisses

➔ **Feuilles rigides, coriaces, à face supérieure luisante**

- ▶ **Plante dressée**
  - ▷ **Feuilles lancéolées (longueur égale au moins à 3 largeurs)**
    - ● **de plus de 5 cm de long** — page 60 ☆ **Laurier-rose**
      — 61 △ **Viorne à feuilles ridées**
    - ● **de moins de 5 cm de long** — 62 ⊙ **Gui**
      — 62 ☆ **Filaire à feuilles étroites**
      — 62 ☆ **Olivier**
  - ▷ **Feuilles ovales, de petite taille** — 62 ⊙ **Buis**
  - ▷ **Feuilles ovales, de grande taille** — 60 ☆ **Viorne-tin**
    — 62 △ **Troène à grandes feuilles**
- ▶ **Plante grimpante** — 64 ⊙ **Chèvrefeuille**
  — 65 ☆ **Chèvrefeuille**

➔ **Feuilles épaisses, mais souples, à face supérieure non luisante**

- ▶ **de moins de 5 cm de long**
  - ▷ **en languette** — 63 ☆ **Ciste de Montpellier**
  - ▷ **ovales**
    - ● **vert foncé, surface gaufrée** — 63 ☆ **Ciste à feuilles de Sauge**
    - ● **vert pâle, surface veloutée** — 63 ☆ **Ciste cotonneux**
- ▶ **de plus de 5 cm de long**
  - ▷ **munies d'un pétiole** — 69 △ **Catalpa**
  - ▷ **sans pétiole** — 70 ☆ **Eucalyptus**

■ Feuilles souples, non épaisses

➔ **Feuilles de moins de 15 cm de long**

- ▶ **Plante grimpante** — 64 ⊙ **Chèvrefeuille**
  — 65 ☆ **Chèvrefeuille**
- ▶ **Plante dressée**
  - ▷ **longueur de la feuille < 2 largeurs** — 65 ⊙ **Lilas**
    — 66 ⊙ **Cornouiller**
    — 66 △ **Troène**
    — 67 △ **Symphorine**
    — 68 △ **Lilas des Indes**
  - ▷ **longueur de la feuille > 2 largeurs** — 66 ⊙ **Troène**
    — 67 △ **Grenadier**
    — 68 △ **Forsythia**

➔ **Feuilles de plus de 15 cm de long** — 69 △ **Catalpa**

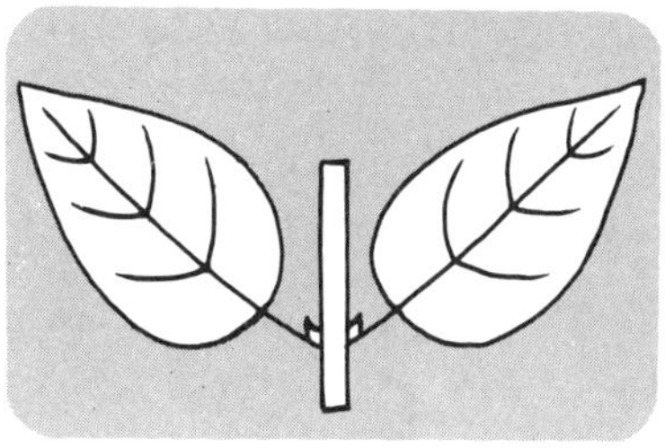

☆ LAURIER-ROSE

Arbuste

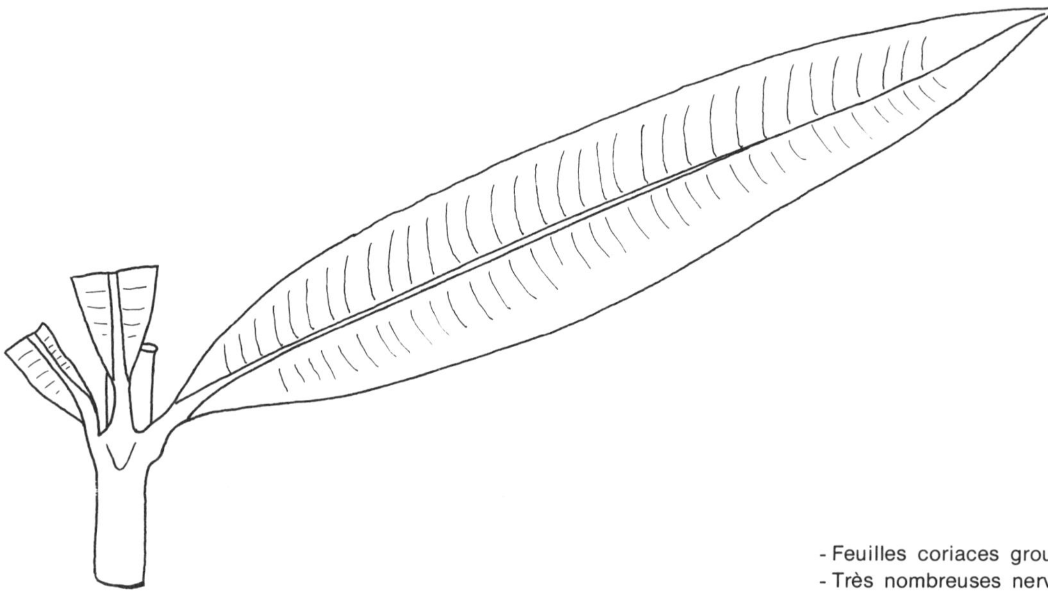

- Feuilles coriaces groupées par 3.
- Très nombreuses nervures secondaires.

☆ VIORNE-TIN = Laurier-tin

Arbuste

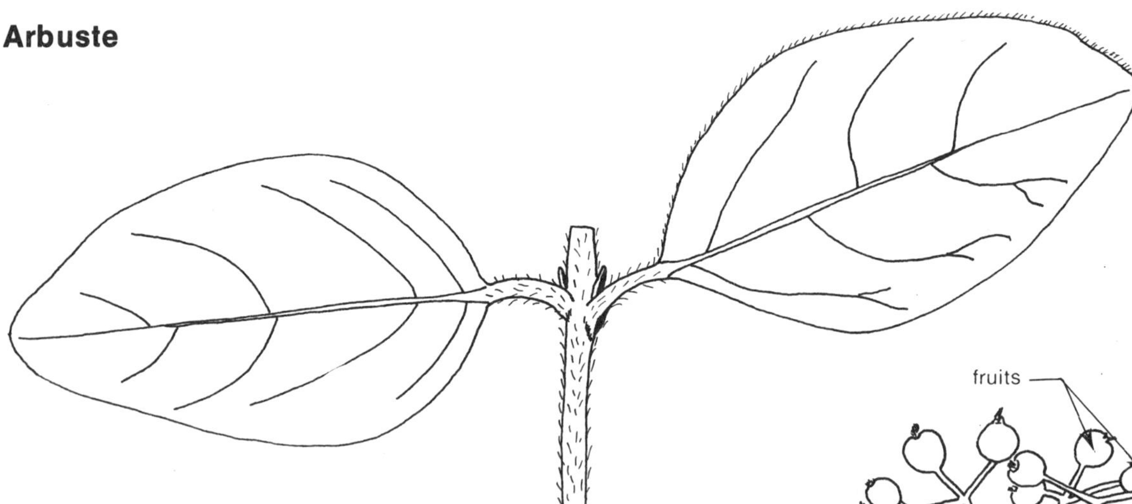

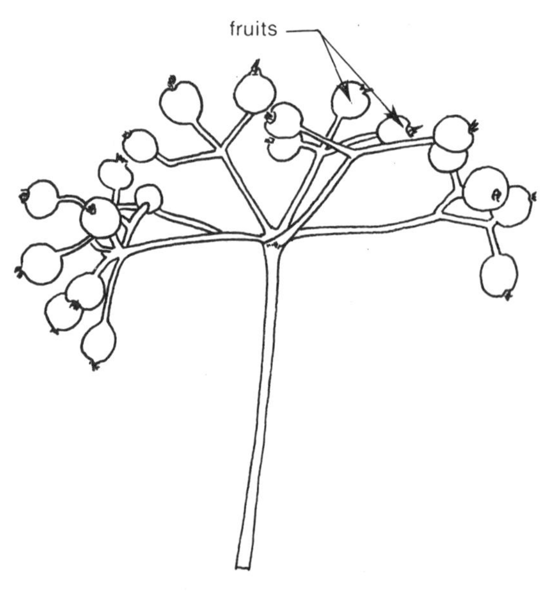

- Feuilles coriaces, persistantes, à face inférieure velue.
- Rameaux jeunes et pétioles velus.
- Rameaux âgés rougeâtres.
- Fleurs blanches, de novembre à mars.
- Fruits = baies bleu sombre à reflets métalliques.

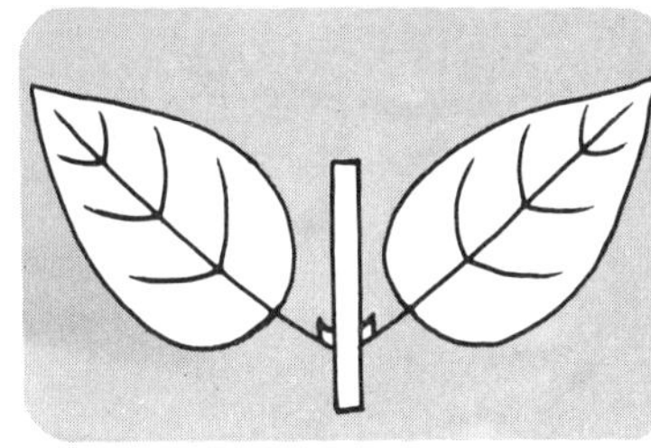

△ VIORNE À FEUILLES RIDÉES

Arbrisseau

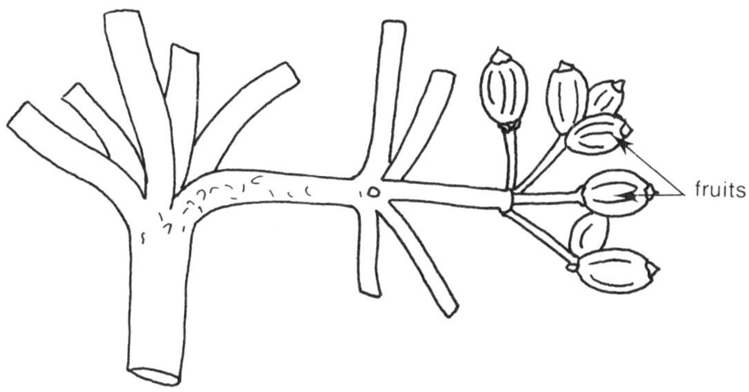

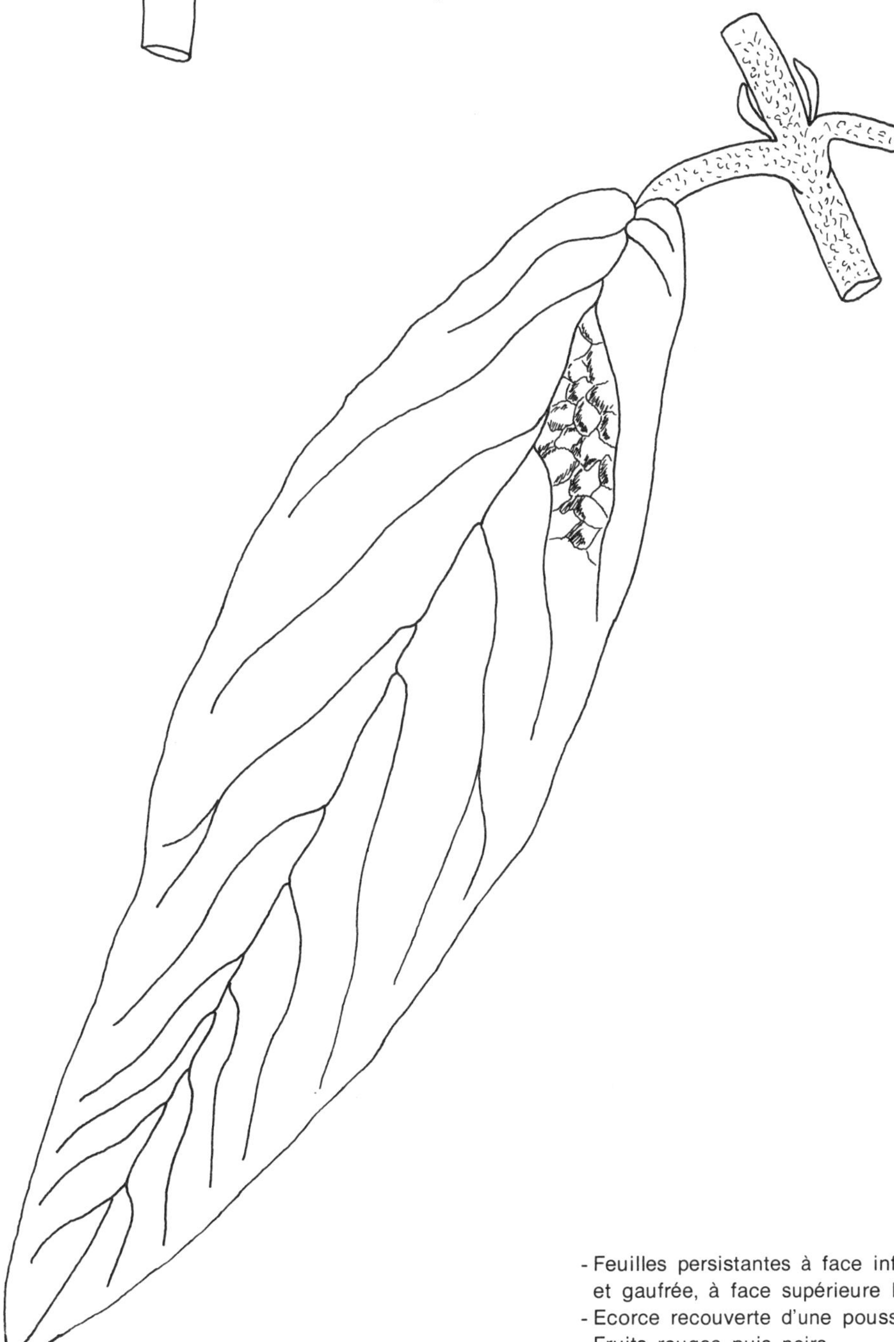

- Feuilles persistantes à face inférieure velue et gaufrée, à face supérieure luisante.
- Ecorce recouverte d'une poussière verte ou marron.
- Fruits rouges puis noirs.

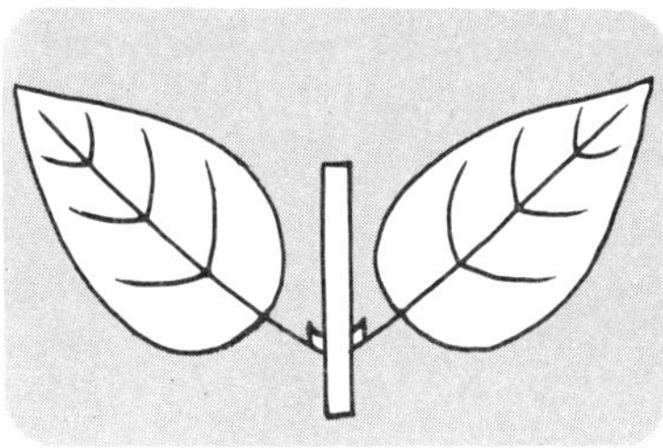

Feuilles opposées simples non dentées

⊙ BUIS

Arbrisseau

- Petites feuilles ovales, coriaces, luisantes, vertes ou ocre rouge.
- Fruit = capsule brune.

⊙ GUI

Arbrisseau parasite

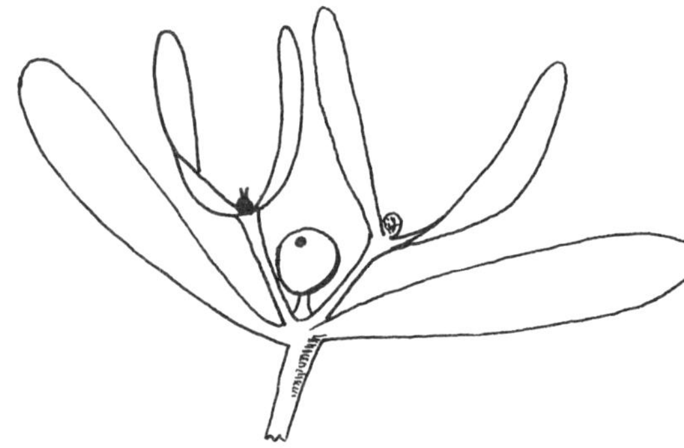

- Plante fixée sur les branches d'arbres.
- Feuilles en languette épaisses et cassantes.
- Fruit charnu blanc = baie.

☆ FILAIRE À FEUILLES ÉTROITES

Arbuste

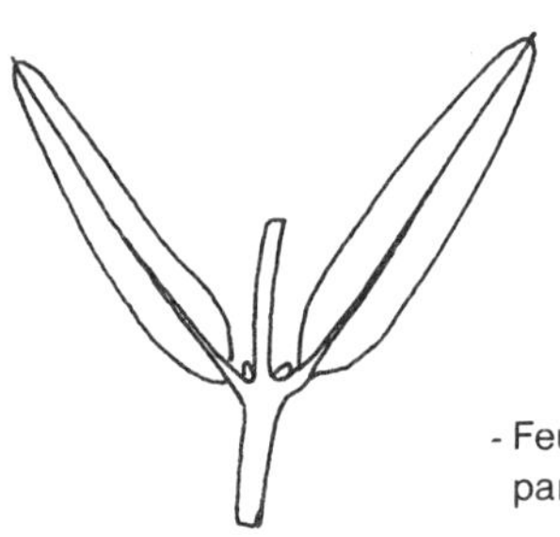

- Feuille à face inférieure verte parfois légèrement dentée.

☆ OLIVIER

Arbre

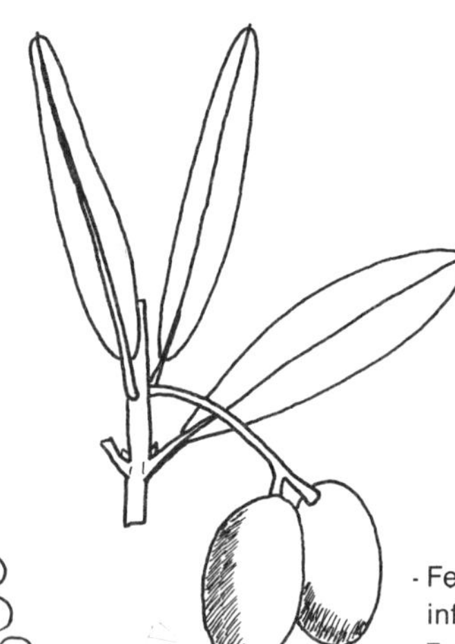

- Feuille rigide à face inférieure blanche.
- Fruit: olive.

△ TROÈNE À GRANDES FEUILLES

Arbrisseau

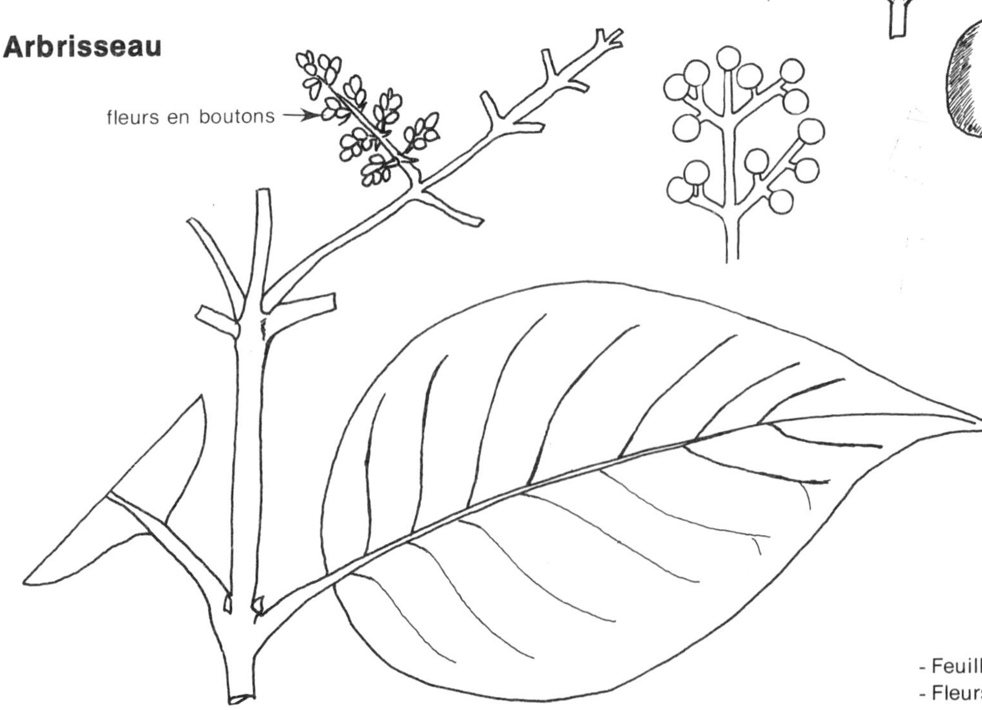

- Feuilles luisantes, persistantes.
- Fleurs blanches en grappes dressées

Feuilles opposées simples non dentées

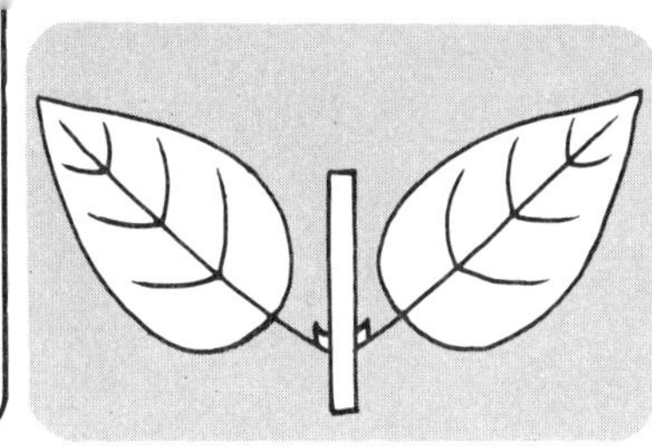

☆ CISTE

Arbrisseau

Ciste cotonneux

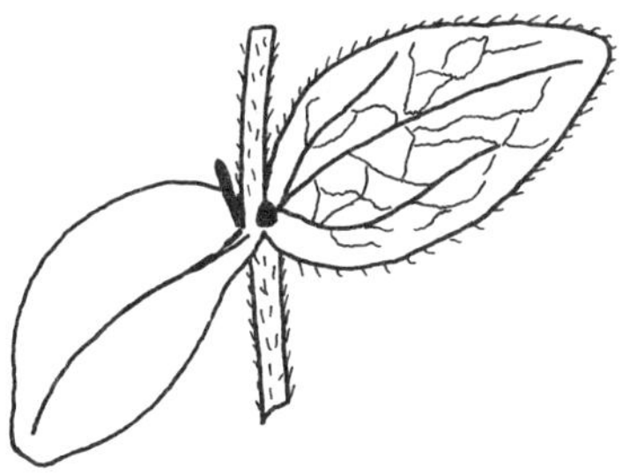

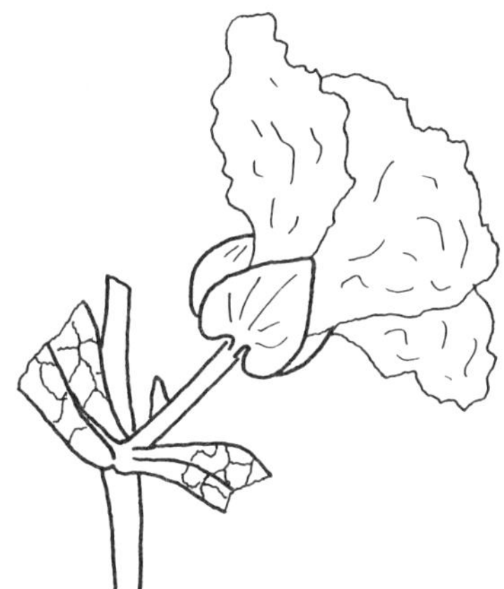

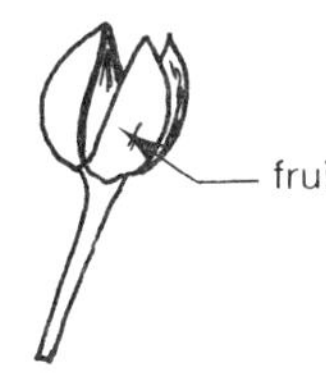

- Feuille très velue sur les 2 faces.
- Fleur rose.
- Fruit = capsule.

Ciste à feuilles de Sauge

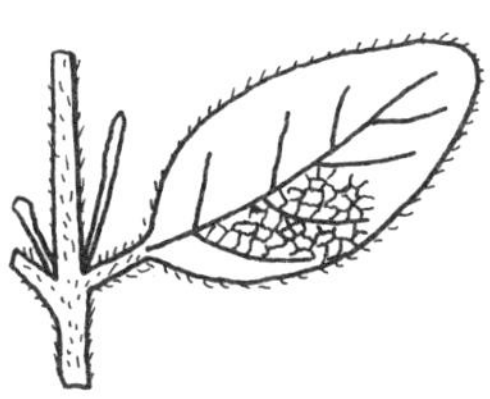

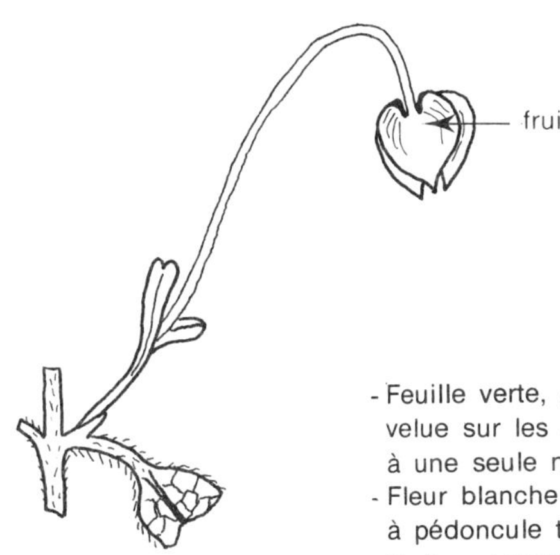

- Feuille verte, gaufrée, velue sur les 2 faces, à une seule nervure principale.
- Fleur blanche isolée à pédoncule très long.
- Fruit = capsule.

Ciste de Montpellier

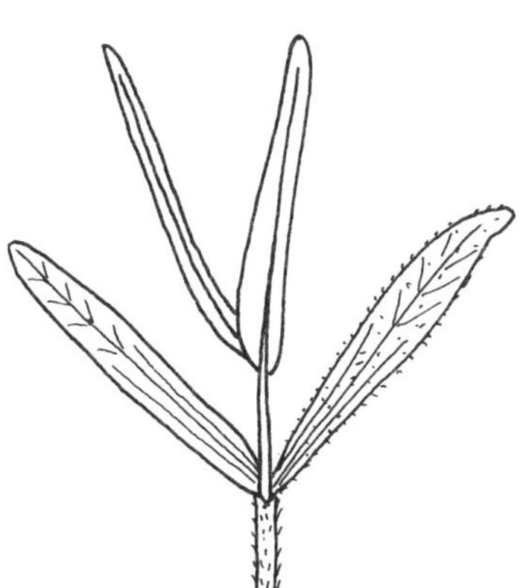

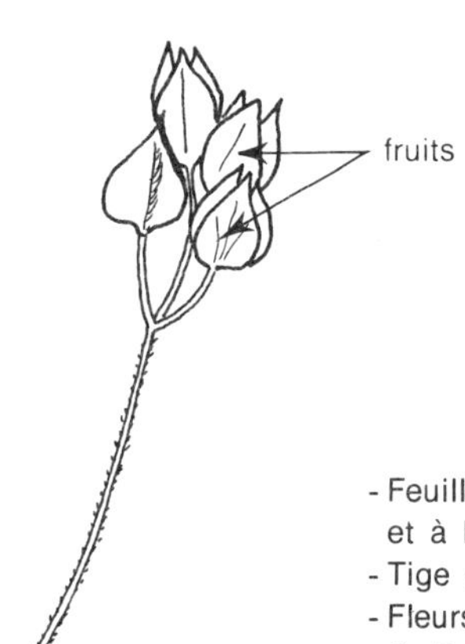

- Feuille à 3 nervures principales et à bord très enroulé.
- Tige et feuilles velues, collantes.
- Fleurs blanches groupées.
- Fruit = capsule.

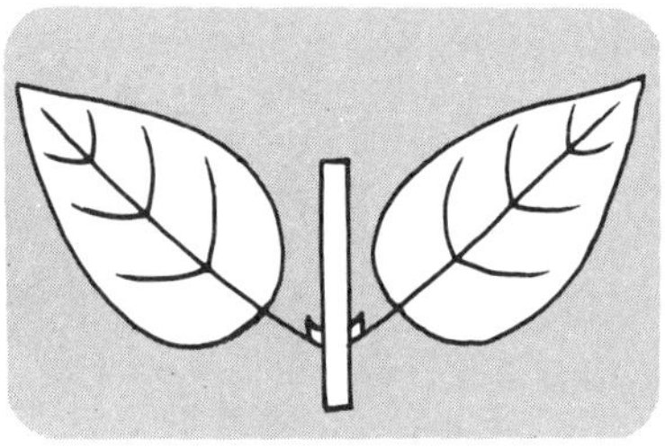

CHÈVREFEUILLE

Liane

⊙ Lonicera Chèvrefeuille

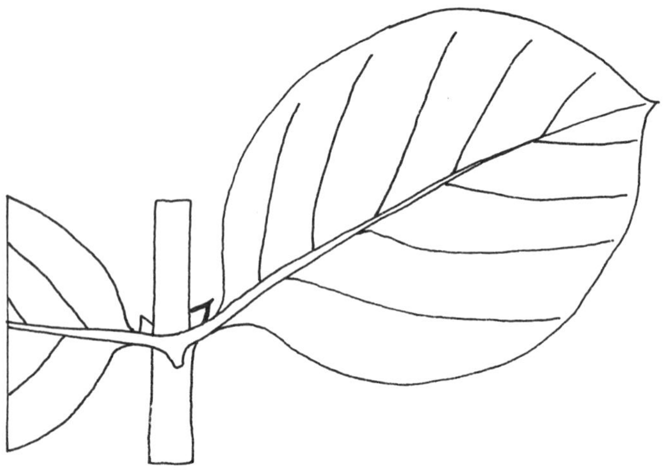

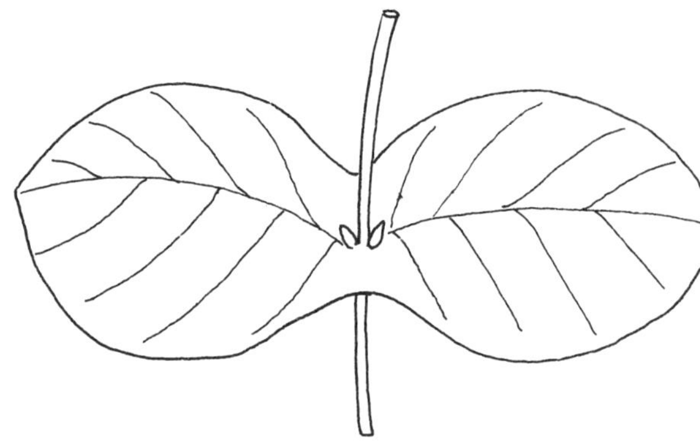

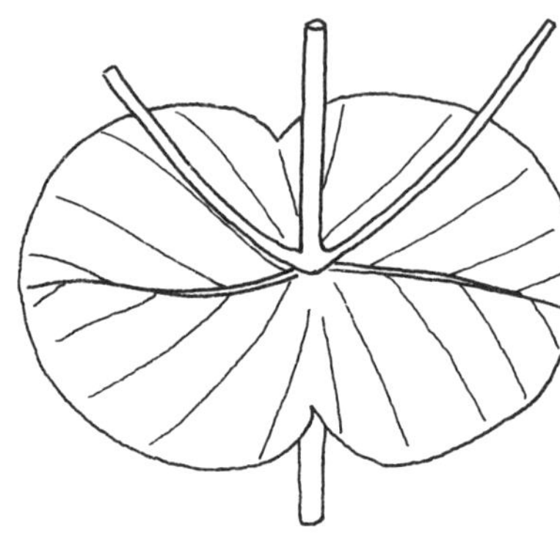

- Feuilles peu coriaces, non persistantes, entourées d'une étroite bordure transparente.
- Feuilles supérieures soudées par leur base, non terminées par une pointe.
- Fleurs groupées en têtes non pédonculées.

⊙ Lonicera péríclymène = Chèvrefeuille des bois

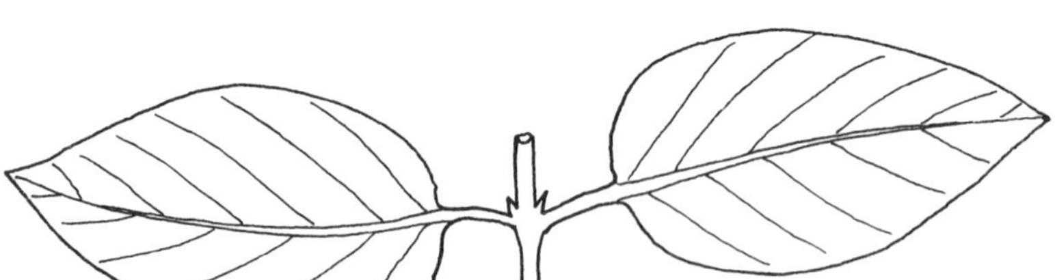

- Feuilles inférieures pétiolées.
- Feuilles supérieures non pétiolées, mais distinctes, jamais soudées.
- Fleurs groupées en têtes portées par un long pédoncule.

Variété non grimpante à feuilles velues sur les 2 faces, toutes pétiolées :

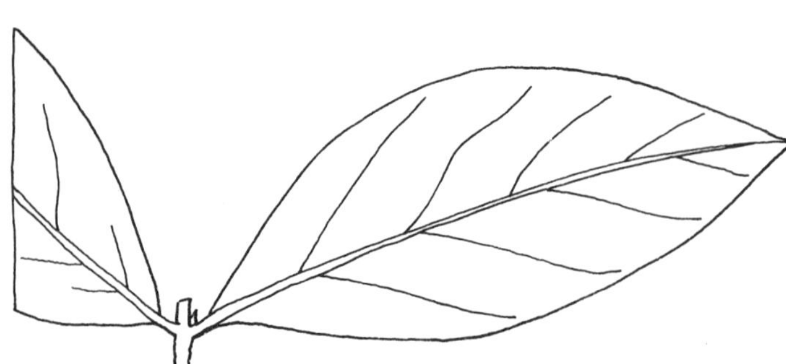

Chèvrefeuille à balais

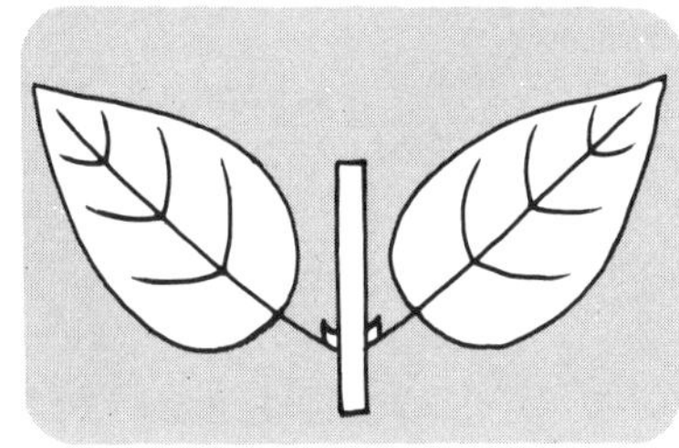

CHÈVREFEUILLE

Liane

☆ Lonicera d'Étrurie

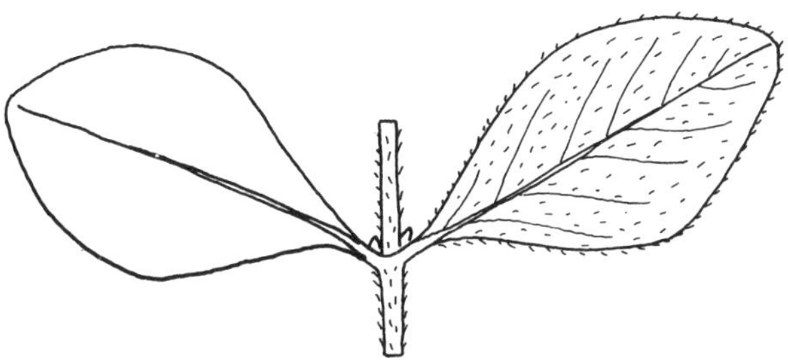

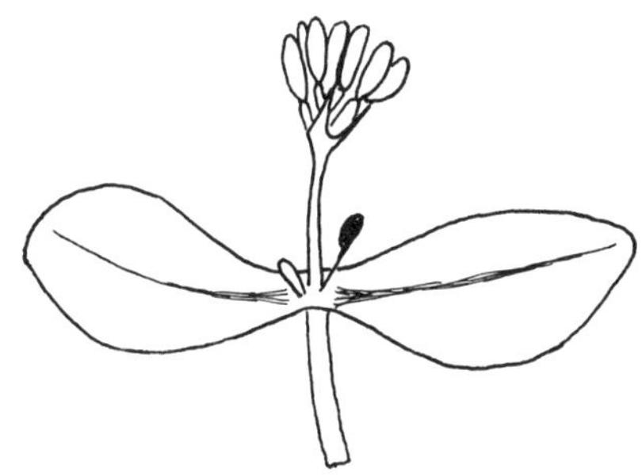

- Feuilles caduques.
- Feuilles inférieures velues, non pétiolées mais distinctes.
- Feuilles supérieures soudées par leur base, non terminées par une pointe.
- Fleurs groupées en têtes pédonculées.

☆ Lonicera des Baléares

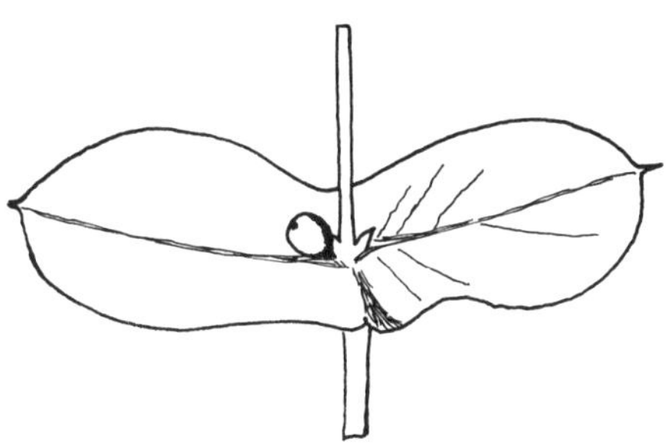

- Feuilles persistantes, en général soudées par leur base, terminées par une pointe et présentant une fine bordure transparente.
- Fleurs groupées en têtes non pédonculées.

⊙ LILAS

Arbuste

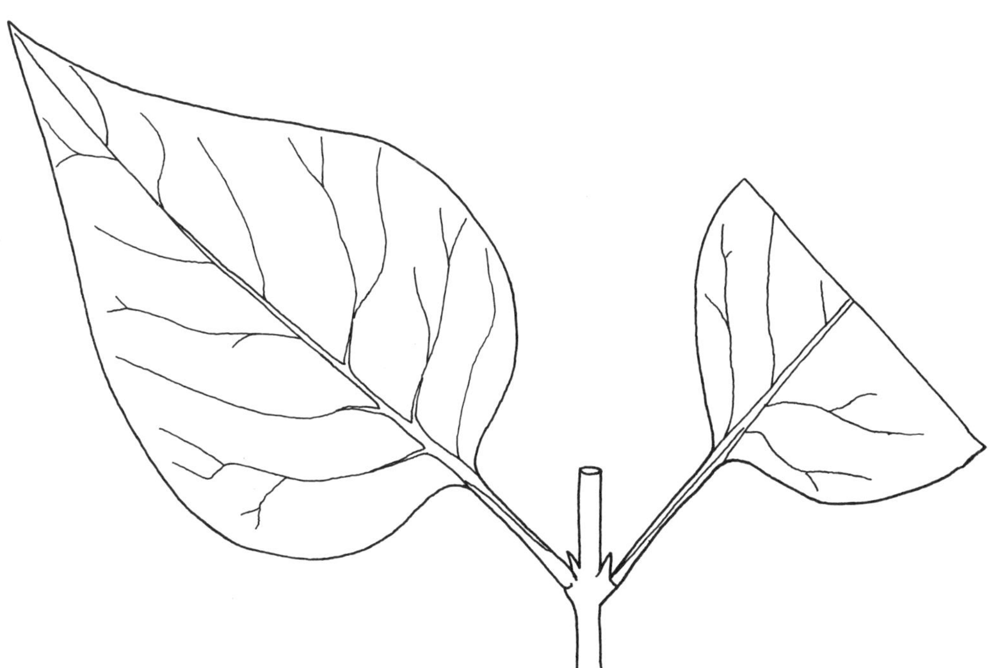

- Fruit = capsule à 2 loges.
- Graines ailées.

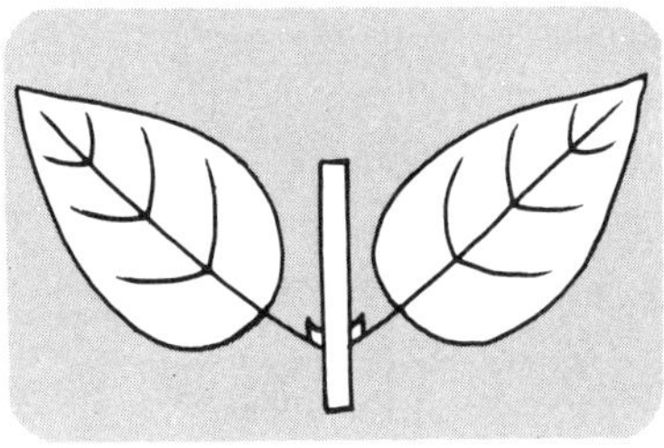

Feuilles opposées simples non dentées

CORNOUILLER

Arbrisseau

(Si l'on déchire la feuille, des filaments apparaissent au niveau des nervures cassées.)

⊙ Cornouiller sanguin

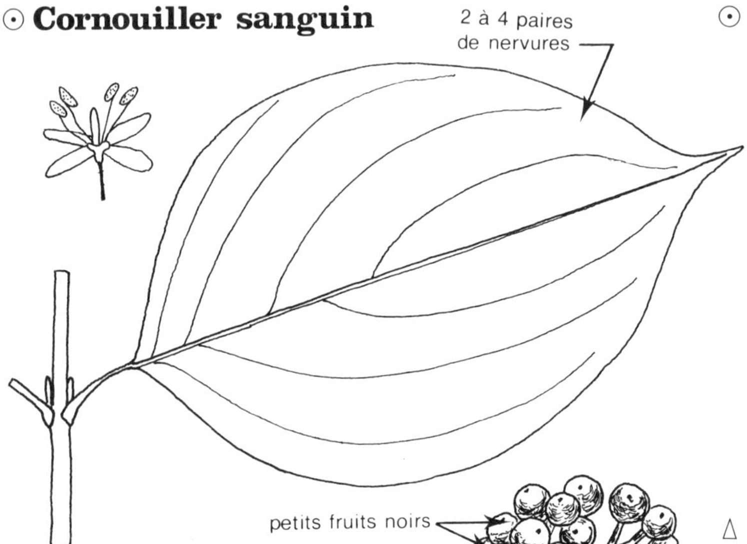

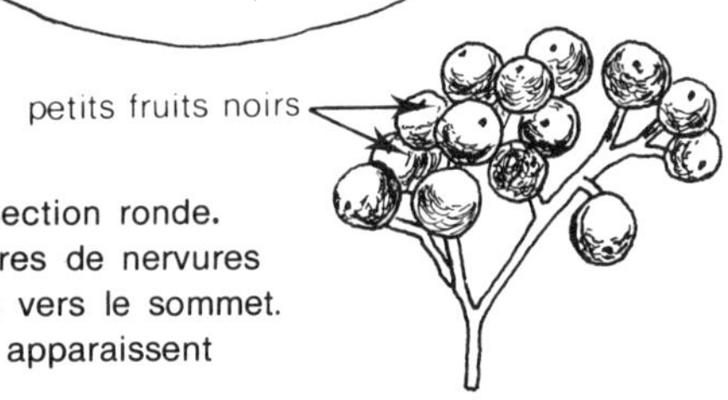

- Jeunes rameaux à section ronde.
- Feuille à 3 ou 4 paires de nervures secondaires arquées vers le sommet.
- Fleurs blanches qui apparaissent après les feuilles.
- Fruits mûrs noirs.
- Les rameaux de l'année sont rougeâtres.

⊙ Cornouiller mâle

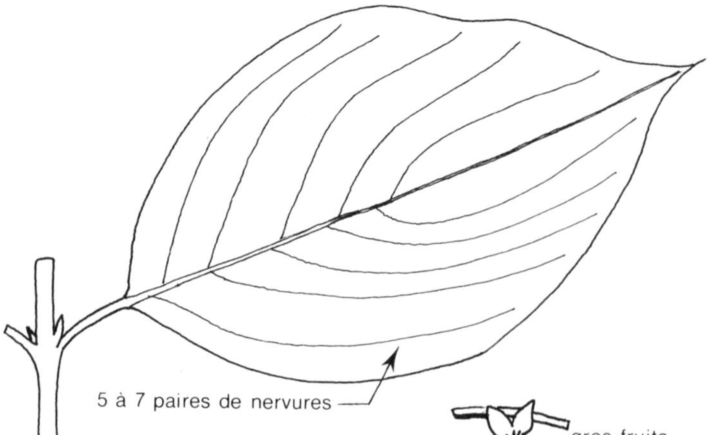

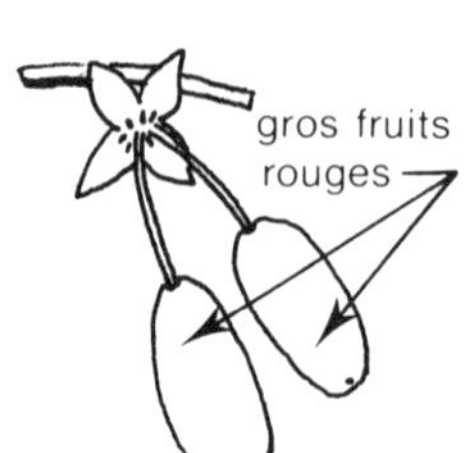

- Jeunes rameaux à section carrée.
- Feuille à 5 - 7 paires de nervures secondaires arquées vers le sommet.
- Fleurs jaunes qui apparaissent avant les feuilles.
- Fruit mûrs rouges comestibles.

TROÈNE

Arbrisseau

⊙ Troène sauvage

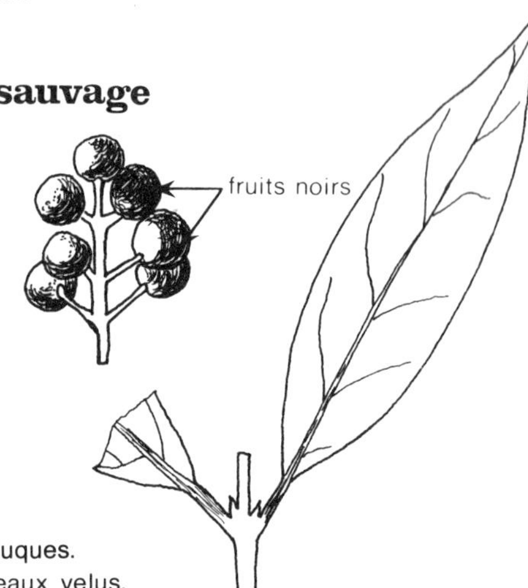

- Feuilles caduques.
- Jeunes rameaux velus.

△ Troène cultivé

△ Troène à grandes feuilles

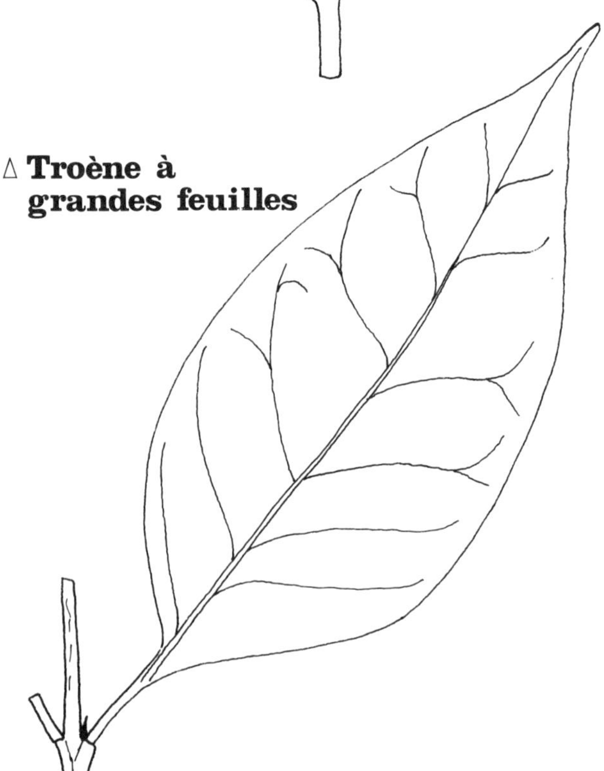

- Feuilles persistantes, luisantes.
- Jeunes rameaux sans poils.

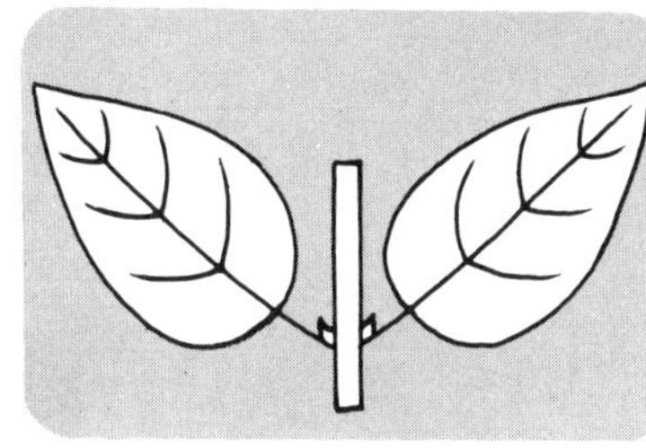

△ GRENADIER

Arbrisseau

- Feuilles groupées en petits bouquets, 2 ou 3 par nœud, souples mais luisantes, de taille et de forme variables.
- Quelques rameaux piquants.
- Belles fleurs rouge écarlate.
- Fruit : grenade renfermant de nombreuses graines comestibles.

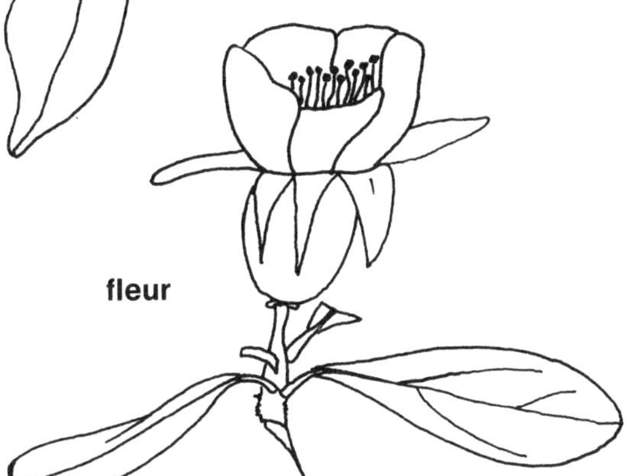

fruit

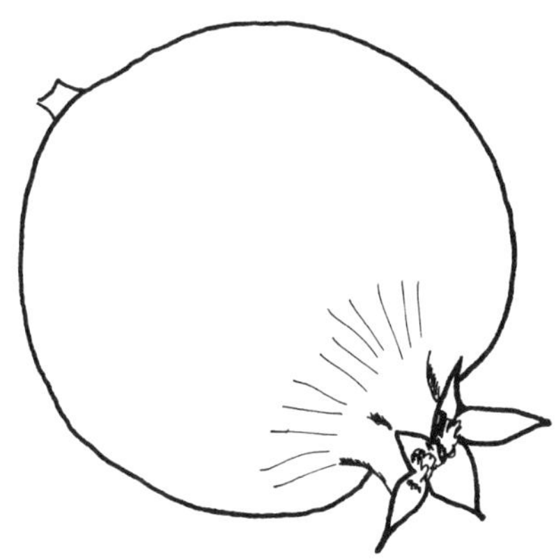

△ SYMPHORINE

Arbrisseau

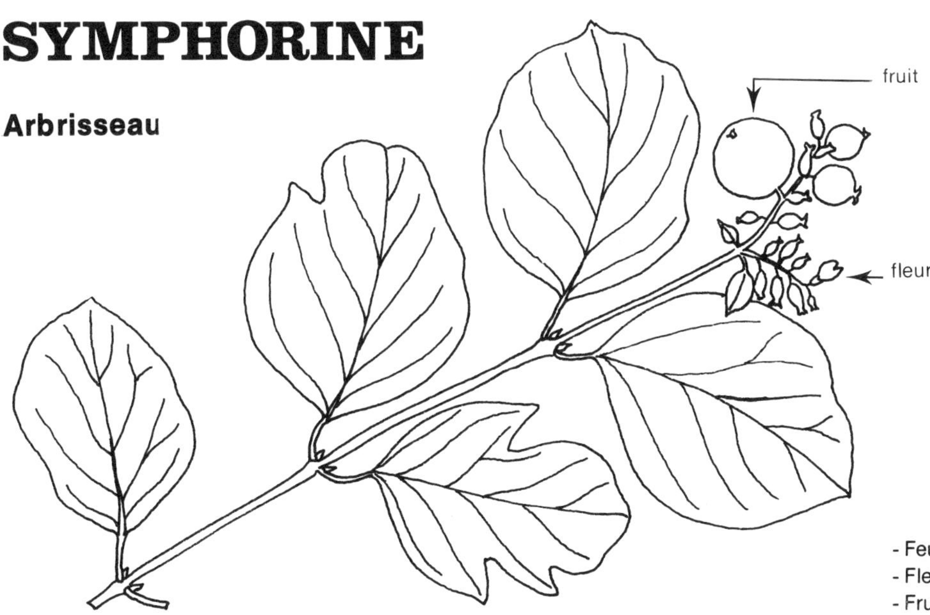

- Feuilles parfois lobées.
- Fleurs rosées, petites, en grappe.
- Fruit blanc caractéristique.

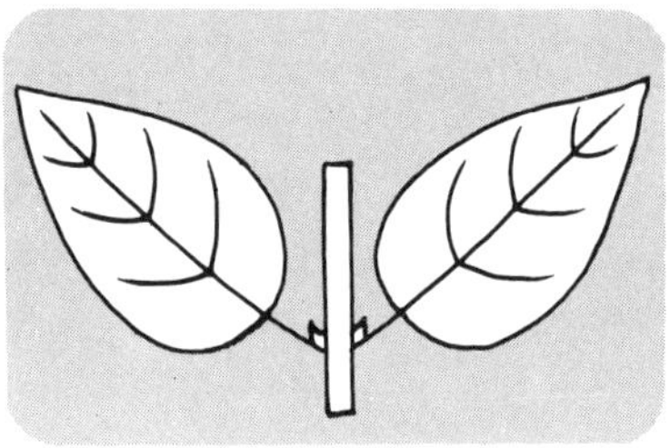

△ FORSYTHIA

Arbrisseau

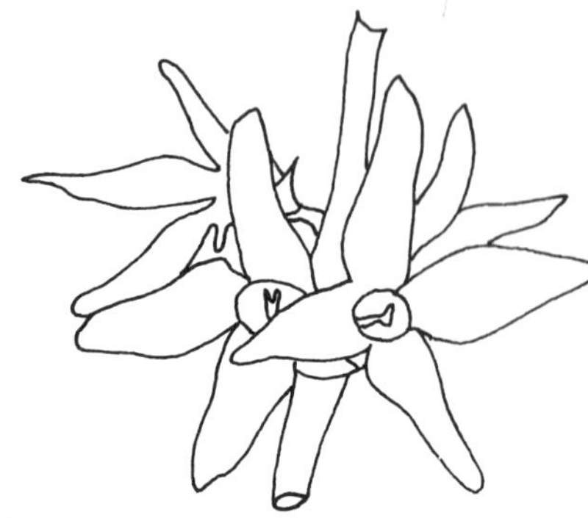

fleurs

- Feuilles assez coriaces, parfois dentées.
- Pétiole bordé de 2 lignes de poils raides.
- Rameaux rouges parfois anguleux.
- Bourgeons aigus divisés en 2.
- Fleurs jaunes en groupes serrés apparaissant avant les feuilles.

(voir aussi page 85)

△ LILAS DES INDES

Arbuste

- Feuilles luisantes, vert foncé.
- Tige à section carrée aux arêtes bordées d'une petite membrane rouge.
- Nombreuses grappes de fleurs pourpre en été.

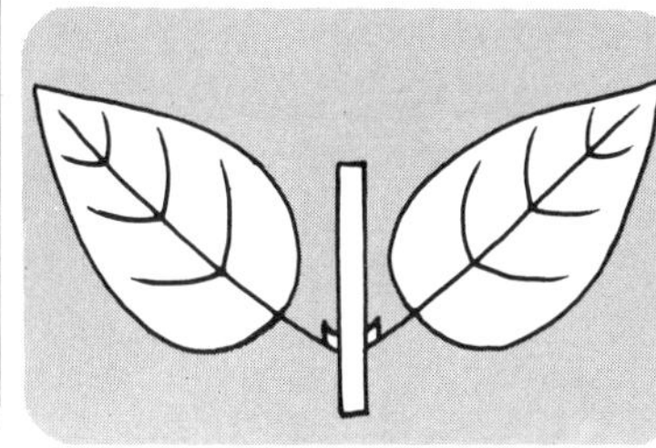

△ CATALPA

Arbre

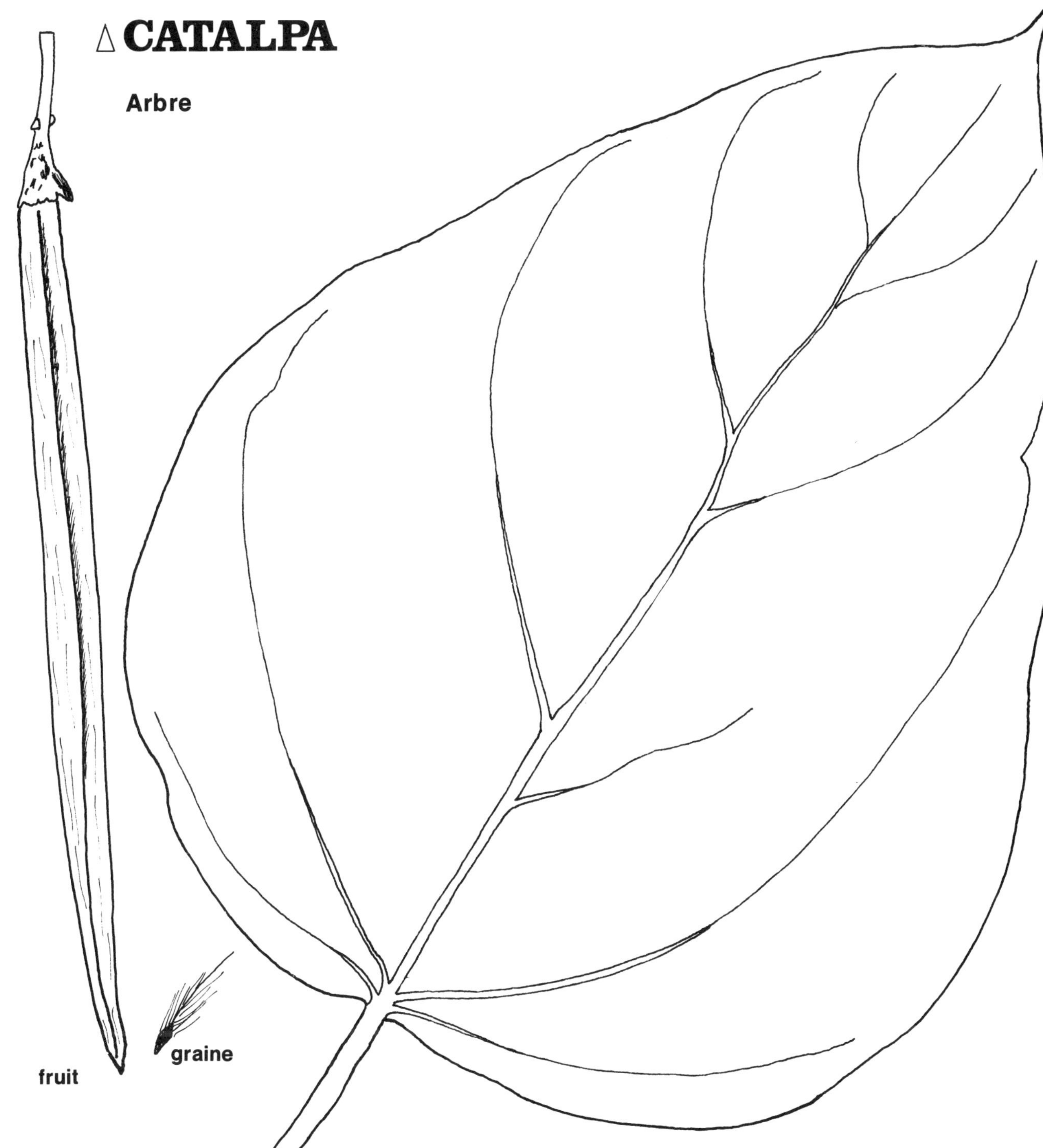

- Feuilles souvent groupées par 3, pouvant atteindre 20 cm de large.
- Nervures poilues à la face inférieure des feuilles.
- Fruit = gousse très allongée, remplie de nombreuses graines munies de touffes de poils.

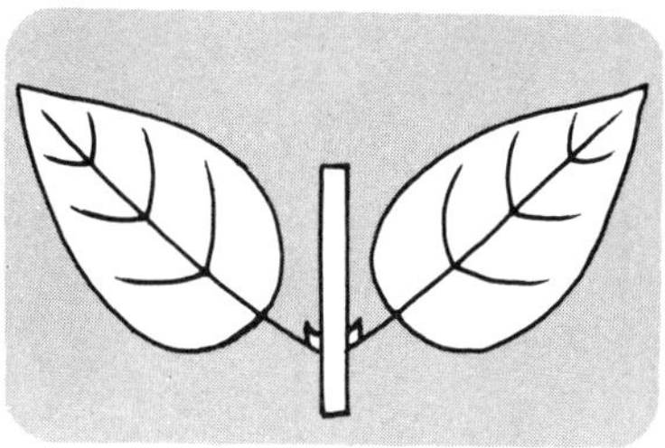

Feuilles opposées simples non dentées

☆ EUCALYPTUS

Arbre

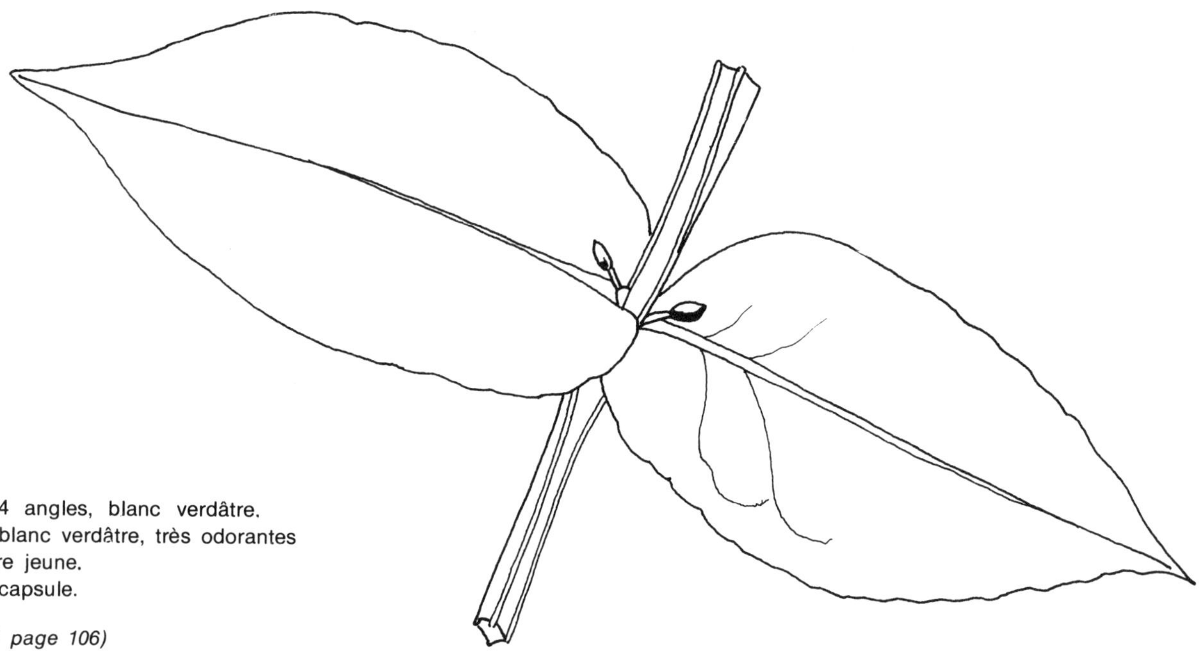

- Tige à 4 angles, blanc verdâtre.
- Feuilles blanc verdâtre, très odorantes sur l'arbre jeune.
- Fruit = capsule.

(voir aussi page 106)

Feuilles alternes simples non dentées

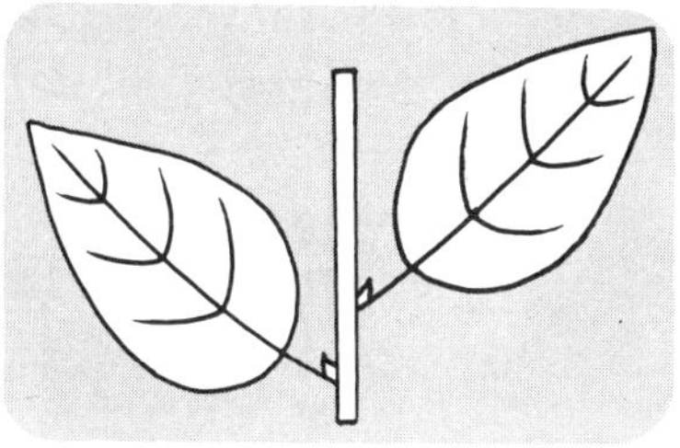

■ Plante grimpante

- ➔ Feuilles rigides, épaisses, luisantes — page 72 ⊙ **Lierre**
- ➔ Feuilles souples, non épaisses — 72 △ **Polygonum**

■ Plante dressée

- ➔ Plante épineuse — 72 ⊙ **Fragon**
  — 75 △ **Épine-vinette**
- ➔ Plante non épineuse
  - ▶ Feuilles rares, tige de jonc — 74 ☆ **Spartier**
  - ▶ Feuilles de moins de 10 cm de long
    - ▷ Feuilles très allongées — 73 ☆ **Buplèvre ligneux**
      — 73 △ **Cotonéaster à feuilles de Saule**
      — 74 ⊙ **Daphné**
      — 75 △ **Mimosa d'été**
    - ▷ Feuilles ovales
      - ● Arbre — 76 ⊙ **Hêtre**
        — 76 ⊙ **Cognassier**
      - ● Arbuste ou arbrisseau
        - > Feuilles souples, non épaisses — 77 ⊙ **Bourdaine**
          — 77 ☆ **Sumac Fustet**
          — 79 △ **Cotonéaster de Franchet**
        - > Feuilles rigides, épaisses — 77 ☆ **Pittospore**
          — 79 △ **Cotonéaster horizontal**
    - ▷ Feuilles rondes — 53 ☆ **Arbre de Judée**
  - ▶ Feuilles de plus de 10 cm de long
    - ▷ Feuilles souples
      - ● allongées — 54 △ **Bambou**
        — 75 △ **Kaki**
        — 79 △ **Magnolia hybride**
      - ● rondes — 53 ☆ **Arbre de Judée**
    - ▷ Feuilles rigides, luisantes — 78 △ **Magnolia à grandes fleurs**

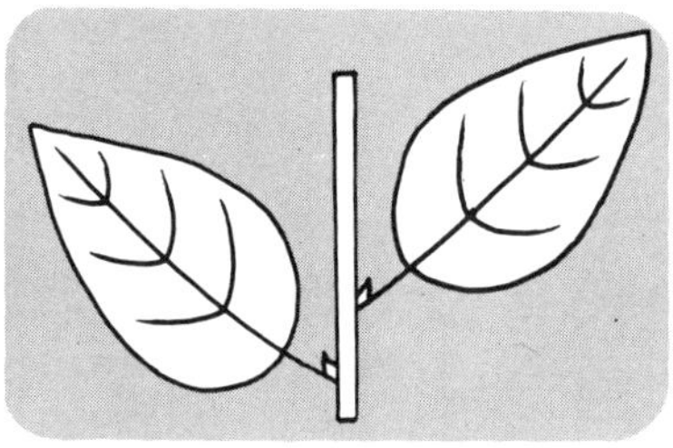

Feuilles alternes simples non dentées

⊙ FRAGON

Arbrisseau

- "Feuilles" coriaces, persistantes, terminées par une épine.
- Fruit charnu rouge porté sous la "feuille".

⊙ LIERRE

Liane

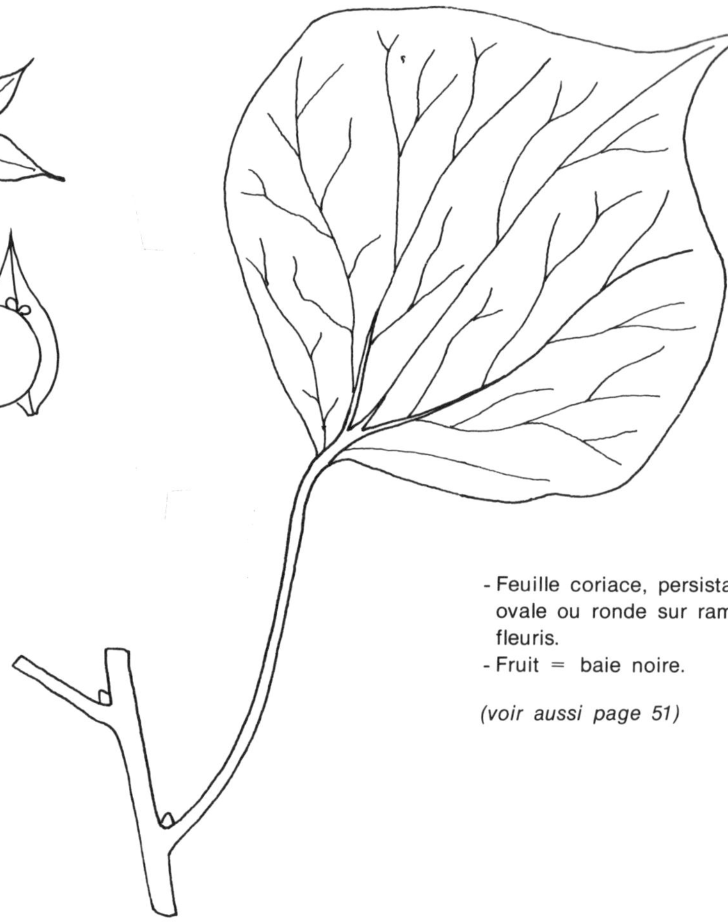

- Feuille coriace, persistante, ovale ou ronde sur rameaux fleuris.
- Fruit = baie noire.

(voir aussi page 51)

△ POLYGONUM

Arbrisseau

- Feuilles souples et caduques.
- Petites fleurs blanc verdâtre réunies en grappes légères.

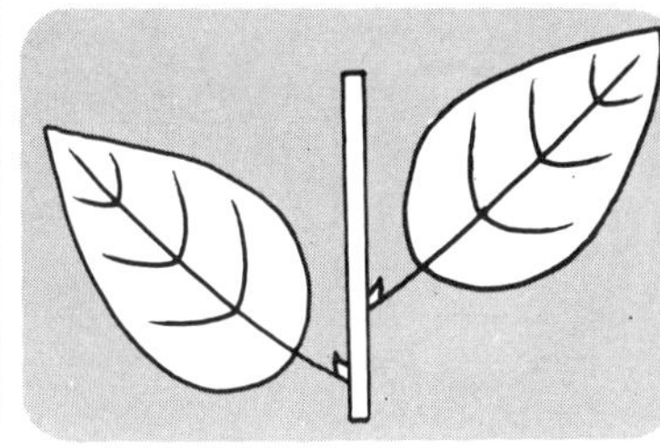

☆ BUPLÈVRE LIGNEUX

Arbrisseau

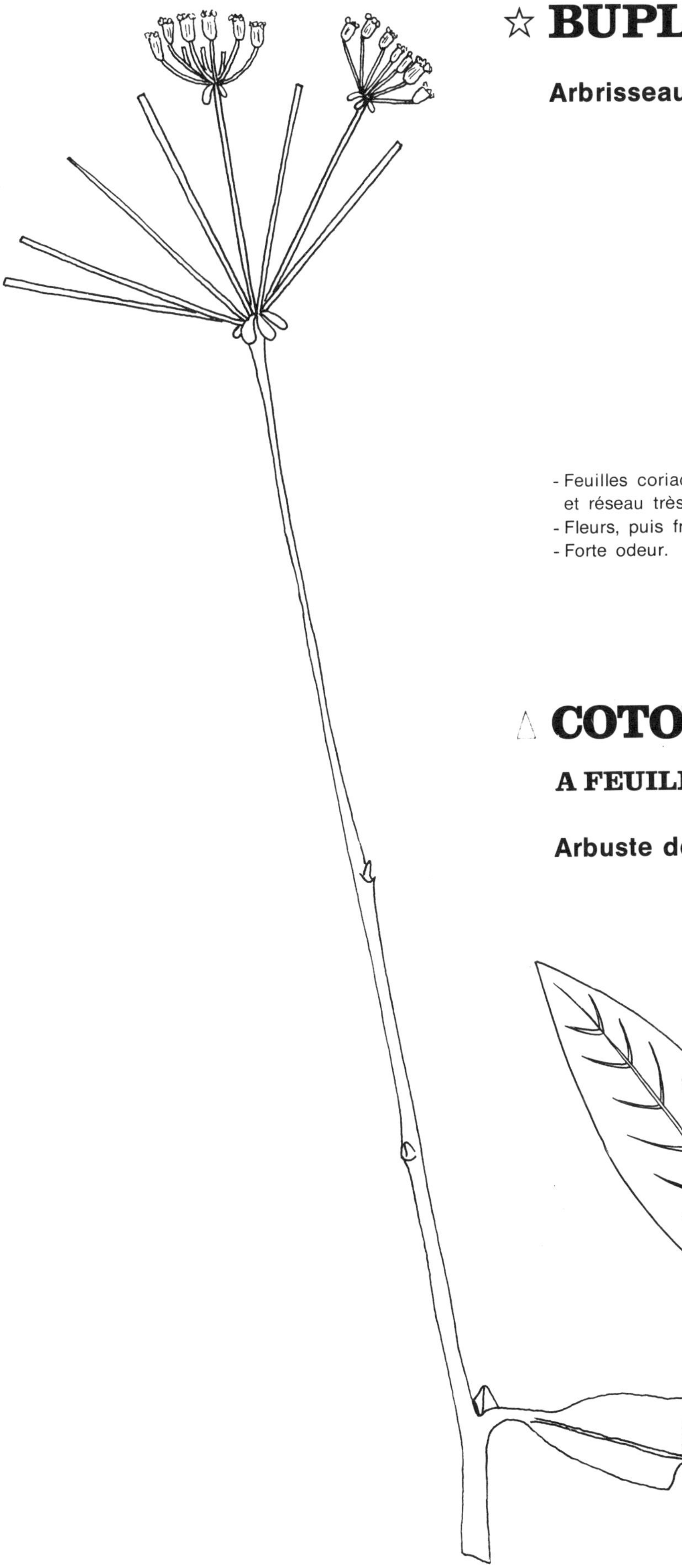

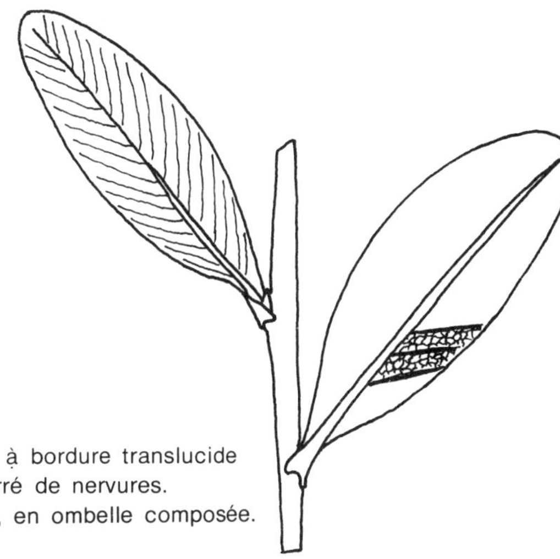

- Feuilles coriaces, à bordure translucide et réseau très serré de nervures.
- Fleurs, puis fruits, en ombelle composée.
- Forte odeur.

△ COTONÉASTER
A FEUILLES DE SAULE

Arbuste de jardin

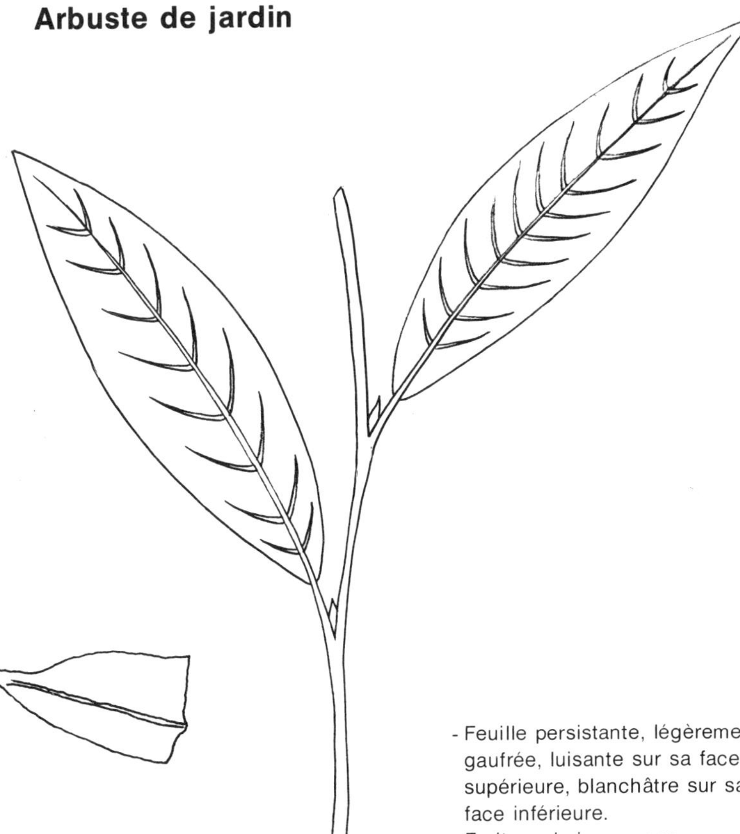

- Feuille persistante, légèrement gaufrée, luisante sur sa face supérieure, blanchâtre sur sa face inférieure.
- Fruits = baies rouges.

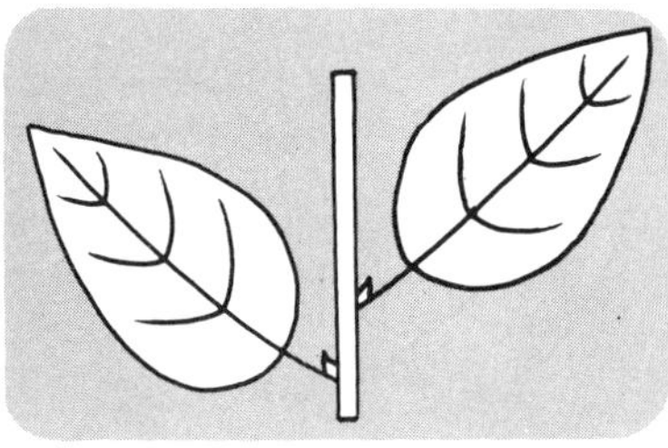

Feuilles alternes simples non dentées

☆ SPARTIER = Genêt d'Espagne

Arbrisseau

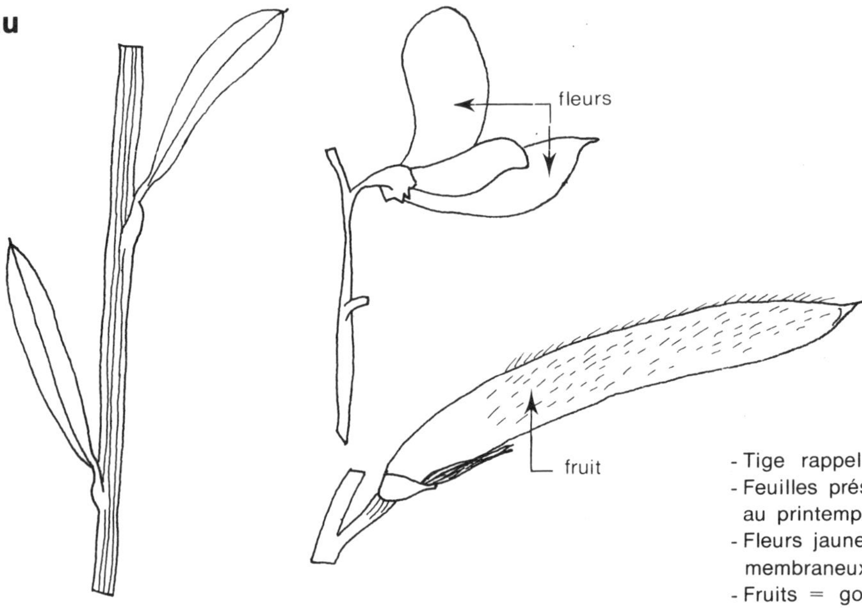

- Tige rappelant celle des joncs.
- Feuilles présentes seulement au printemps.
- Fleurs jaunes à calice membraneux en grappes terminales.
- Fruits = gousses noires.

DAPHNÉ

Arbrisseau

⊙ Bois joli

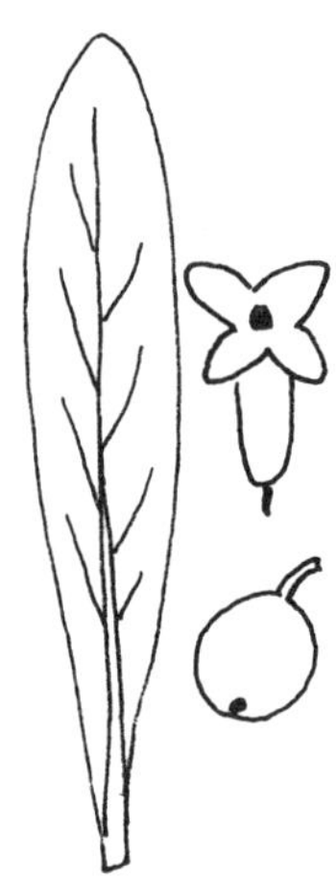

- Feuilles minces, molles, caduques, en rosette à l'extrémité des rameaux.
- Fleurs roses, très odorantes.
- Fruits = baies rouges, très vénéneuses.

☆ Garou

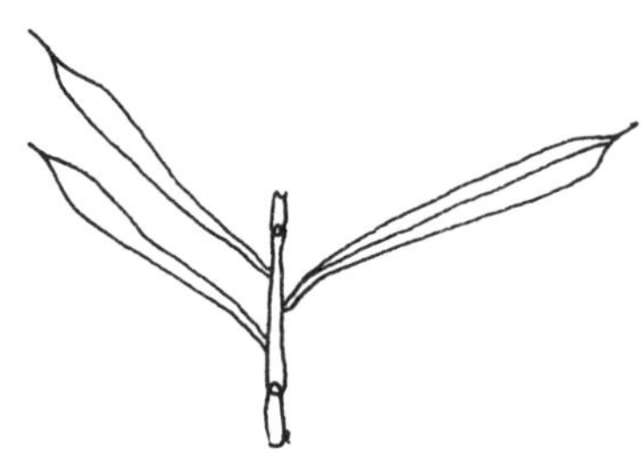

- Feuilles petites, épaisses, cassantes, persistantes, sur toute la longueur des rameaux.
- Fleurs blanches, odorantes.
- Fruits = baies rouges, très vénéneuses.

⊙ Daphné Lauréole

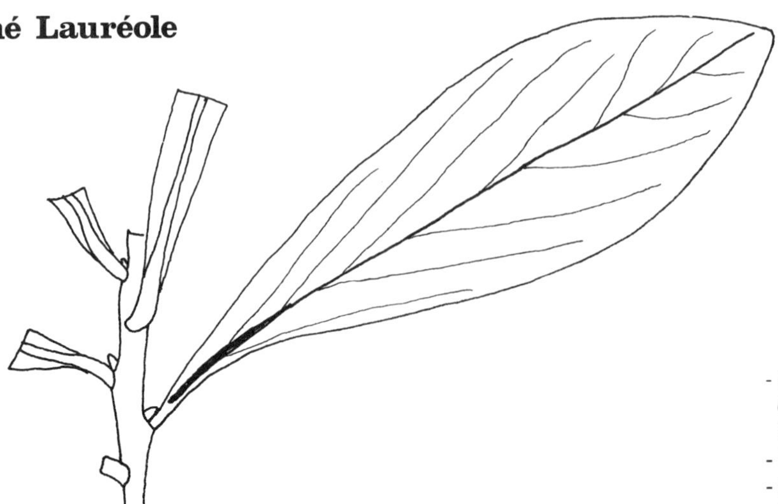

- Feuilles plus ou moins grandes, épaisses, coriaces, persistantes, en rosette à l'extrémité de la tige.
- Fleurs verdâtres.
- Fruits = baies noires, très vénéneuses.

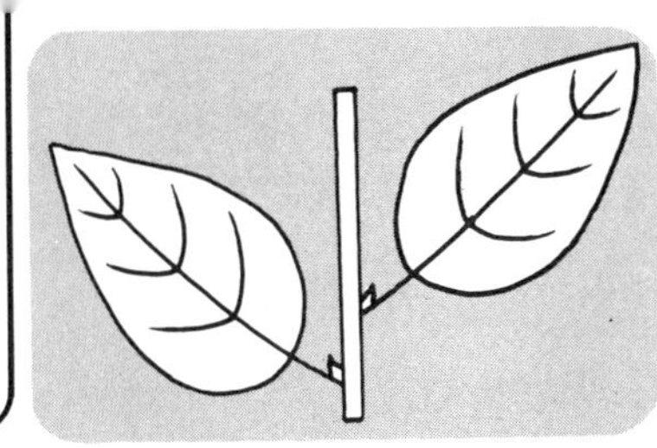

△ MIMOSA D'ÉTÉ

Arbrisseau

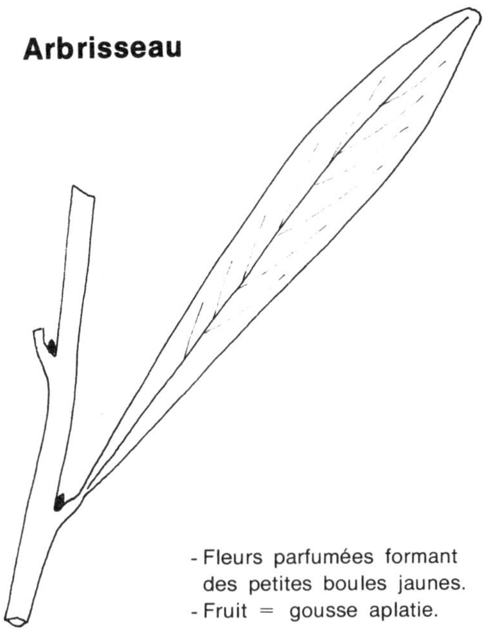

- Fleurs parfumées formant des petites boules jaunes.
- Fruit = gousse aplatie.

△ ÉPINE-VINETTE

Arbrisseau

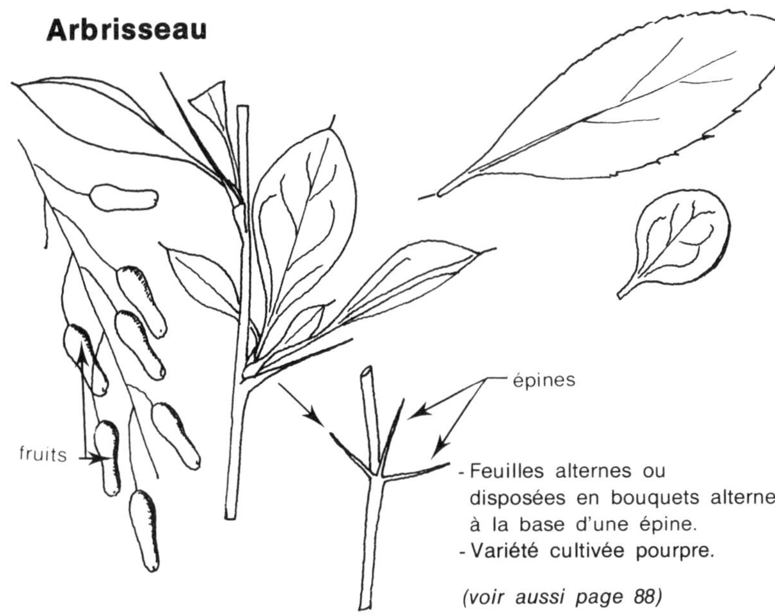

- Feuilles alternes ou disposées en bouquets alternes à la base d'une épine.
- Variété cultivée pourpre.

(voir aussi page 88)

△ KAKI = Plaqueminier

Arbre

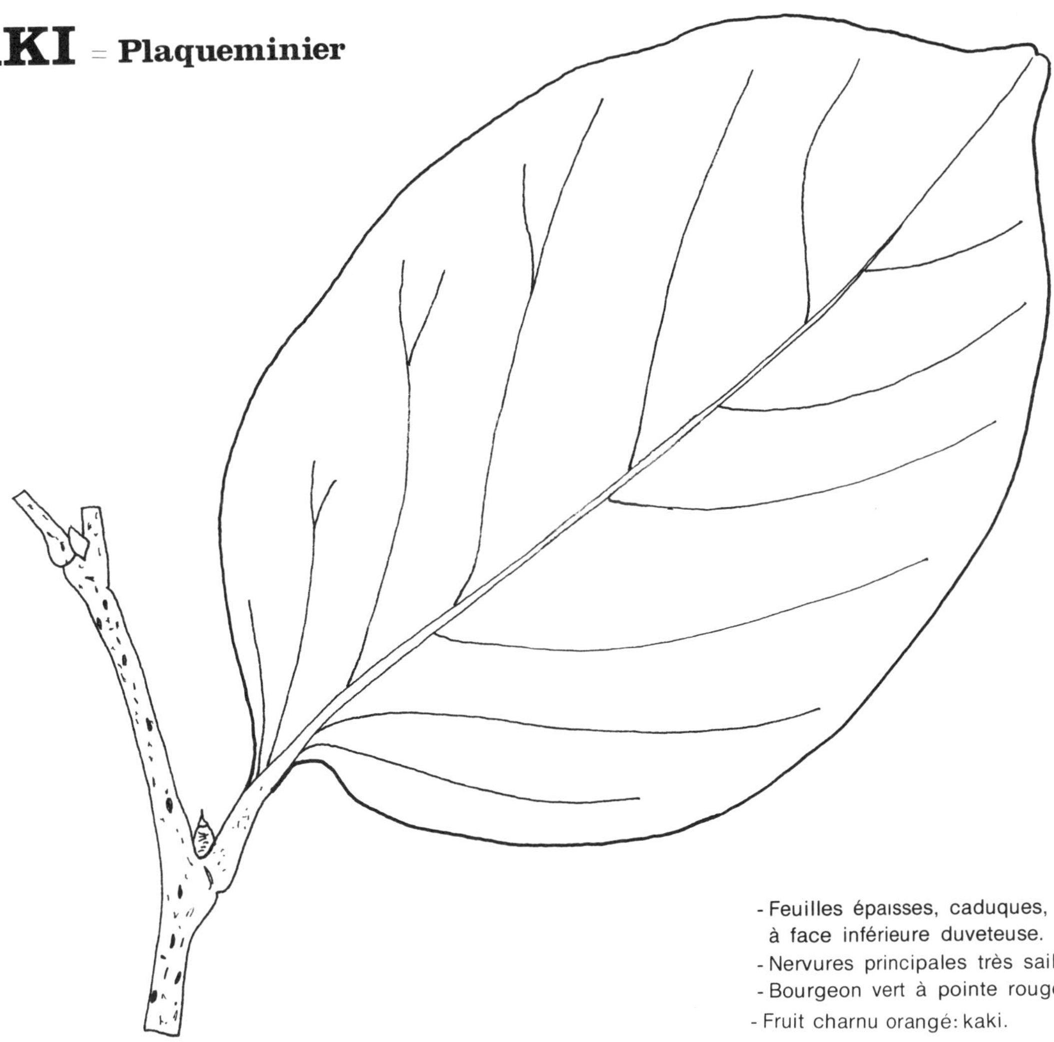

- Feuilles épaisses, caduques, de taille variable, à face inférieure duveteuse.
- Nervures principales très saillantes.
- Bourgeon vert à pointe rougeâtre.
- Fruit charnu orangé: kaki.

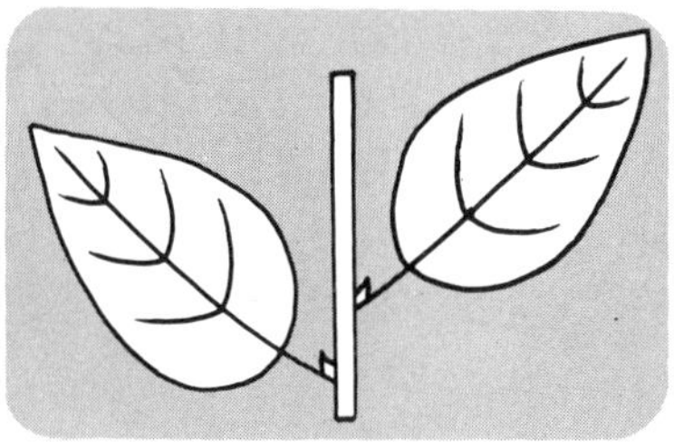

⊙ HÊTRE

Arbre

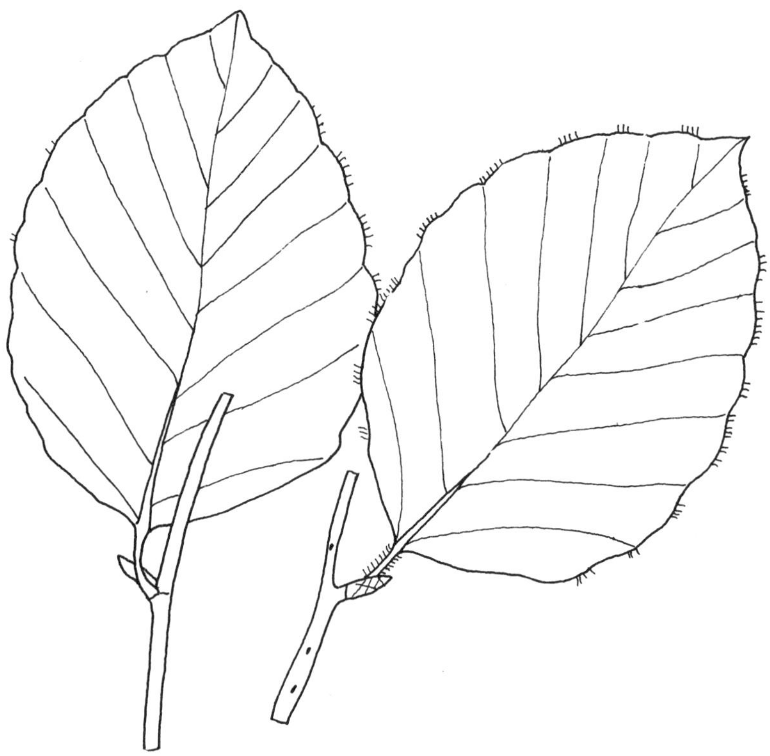

fruit ouvert

- Quelques poils sur le bord plus ou moins ondulé du limbe.
- Nervures secondaires droites, non ramifiées.
- Pétiole poilu.
- Bourgeons allongés brun rougeâtre.
- 1 à 3 fruits dans une coque épineuse : faîne
- Tronc droit, gris et lisse.

Une variété ornementale :

Hêtre pourpre
à feuilles rougeâtres,

⊙ COGNASSIER

Arbre

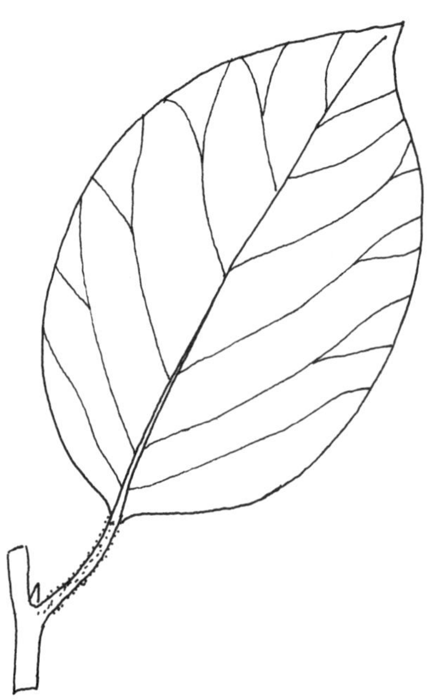

- Feuille blanche en dessous.
- Pétiole et jeunes rameaux poilus.
- Grandes fleurs roses isolées.
- Fruit : coing.

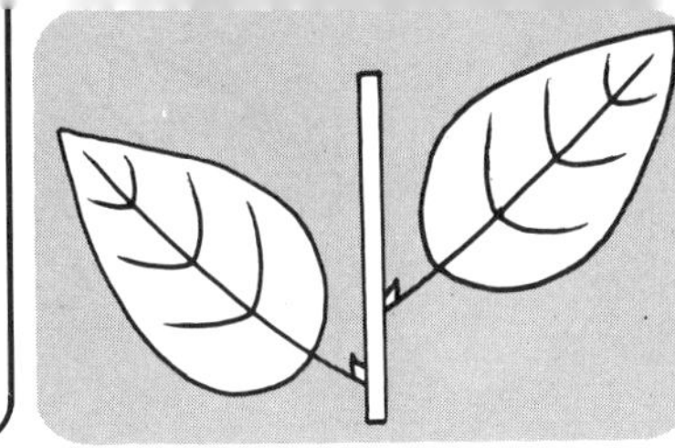

⊙ BOURDAINE

Arbuste

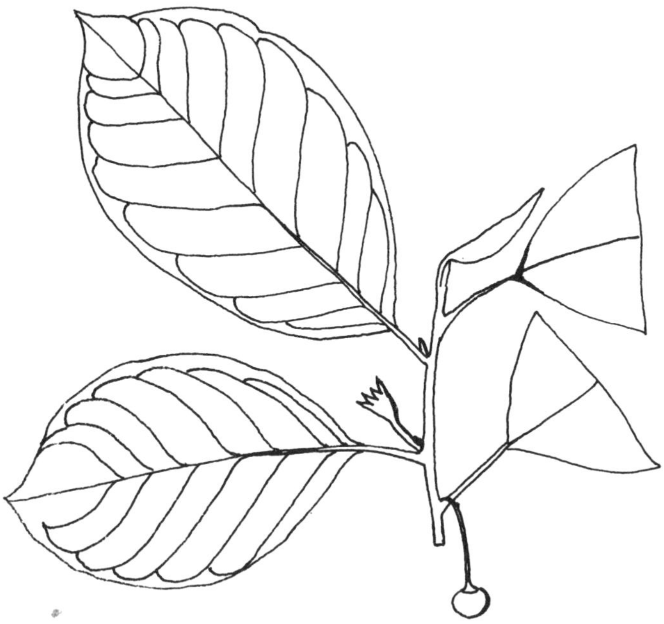

- Feuilles souples, sans poils sur le bord, à 8 - 10 paires de nervures secondaires arquées.
- Fruit rouge, puis noir.

☆ SUMAC FUSTET

Arbrisseau

- Feuilles minces, fermes et odorantes
- Pédoncules des fleurs formant, après fructification, un ensemble d'aspect plumeux : "Arbre à perruque".
- Nombreuses variétés ornementales à feuilles pourpre.

☆ PITTOSPORE

Arbrisseau

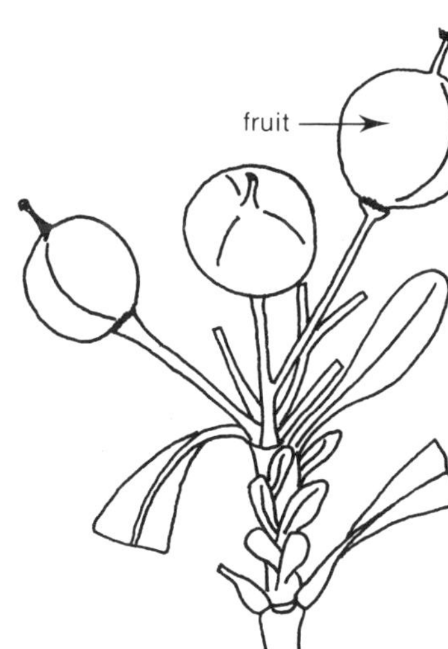

- Feuilles coriaces, sans poils, à bord souvent enroulé.
- Nervures formant un réseau dense (surtout visible à la face inférieure).
- Fleurs blanches à odeur de fleur d'oranger.
- Fruit = capsule s'ouvrant en 3 parties.
- Graines rouges et collantes.

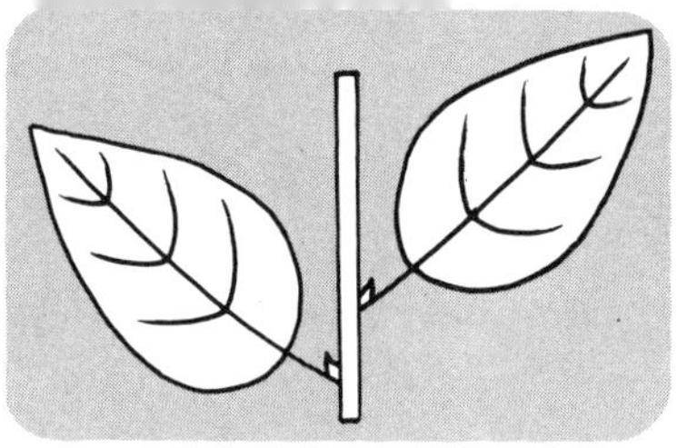

Feuilles alternes simples non dentées

△ MAGNOLIA À GRANDES FLEURS

Arbre

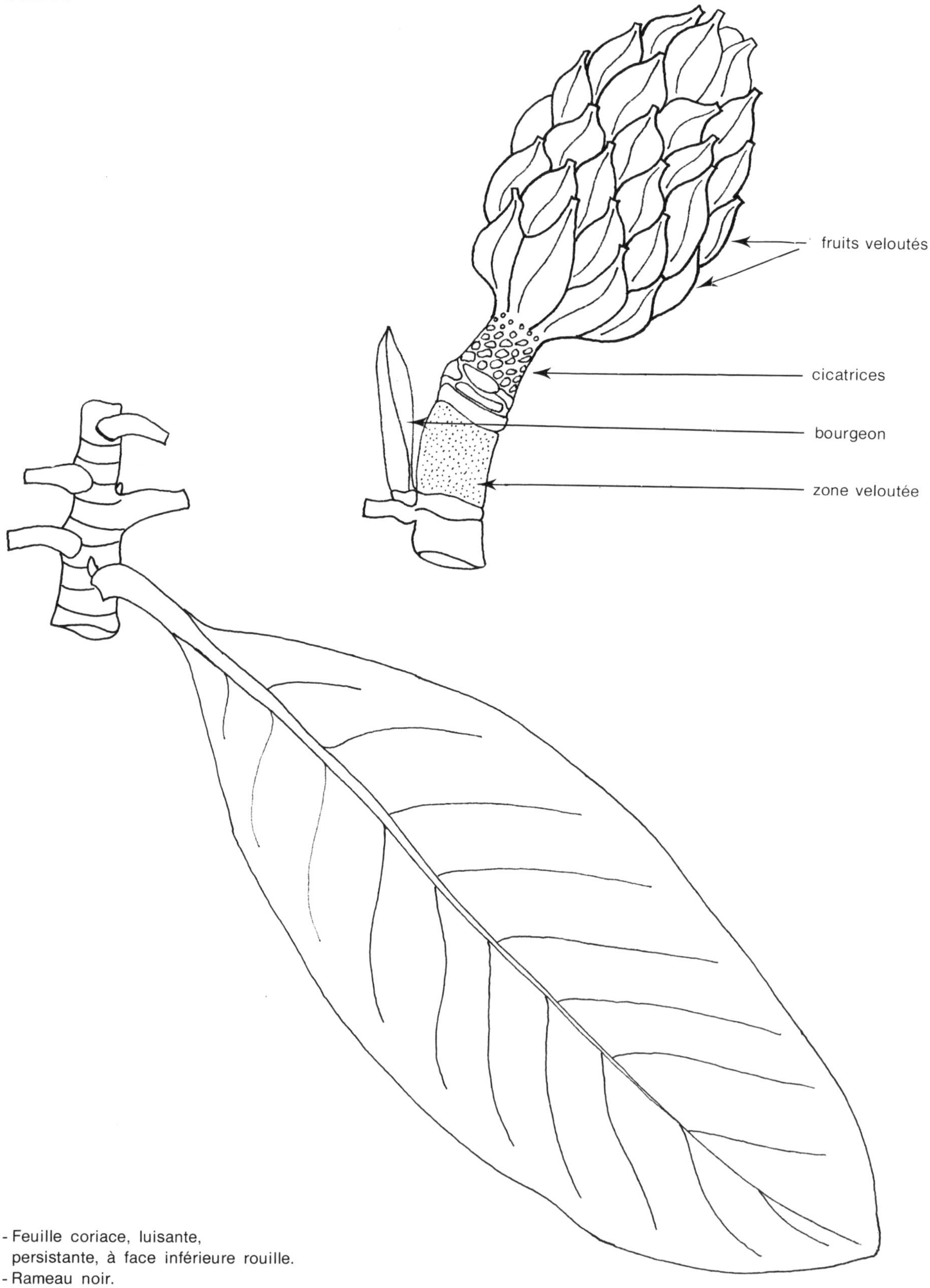

- Feuille coriace, luisante, persistante, à face inférieure rouille.
- Rameau noir.
- Grandes fleurs blanches très odorantes.

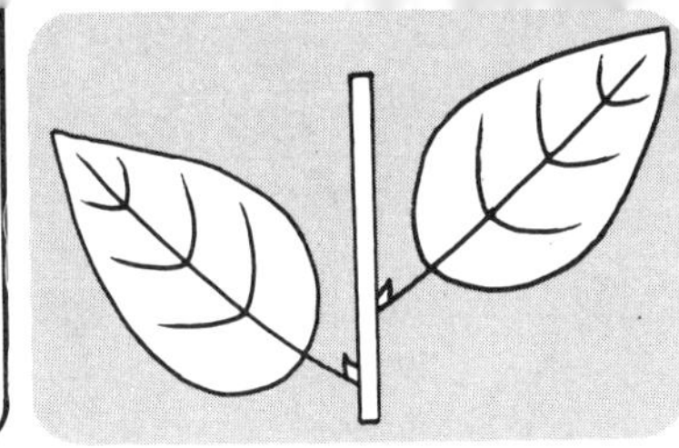

△ MAGNOLIA HYBRIDE = Magnolia de Soulange

Arbuste

- Feuille vert-jaune, douce au toucher, caduque.
- Bourgeon velu entouré d'une enveloppe blanchâtre.
- Rameaux courts et tortueux.
- Fleur rose ressemblant à une tulipe.

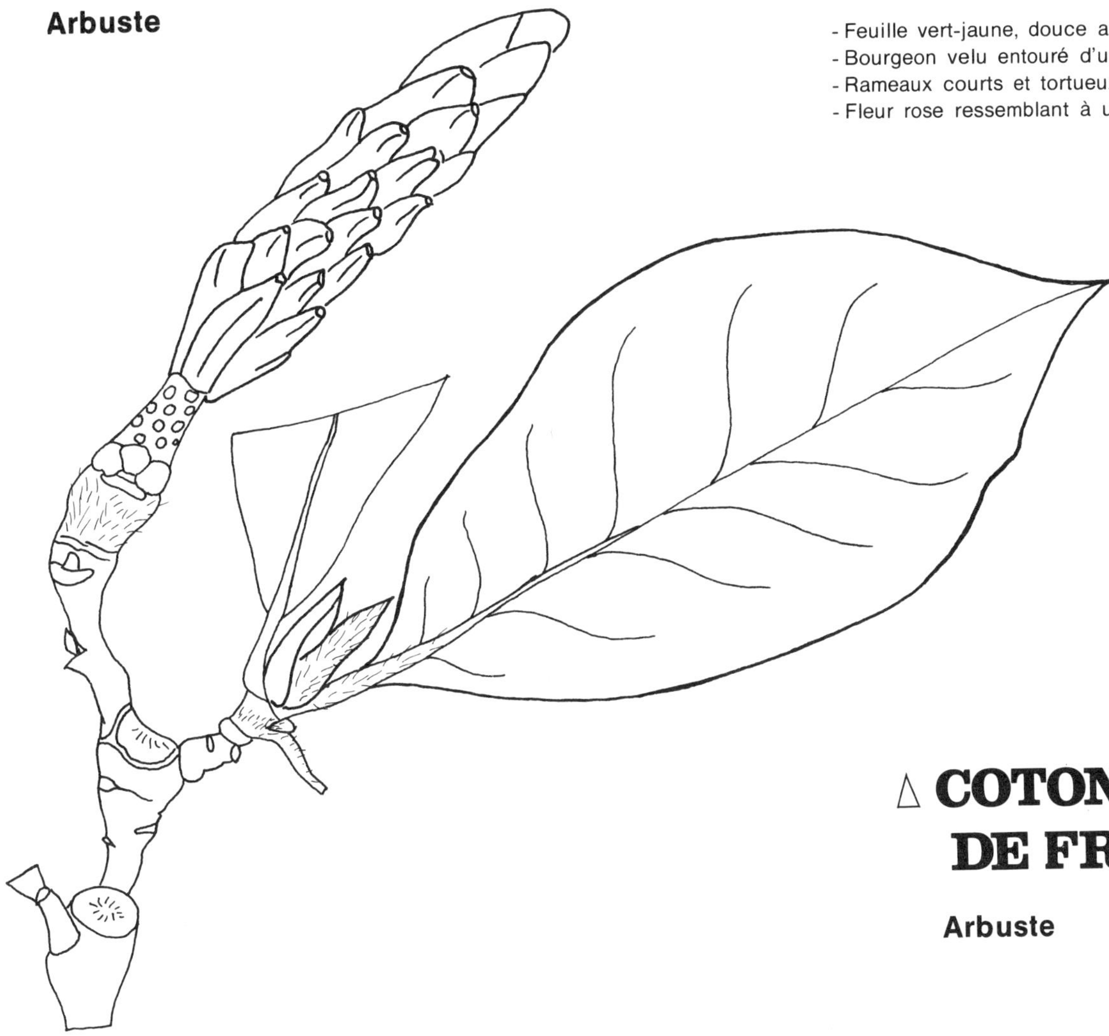

△ COTONÉASTER DE FRANCHET

Arbuste

- Feuilles persistantes, vert foncé sur la face supérieure, blanchâtres sur la face inférieure.
- Fruits = baies orangé-rouge.

△ COTONÉASTER HORIZONTAL

Arbrisseau de rocaille

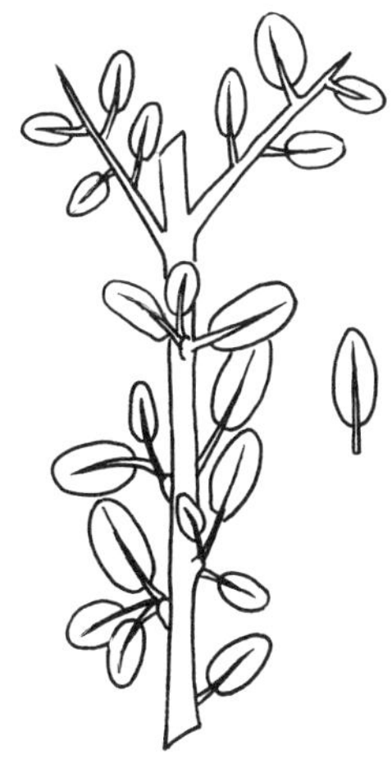

- Feuilles persistantes, petites, cassantes, luisantes, vert foncé.
- Branches horizontales.
- Fruits = baies rouges très abondantes à l'automne.

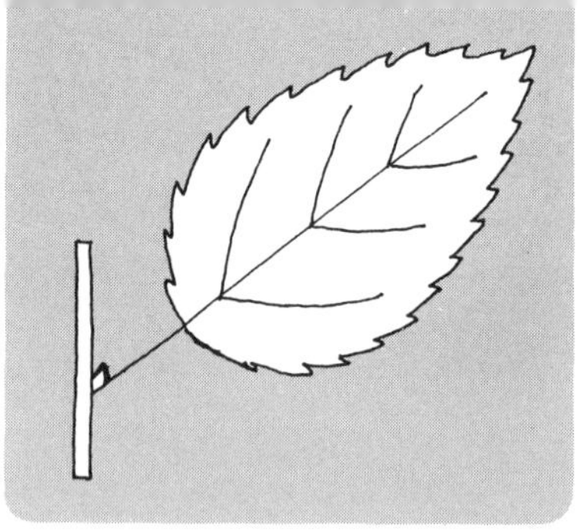

FEUILLES SIMPLES DENTÉES

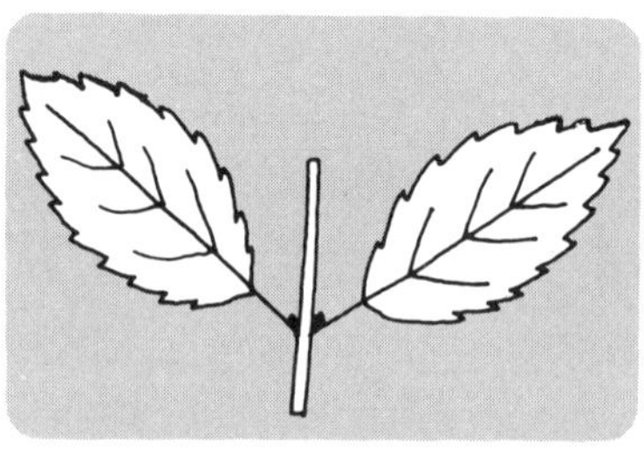

Feuilles opposées

Consultez le tableau page 81
ou feuilletez les pages 82 à 86.

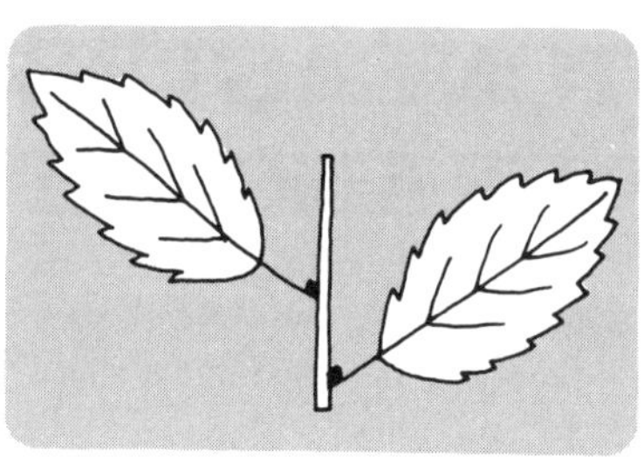

Feuilles alternes

Consultez le tableau page 87
ou feuilletez les pages 88 à 104.

Feuilles opposées simples dentées

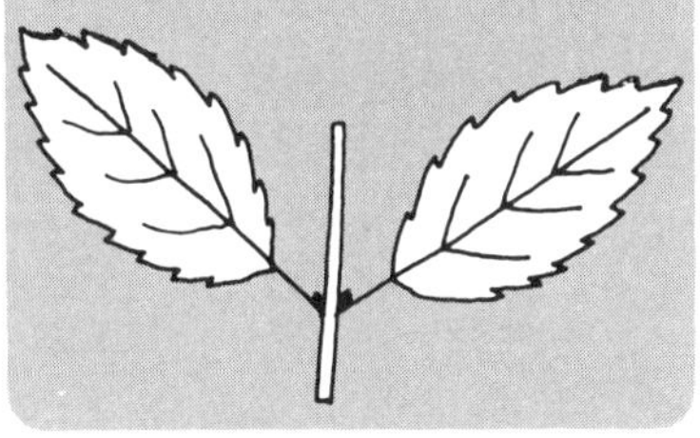

■ Plante dressée

➔ **Feuilles lancéolées (longueur égale au moins à 3 largeurs)**

▶ **Feuilles souples, peu épaisses** —— page 82 ⊙ **Saule pourpre**

▶ **Feuilles souples, épaisses et blanches dessous** —— 82 △ **Buddleia**

▶ **Feuilles rigides, luisantes, vertes et jaunes** —— 83 △ **Aucuba**

➔ **Feuilles plus larges**

▶ **avec quelques rameaux piquants** —— 82 ⊙ **Nerprun purgatif**

▶ **sans rameau piquant**

▷ **Feuilles épaisses, souples**

● **non velues** —— 83 ☆ **Eucalyptus**

—— 86 △ **Hortensia**

● **velues** —— 84 ⊙ **Viorne lantane**

▷ **Feuilles peu épaisses**

● **rigides** —— 82 ☆ **Filaire à feuilles larges**

—— 84 △ **Fusain**

● **souples** —— 84 ⊙ **Fusain**

—— 85 △ **Forsythia**

—— 85 △ **Seringa**

■ Plante grimpante

Feuilles groupées par 4 —— 86 ☆ **Garance**

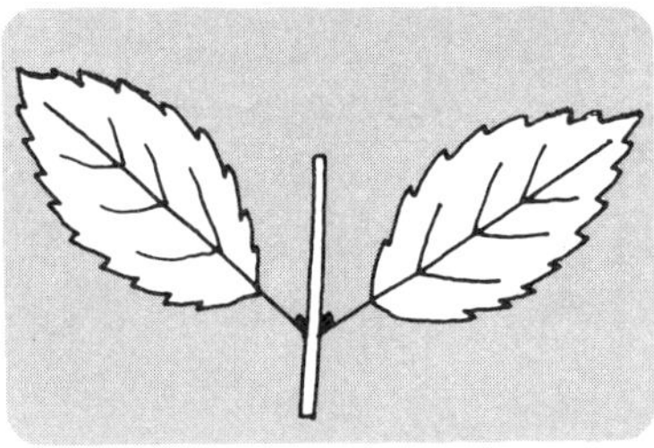

Feuilles opposées simples dentées

⊙ SAULE POURPRE

Arbuste

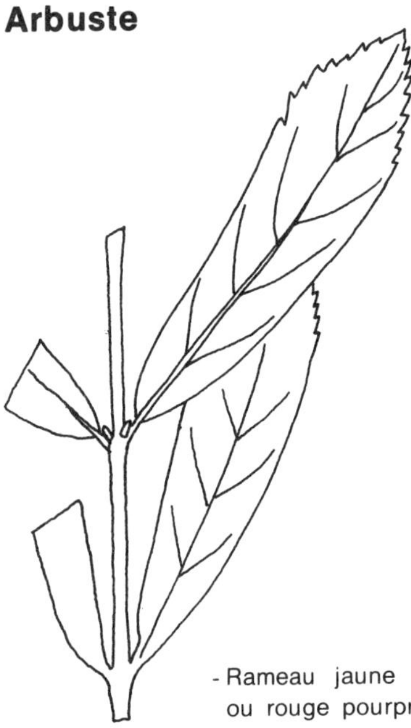

- Rameau jaune verdâtre ou rouge pourpre.

⊙ NERPRUN PURGATIF

Arbuste

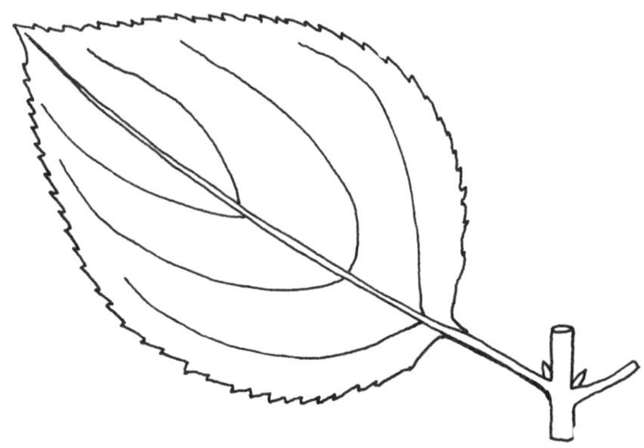

- 3 paires de nervures secondaires fortement courbées vers le haut.
- Quelques rameaux piquants à leur extrémité.
- Fruits charnus noirs à maturité.

☆ FILAIRE À FEUILLES LARGES

Arbrisseau

- Feuilles coriaces, luisantes, plus ou moins larges, de forme variée, suivant les hybridations.
- Dents plus ou moins importantes, parfois absentes.

△ BUDDLEIA

Arbrisseau

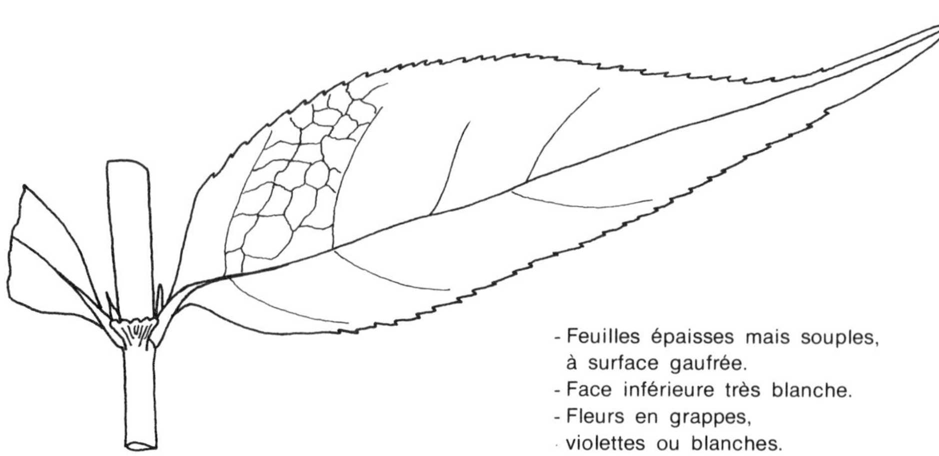

- Feuilles épaisses mais souples, à surface gaufrée.
- Face inférieure très blanche.
- Fleurs en grappes, violettes ou blanches.

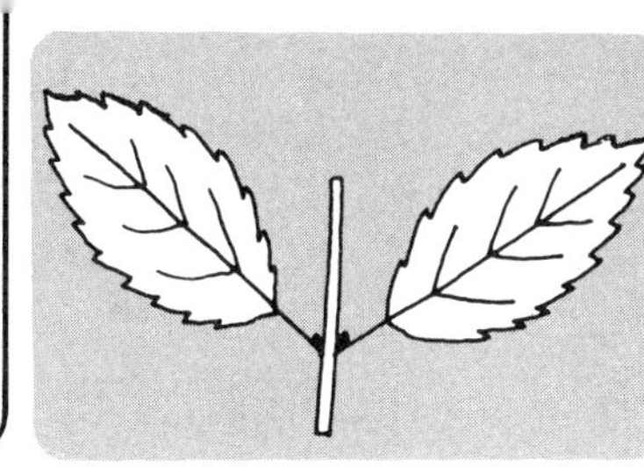

△ AUCUBA

Arbuste

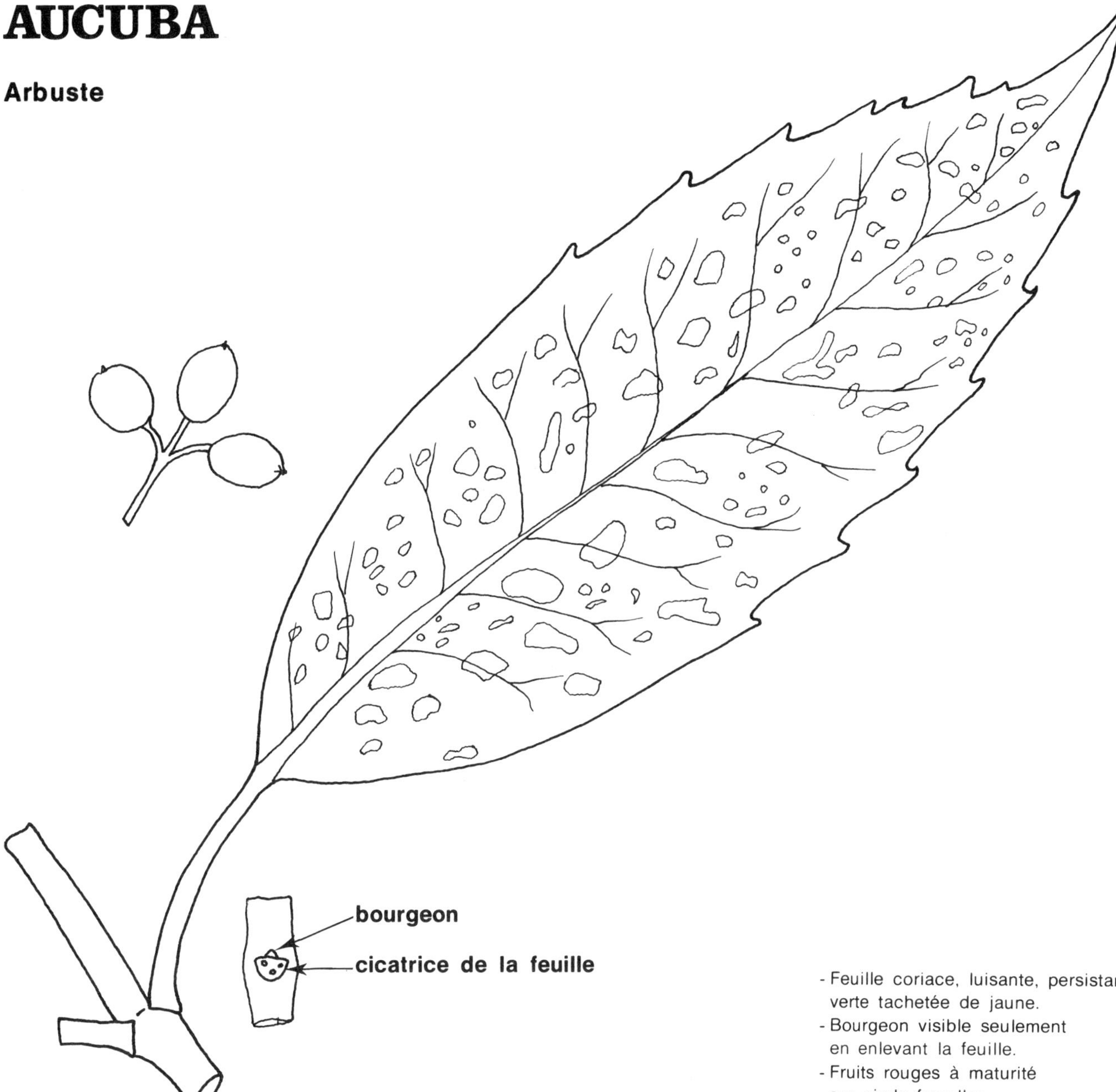

- Feuille coriace, luisante, persistante, verte tachetée de jaune.
- Bourgeon visible seulement en enlevant la feuille.
- Fruits rouges à maturité sur pieds femelles.

☆ EUCALYPTUS

Arbre

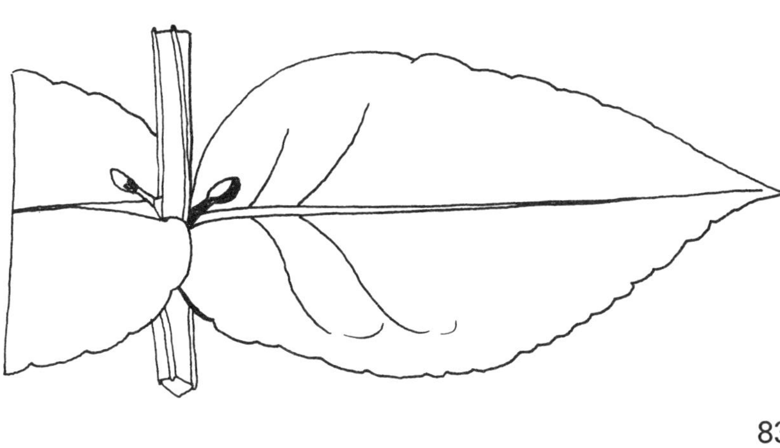

- Feuilles blanc verdâtre, très odorantes sur l'arbre jeune.
- Tige à 4 angles, blanc verdâtre.
- Fruit = capsule.

(voir aussi page 106)

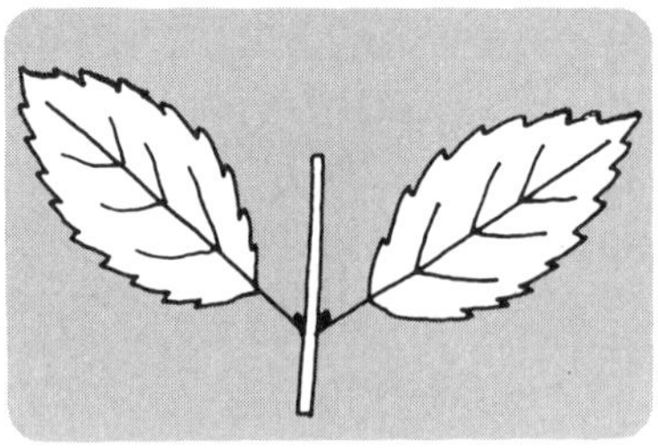

Feuilles opposées simples dentées

⊙ VIORNE LANTANE

Arbrisseau

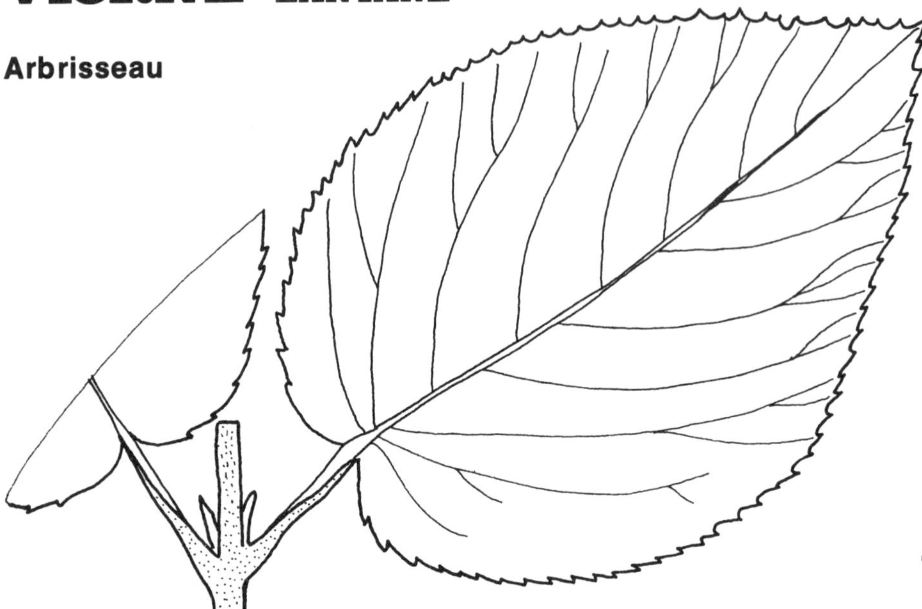

- Feuilles épaisses et velues, caduques, à nervures saillantes.
- Jeunes rameaux "poudreux".
- Fleurs blanches odorantes.
- Fruits charnus, aplatis, verts, rouges puis noirs = baies.

FUSAIN

Arbrisseau

⊙ Fusain d'Europe

- Feuilles souples et caduques ayant 4 à 10 paires de nervures secondaires.
- Tige verte, à section carrée, avec 4 côtes blanches.
- Fruit rose = capsule qui s'ouvre par 4 fentes et libère 4 graines rouge orangé : "bonnet de prêtre".

△ Fusain cultivé

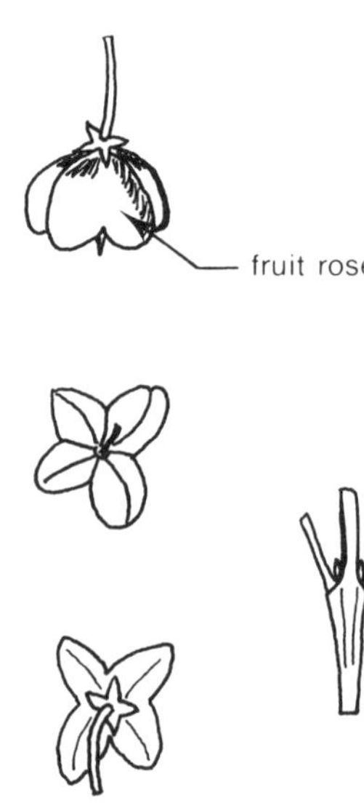

Feuilles coriaces et persistantes.

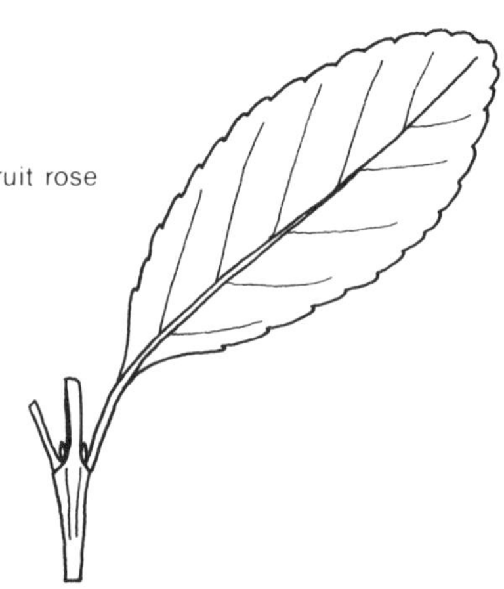

Une espèce à grandes feuilles (> 10 cm). à tige brun vert de section arrondie :

⊙ Fusain à larges feuilles

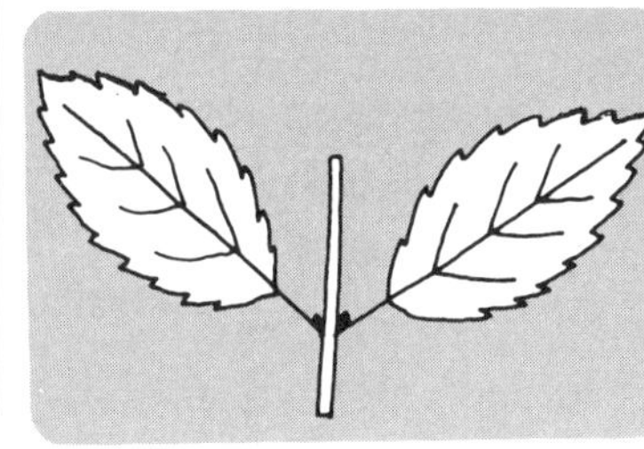

△ SERINGA

Arbrisseau

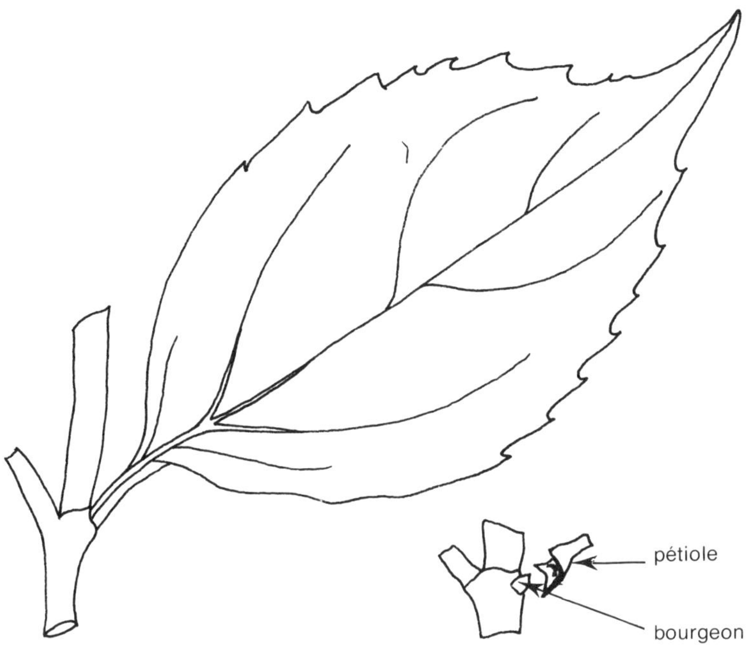

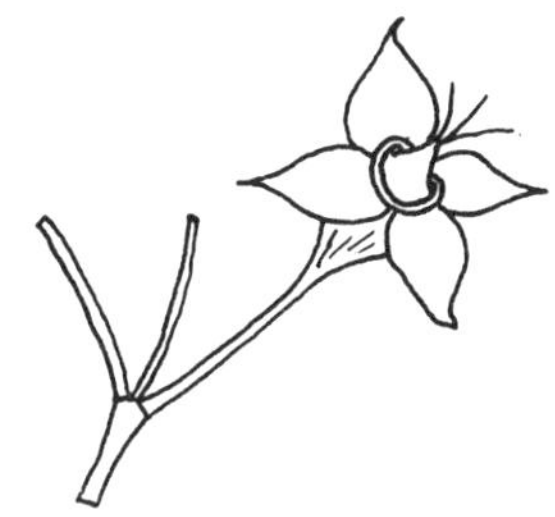

fruit en formation

- Bourgeon vert, visible seulement en enlevant la feuille.
- Grandes fleurs blanches très odorantes en grappes dressées.

△ FORSYTHIA

Arbrisseau

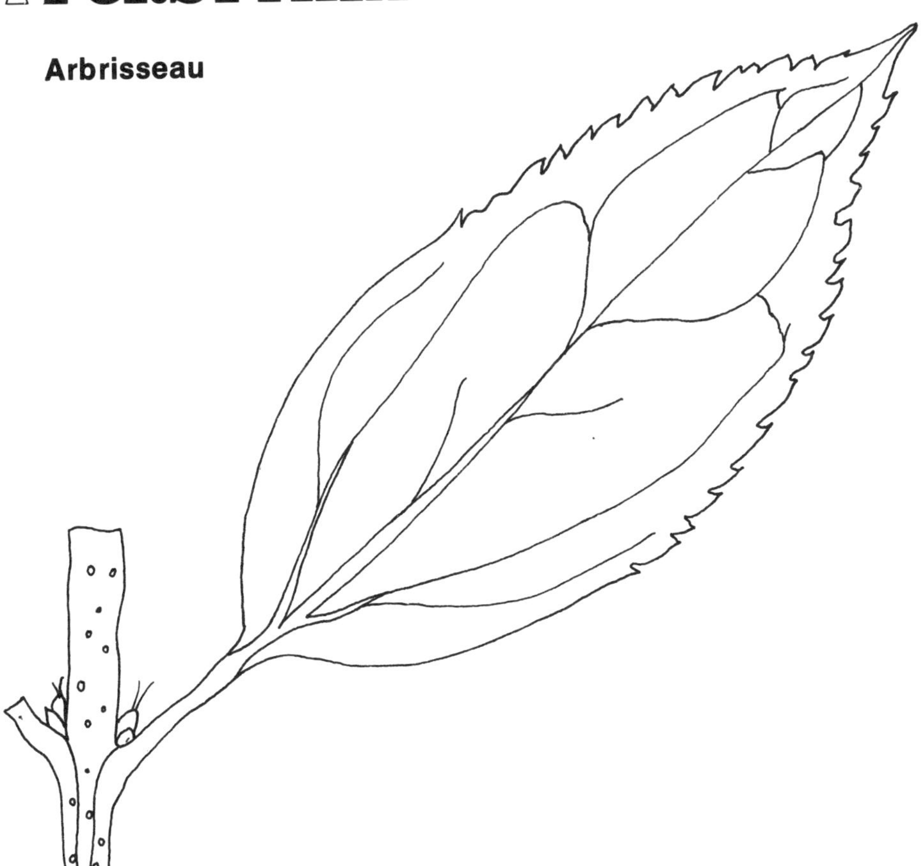

Fleurs jaunes en groupes serrés apparaissant avant les feuilles.

(voir aussi page 68)

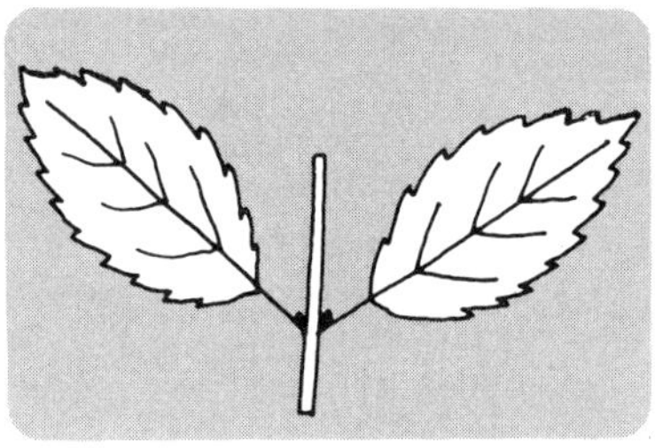

Feuilles opposées simples dentées

☆ GARANCE

Liane

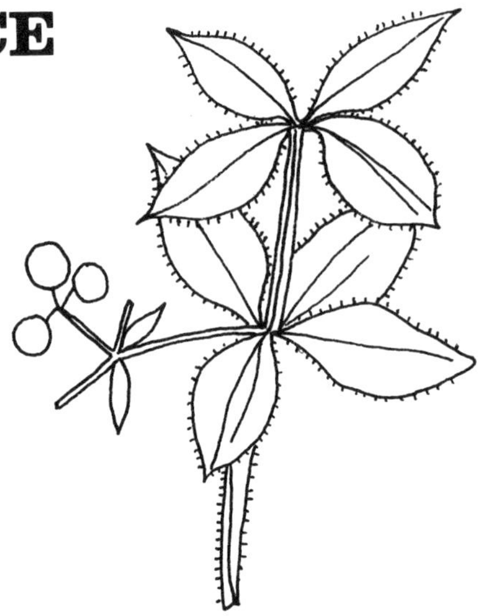

- Feuilles en général groupées par 4, coriaces et persistantes.
- Tige à 4 angles.
- Fruits = baies noires.

△ HORTENSIA

Arbrisseau

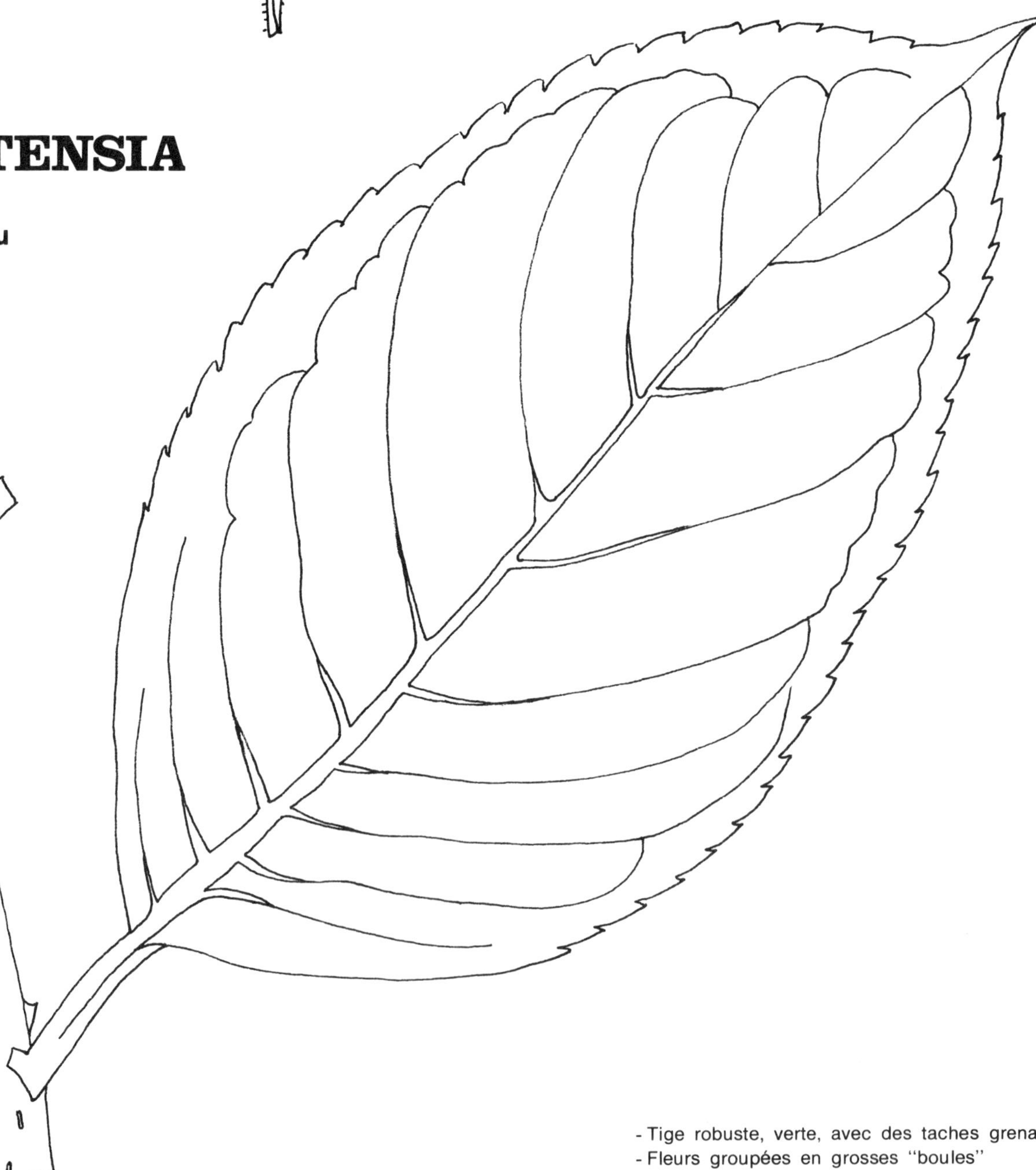

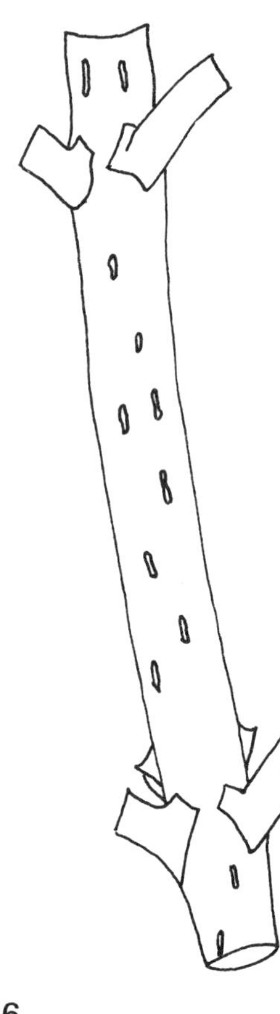

- Tige robuste, verte, avec des taches grenat.
- Fleurs groupées en grosses "boules" blanches, roses ou bleues.

Feuilles alternes simples dentées

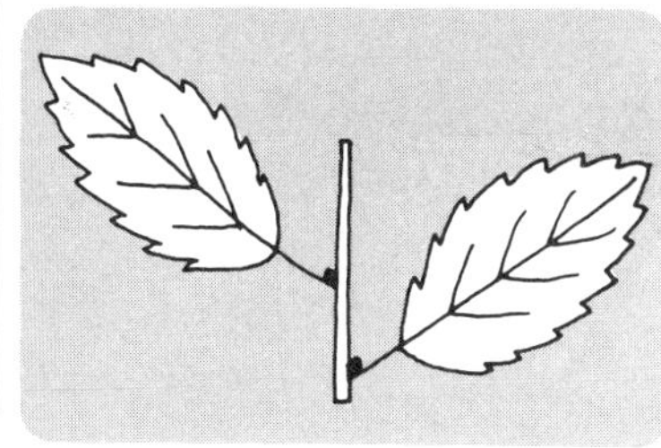

■ **Plante grimpante, à vrilles, avec épines**	page 90	☆ Salsepareille
■ **Plante dressée**		
➔ Plante épineuse, piquante		
▶ Feuilles épineuses	88	⊙ Houx
	88	☆ Chêne kermès
	88	☆ Chêne vert
▶ Feuilles sans épines, rameaux piquants	88	⊙ Aubépine
	88	⊙ Épine-vinette
	89	△ Buisson ardent
	89	⊙ Prunellier
	90	△ Cognassier du Japon
➔ Plante sans épines		
▶ Feuilles lancéolées (longueur	91	⊙ Châtaignier
égale au moins à 3 largeurs)	91	⊙ Néflier
	92	△ Amandier
	92	△ Pêcher
	92	⊙ Saule
	93	△ Laurier-cerise
	93	☆ Micocoulier
▶ Feuilles moins allongées		
▷ Feuilles en cœur à la base	94	⊙ Noisetier
	94	⊙ Orme
	95	☆ Amélanchier
	95	☆ Mûrier
	95	⊙ Tilleul
	96	△ Tulipier
	57	⊙ Alisier torminal
▷ Feuilles en triangle ou en losange	97	⊙ Bouleau
	97	⊙ Peuplier noir
	100	△ Chêne rouge
▷ Feuilles presque rondes	98	△ Abricotier
	98	⊙ Aulne
	98	⊙ Peuplier blanc
▷ Feuilles ovales		
● vertes dessous, peu ou pas velues	99	⊙ Merisier
	99	⊙ Charme
	99	⊙ Saule
	100	△ Chêne rouge
	101	⊙ Poirier, Pommier
	101	⊙ Prunier
	102	△ Laurier-cerise
	103	☆ Alaterne
	103	☆ Arbousier
	104	△ Laurier de Portugal
● blanches dessous et très velues	102	⊙ Alisier blanc
▷ Feuilles ovales, très pointues	103	☆ Micocoulier
	104	△ Corète du Japon

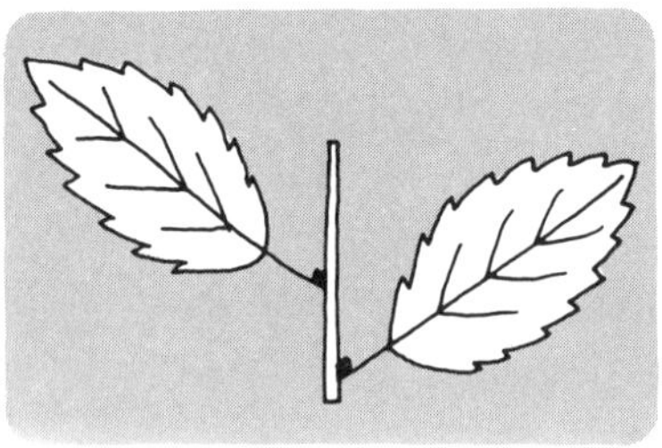

Feuilles alternes simples dentées

⊙ AUBÉPINE

Arbuste

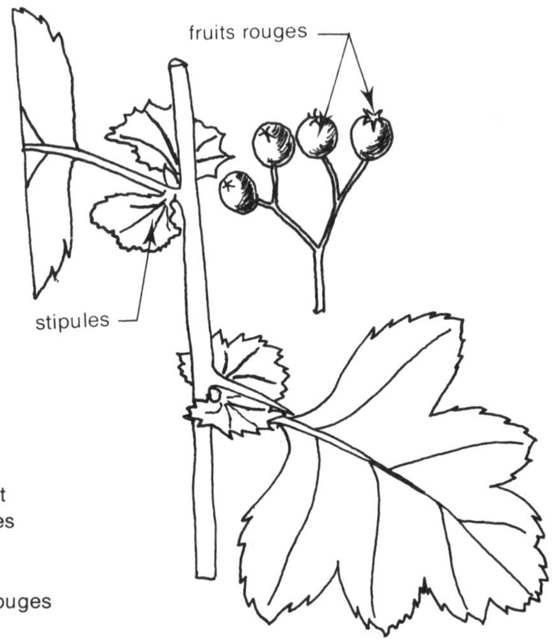

- Feuilles lobées et dentées à grandes stipules.
- Epines isolées.
- Fruits = baies rouges comestibles.

⊙ ÉPINE-VINETTE

Arbrisseau

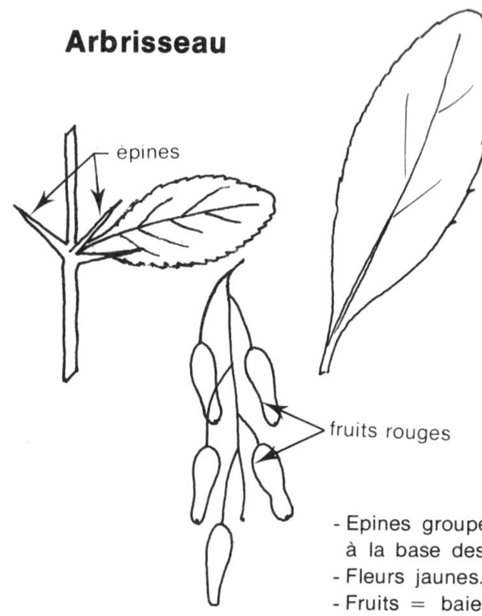

- Epines groupées par 3 à la base des feuilles.
- Fleurs jaunes.
- Fruits = baies rouges, en grappe.

☆ CHÊNE VERT = Yeuse

Arbre

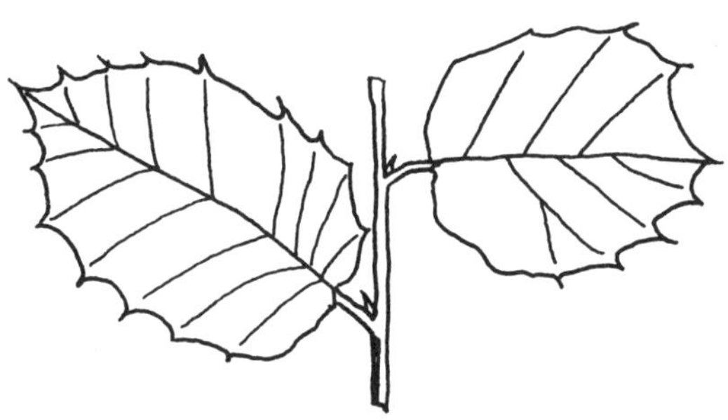

- Feuilles de forme et taille variables, à face supérieure verte luisante et à face inférieure blanche velue.
- Fruit : gland à cupule écailleuse grisâtre.

(voir aussi page 107)

⊙ HOUX

Arbuste

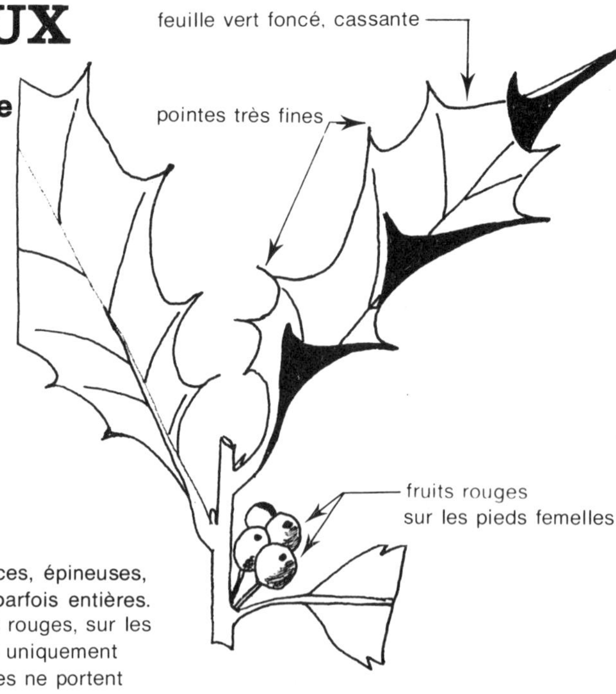

- Feuilles coriaces, épineuses, persistantes, parfois entières.
- Fruits = baies rouges, sur les pieds femelles uniquement (les pieds mâles ne portent pas de fruits).

☆ CHÊNE KERMÈS

Arbrisseau

- Feuilles épineuses, vertes sur les 2 faces, à nervures saillantes en dessus, de taille variable.
- Fruit : gros gland à cupule épineuse.

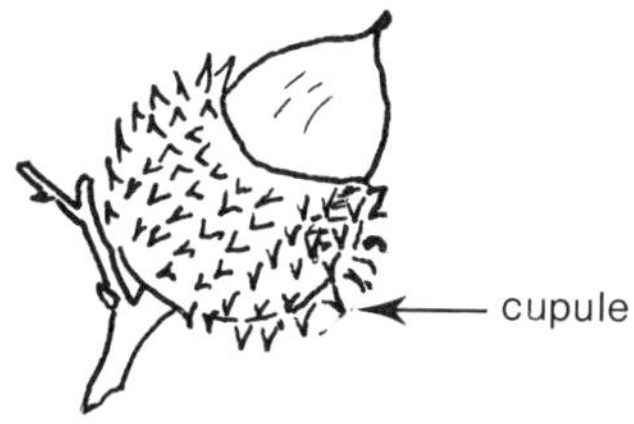

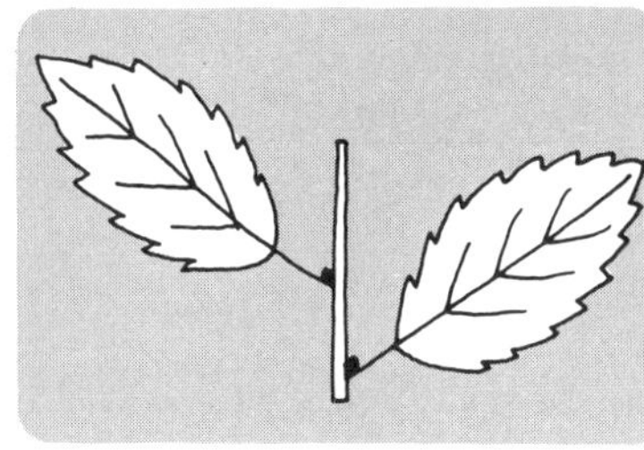

⊙ PRUNELLIER = Épine noire

Arbuste

- Feuille ovale, finement dentée, caduque.
- Rameau court souvent terminé par un piquant.
- Fruit noir ou violacé à maturité (prunelle comestible).

△ BUISSON ARDENT

Arbrisseau

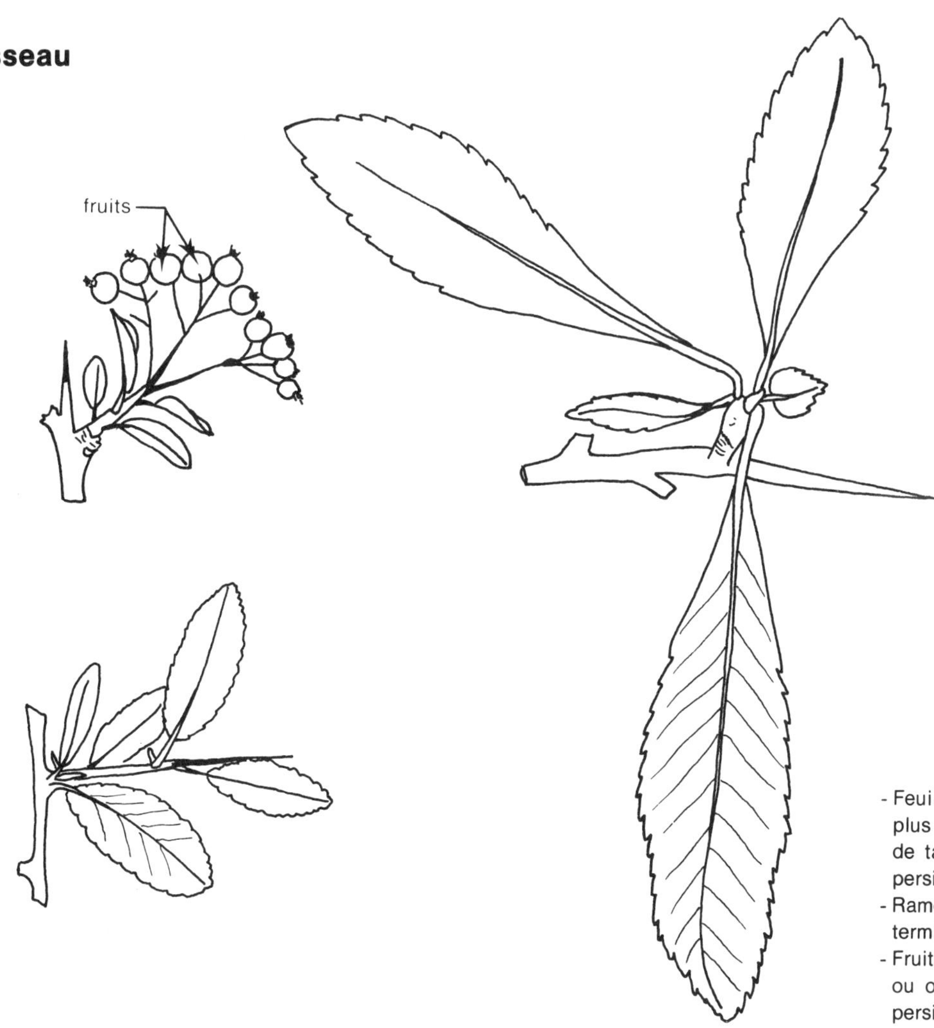

- Feuilles alternes ou en bouquets plus ou moins serrés, de taille variable, luisantes, persistantes.
- Rameaux courts souvent terminés par un piquant.
- Fruits rouges, jaunes ou orangés, persistant tout l'hiver.

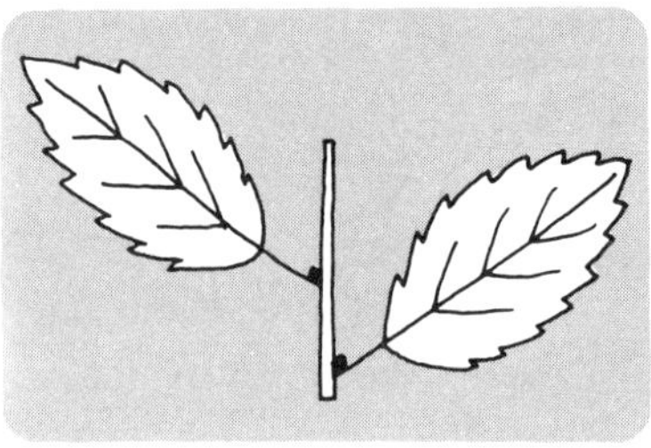

Feuilles alternes simples dentées

☆ SALSEPAREILLE

Liane

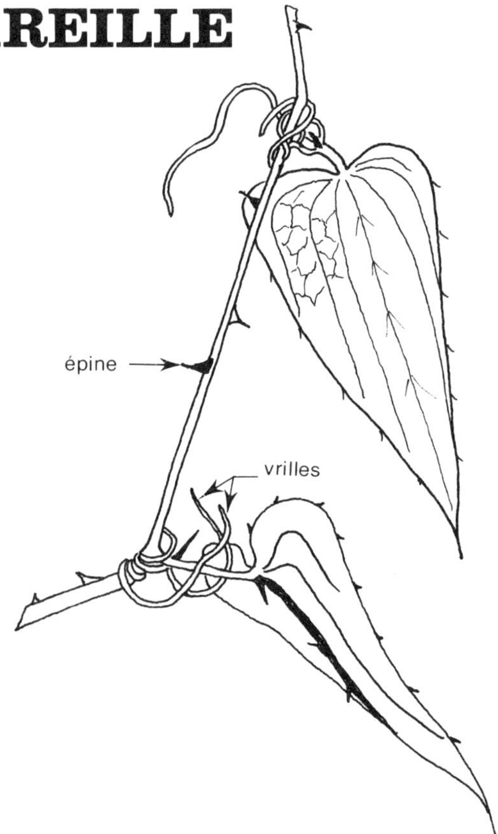

- Feuilles persistantes, coriaces, luisantes.
- Feuilles et rameaux épineux.
- Stipules transformées en vrilles.
- Fruits = petites baies rouge foncé.

△ COGNASSIER DU JAPON = Pommier du Japon

Arbrisseau

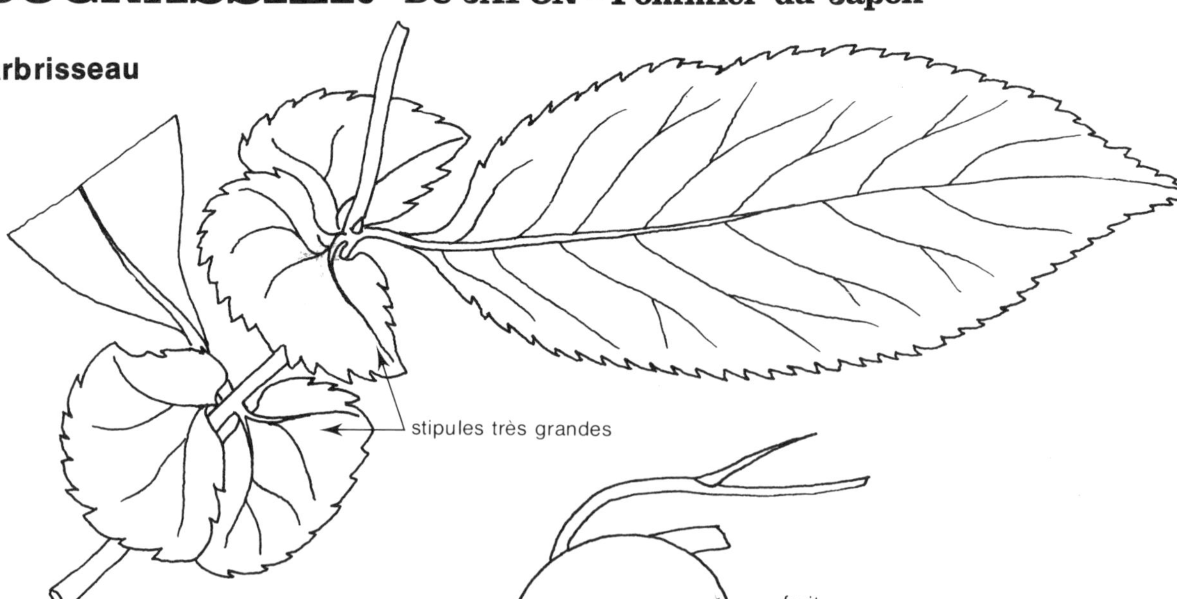

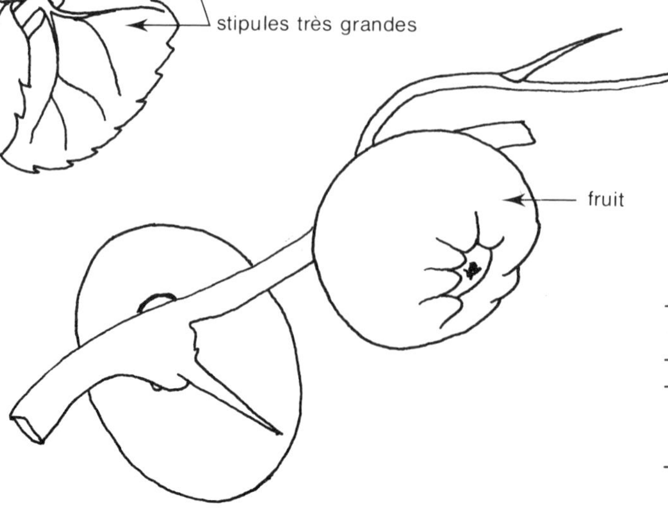

- 2 grandes stipules à la base des feuilles.
- Rameaux épineux.
- Grandes fleurs rouges, réunies en bouquets, apparaissant avant les feuilles.
- Fruit vert, puis jaune, semblable à une petite pomme.

Feuilles alternes simples dentées

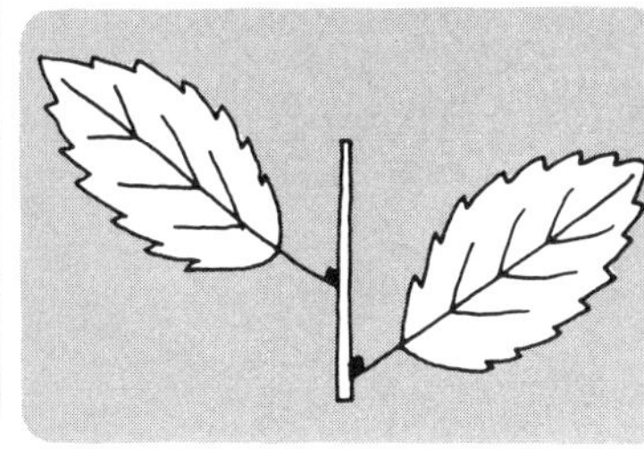

⊙ NÉFLIER

Arbuste

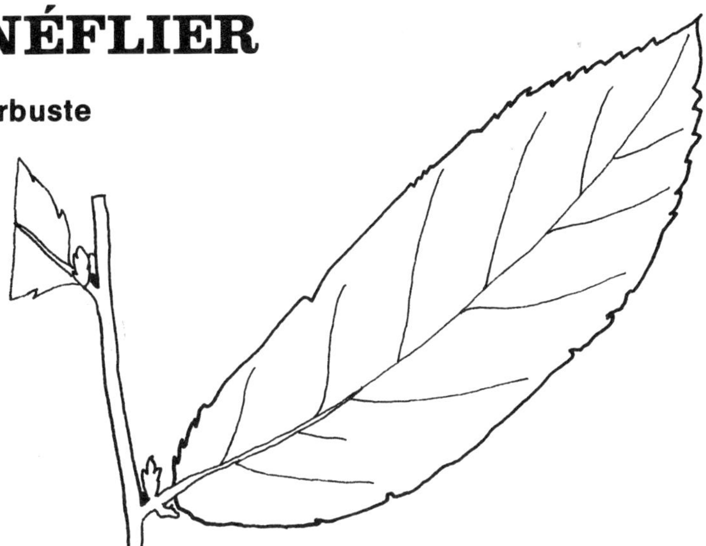

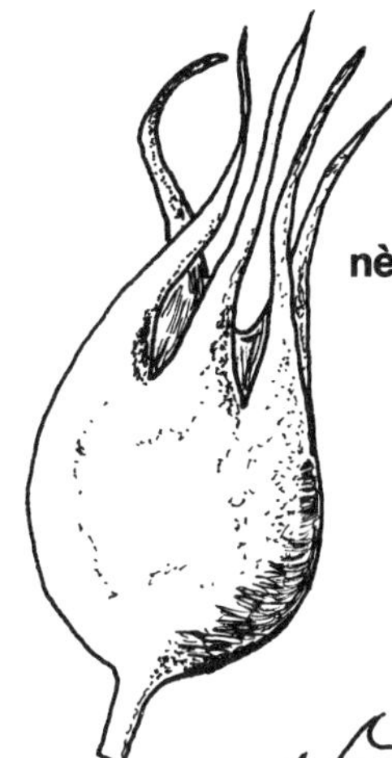

- Feuille velue à face inférieure plus claire, bord finement denté et pétiole très court.
- Fruit couvert de poils, en forme de poire : nèfle.

Variété sauvage à rameaux épineux.

⊙ CHÂTAIGNIER

Arbre

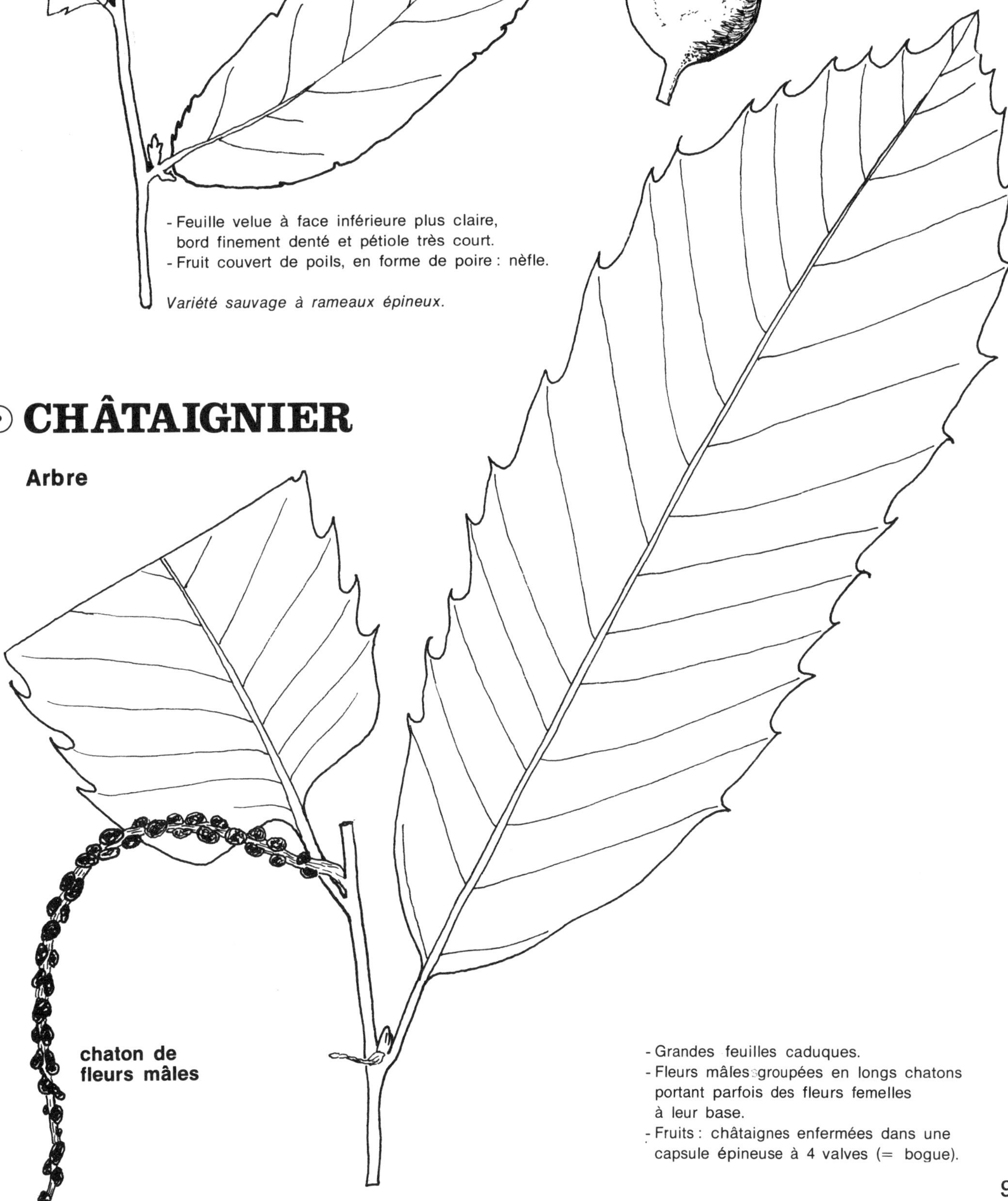

- Grandes feuilles caduques.
- Fleurs mâles groupées en longs chatons portant parfois des fleurs femelles à leur base.
- Fruits : châtaignes enfermées dans une capsule épineuse à 4 valves (= bogue).

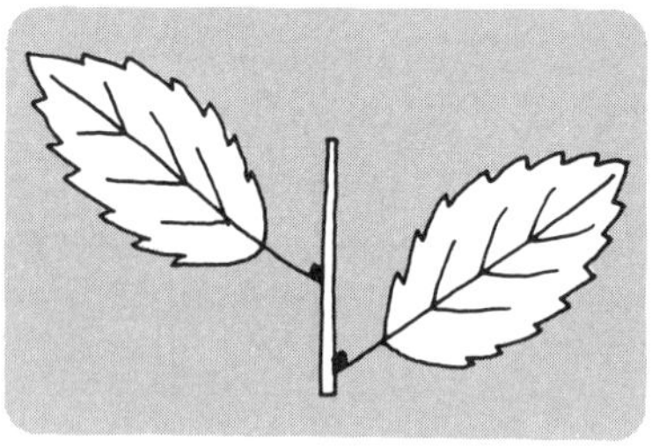

△ PÊCHER

Arbuste

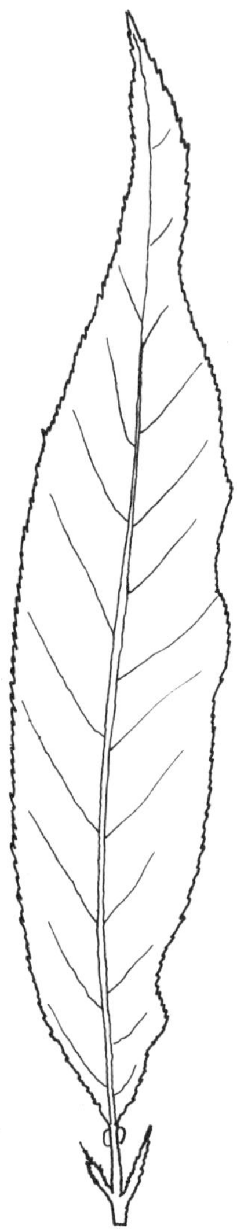

- Pétiole court portant 2 glandes.
- Fleurs roses apparaissant avant les feuilles.
- Fruit velouté et charnu : pêche.

Une variété à fruit lisse, sans poils : brugnon.

⊙ SAULE

Arbre

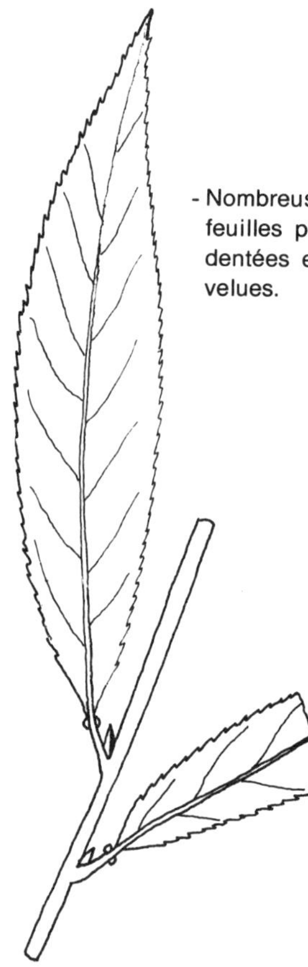

- Nombreuses espèces aux feuilles plus ou moins dentées et plus ou moins velues.

△ AMANDIER

Arbre

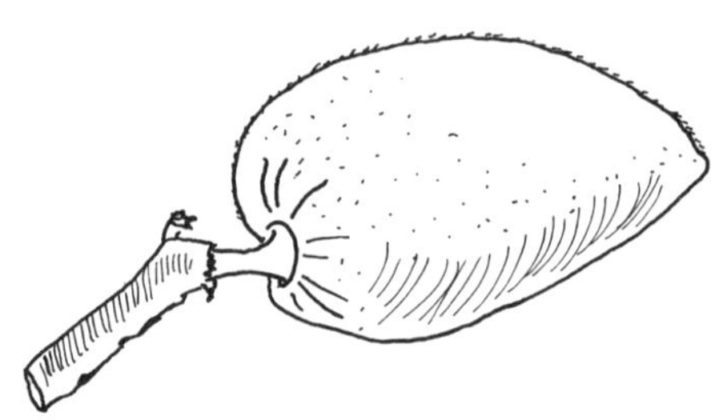

- Pétiole allongé portant 2 petites glandes.
- Fleurs blanches ou roses apparaissant avant les feuilles.
- Fruit vert, velouté, avec noyau contenant une ou deux amandes.

Feuilles alternes simples dentées 

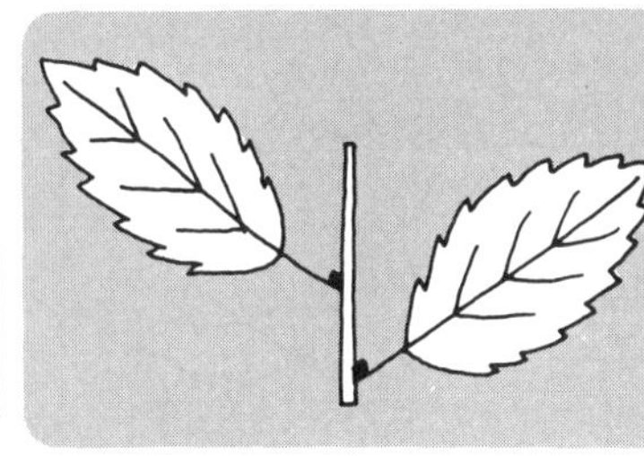

△ LAURIER-CERISE

Arbuste

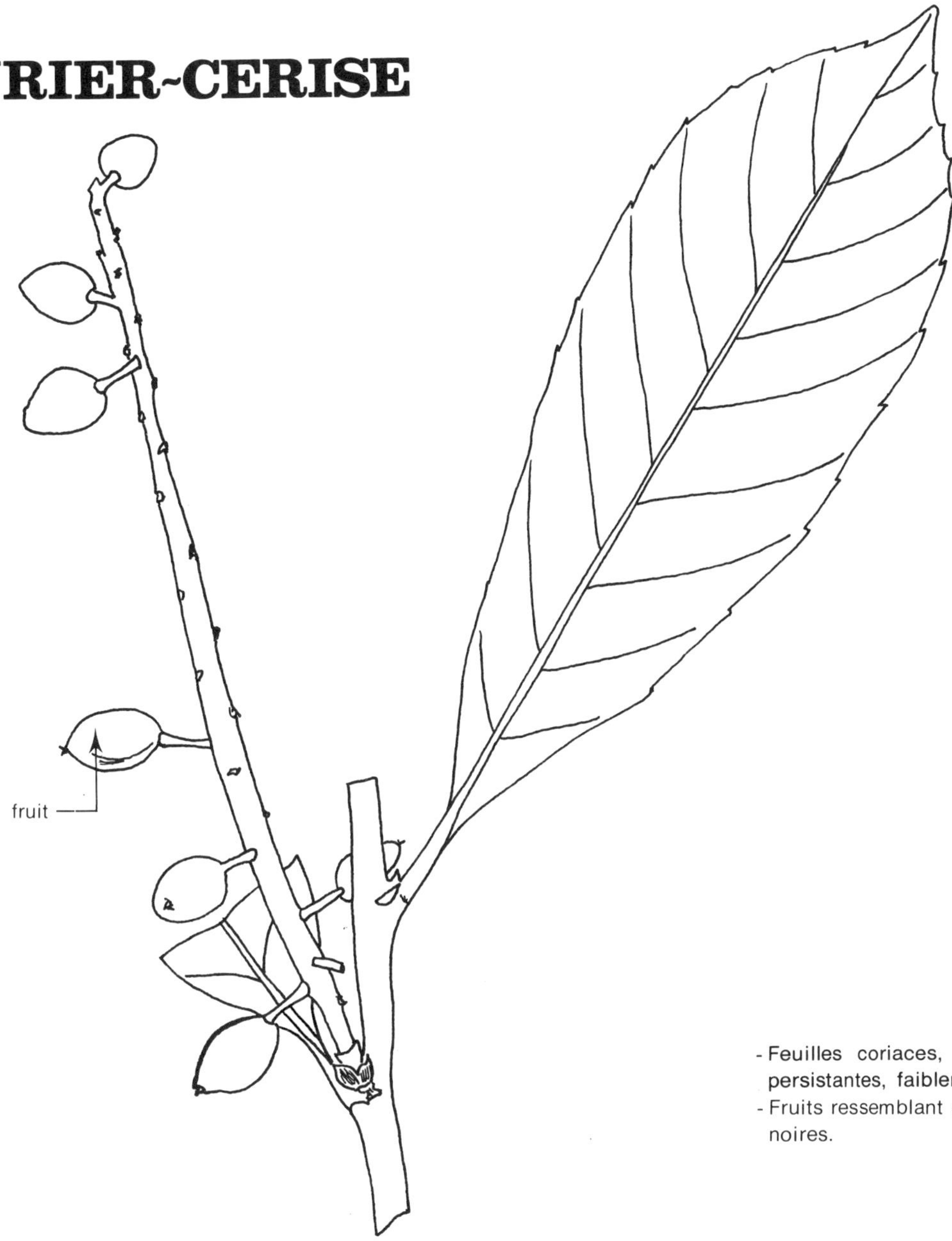

- Feuilles coriaces, luisantes, cassantes, persistantes, faiblement dentées.
- Fruits ressemblant à de petites cerises noires.

☆ MICOCOULIER

Arbre

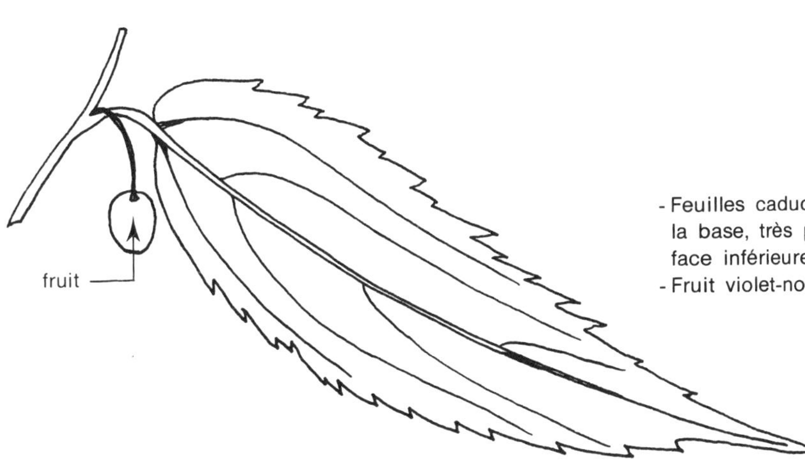

- Feuilles caduques, dissymétriques à la base, très pointues au sommet, à face inférieure veloutée.
- Fruit violet-noir, charnu, à noyau = drupe.

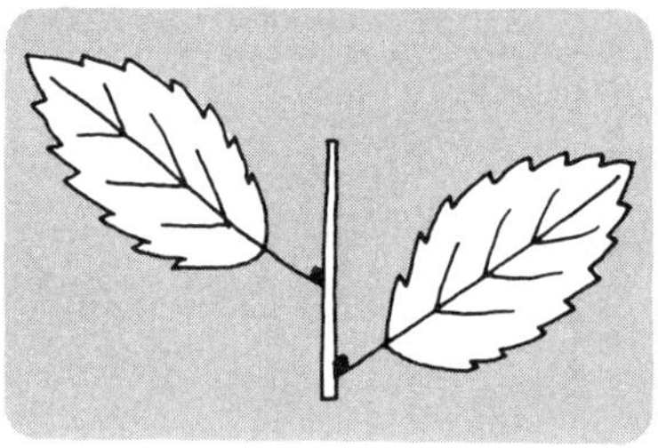

Feuilles alternes simples dentées

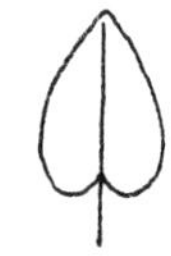

⊙ NOISETIER

Arbrisseau

Ne pas confondre : noisetier et tilleul

- Feuilles à bord 2 fois denté.
- Pétiole poilu, à stipules caduques.
- Jeunes rameaux couverts de poils rougeâtres.
- Fruit : noisette.

⊙ ORME

Arbre

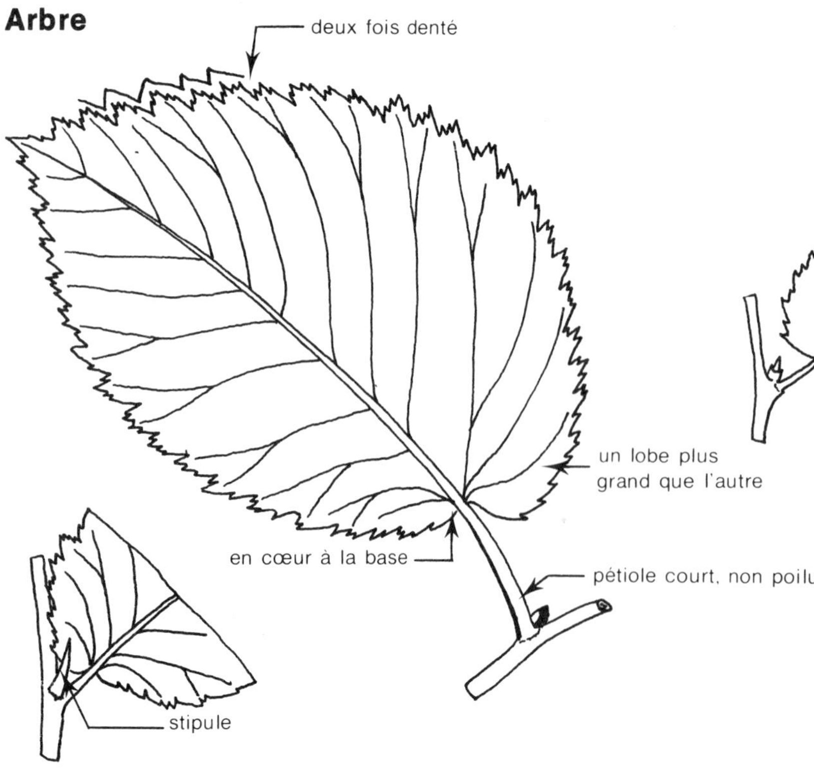

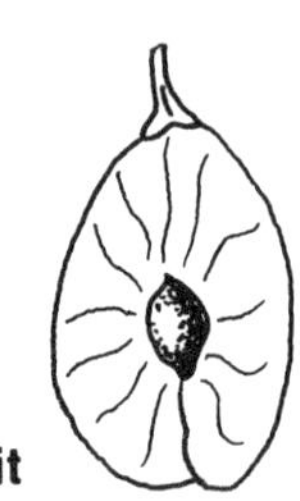

fruit

- Feuilles fermes, à bord deux fois denté, de taille très variable (2 à 10 cm), dissymétriques à la base.
- Stipules caduques.
- Fruit muni d'une aile entourant la graine = samare.

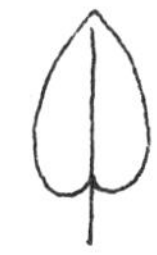

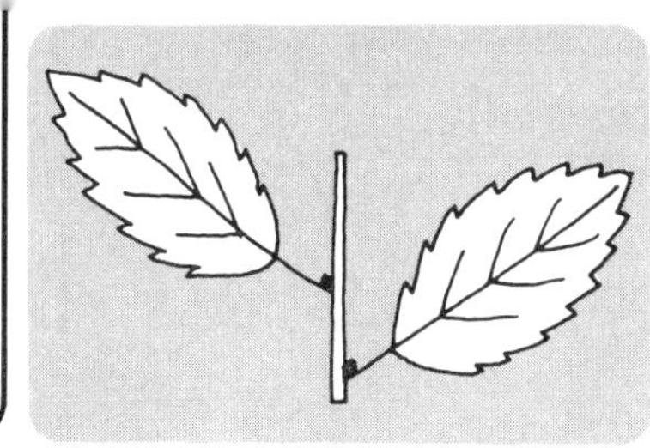

⊙ TILLEUL

Arbre

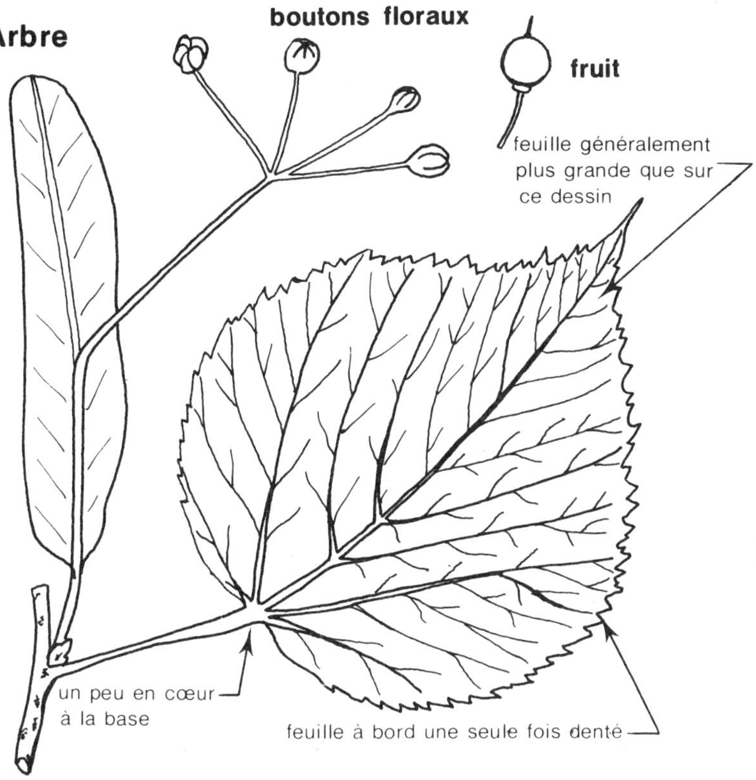

Tilleul à grandes feuilles

- Feuilles veloutées sur la face inférieure, pétiole poilu.
- Fruit portant 5 côtes longitudinales.

Tilleul à petites feuilles

- Feuilles avec quelques poils sous les nervures, pétiole sans poils.
- Fruit à coque lisse.

Nombreuses formes intermédiaires.

☆ MÛRIER

Arbre

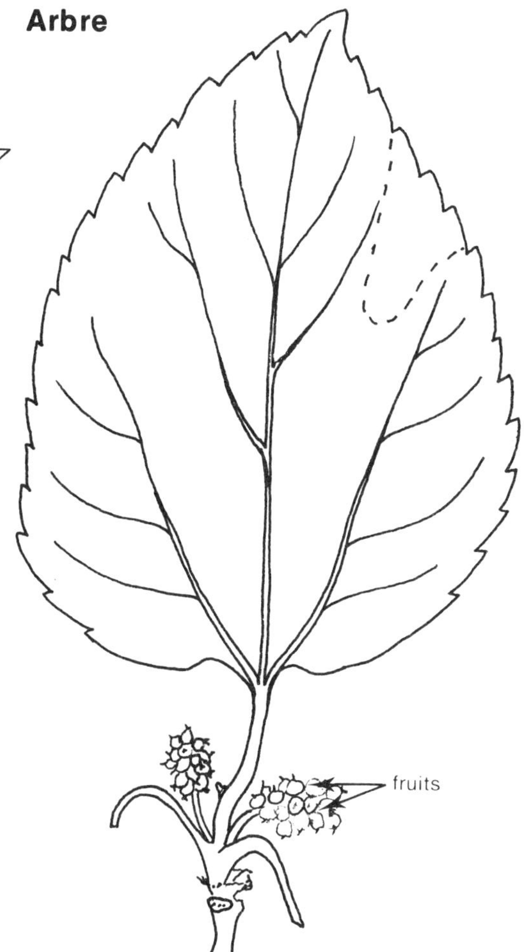

- Feuilles parfois lobées, à face supérieure luisante et un peu gaufrée.
- Fruit : mûre.

(voir aussi page 57)

☆ AMÉLANCHIER

Arbrisseau

- Face inférieure des feuilles et pétiole très velus.
- Fleurs à longs pétales blancs.
- Fruits noirs.

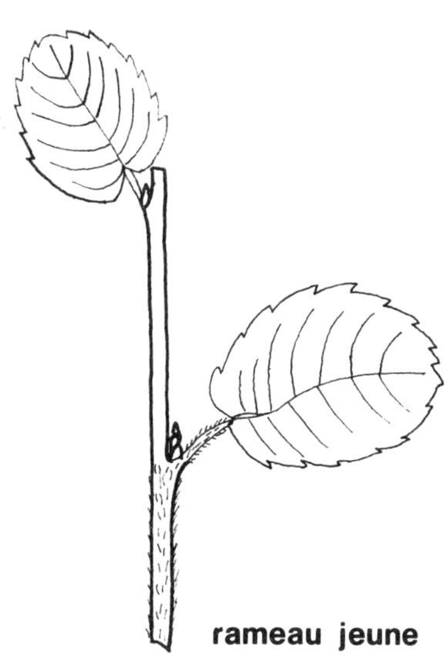

rameau jeune

rameau âgé

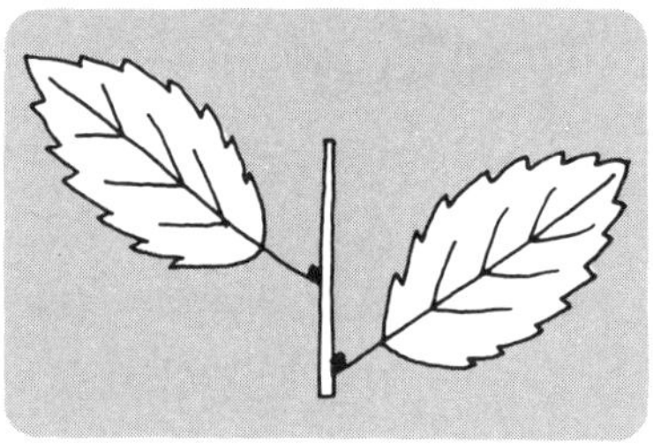

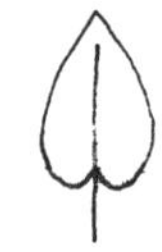

△ TULIPIER = Arbre aux tulipes

Arbre

- Feuilles tronquées au sommet.
- Bourgeons devenant gros et plats.
- Grandes fleurs jaune-verdâtre à l'aspect de tulipes.
- Fruits secs ailés, en cône.

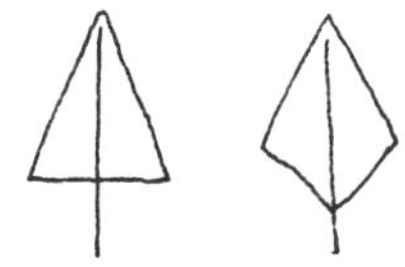

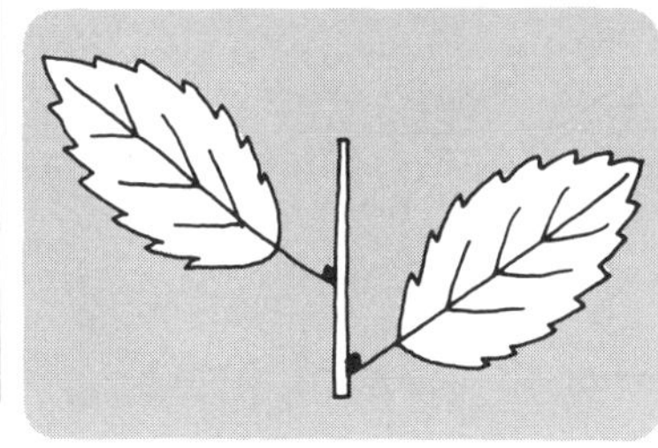

⊙ BOULEAU

Arbre

Ne pas confondre : bouleau et peuplier

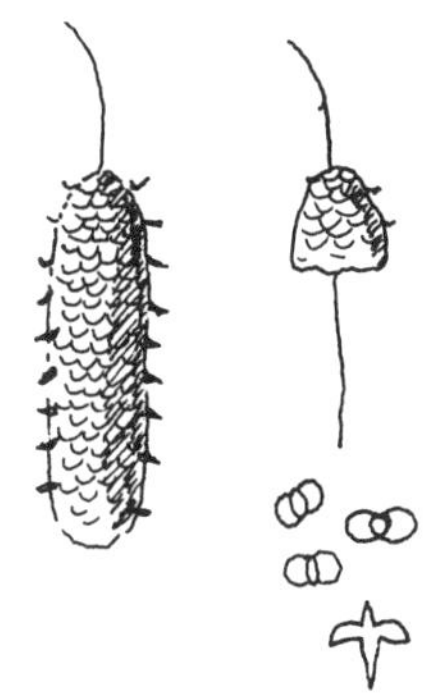

Deux espèces :

Bouleau verruqueux

dont les rameaux de l'année portent de petites verrues.

Bouleau pubescent

dont les rameaux de l'année ne portent pas de verrues, mais sont légèrement velus.

- Feuilles 2 fois dentées à dents irrégulières.
- Pétiole rond.
- Jeunes rameaux souvent couverts de verrues.
- Tronc à écorce blanche.
- Fruit sec = akène ailé.

⊙ PEUPLIER

Arbre

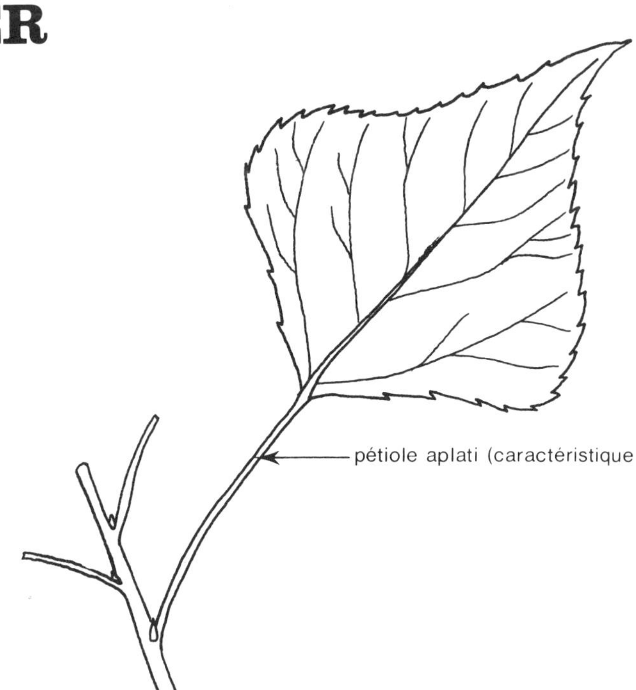

Nombreuses espèces, difficiles à distinguer :

Peuplier noir

Peuplier d'Italie

- Feuilles vertes et luisantes sur les deux faces, à dents régulières.
- Pétiole aplati (d'où tremblement des feuilles par le vent).

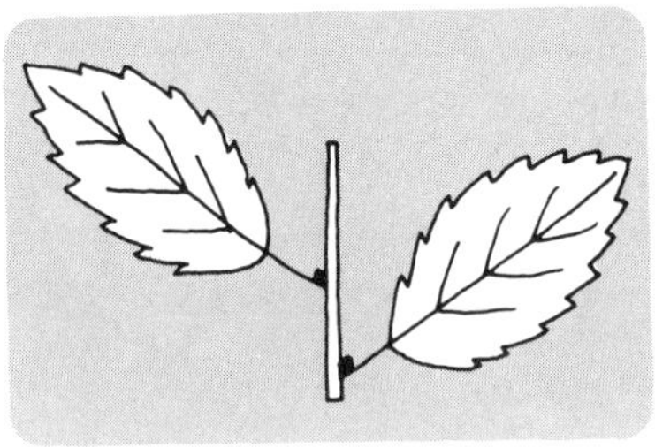

Feuilles alternes simples dentées

⊙ AULNE

Arbre

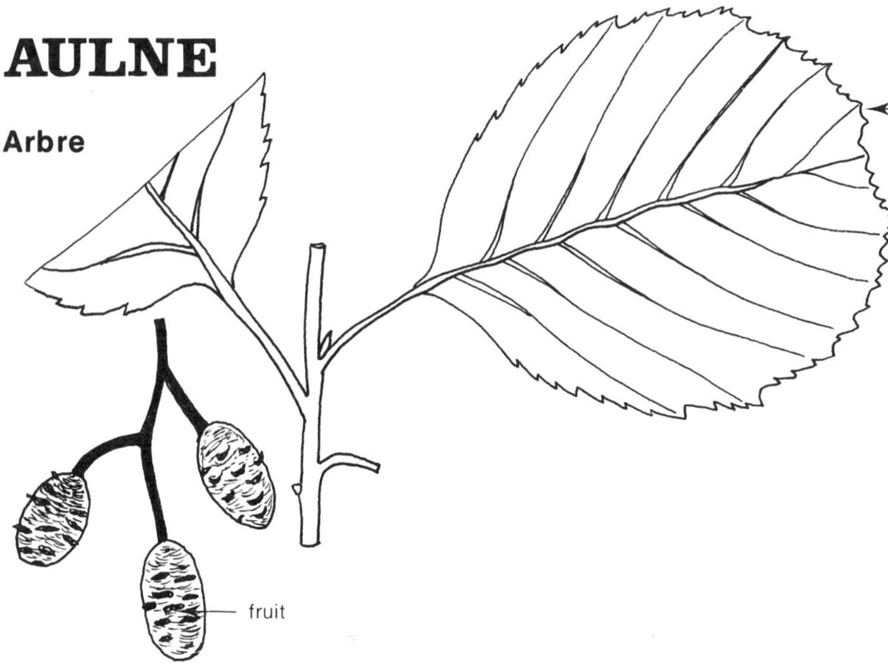

- Feuilles 2 fois dentées, à dents irrégulières et sommet sans pointe.
- Feuilles jeunes légèrement collantes.
- Pétiole rond
- Fruit sec ressemblant à de petites pommes de pin.
- Pousse dans les endroits humides.

△ ABRICOTIER

Arbuste

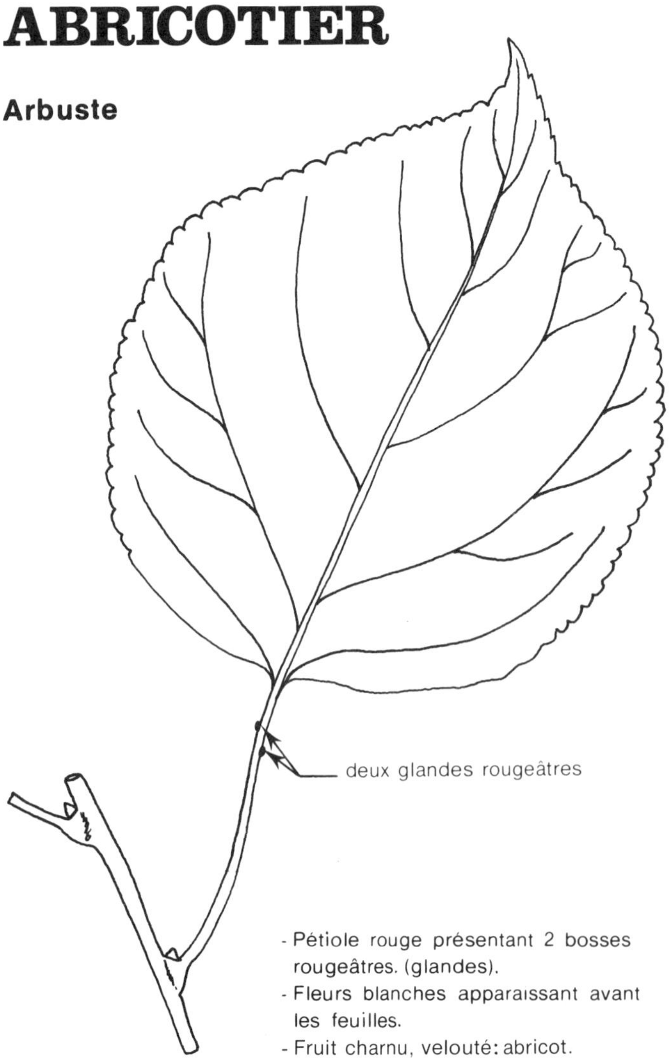

- Pétiole rouge présentant 2 bosses rougeâtres. (glandes).
- Fleurs blanches apparaissant avant les feuilles.
- Fruit charnu, velouté: abricot.

⊙ PEUPLIER BLANC

Arbre

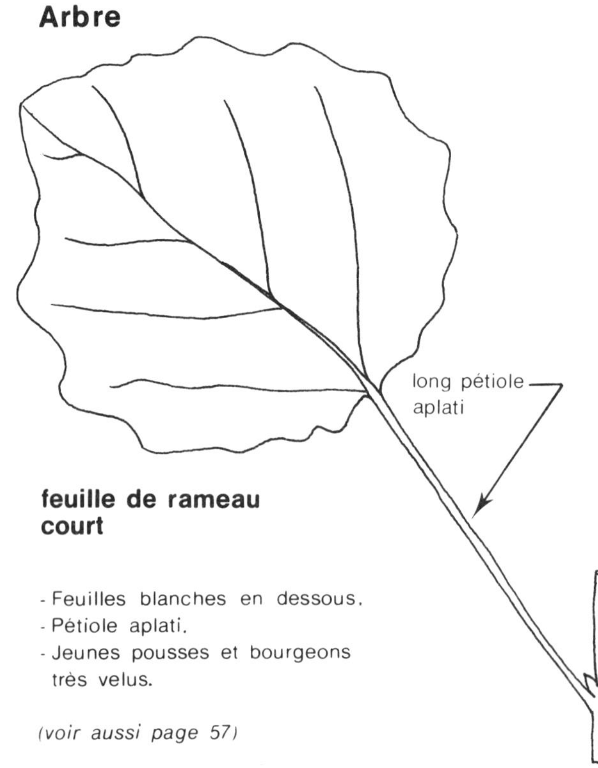

feuille de rameau court

- Feuilles blanches en dessous.
- Pétiole aplati.
- Jeunes pousses et bourgeons très velus.

(voir aussi page 57)

Peuplier Tremble

- Feuilles sans poils, arrondies.
- Pétiole très aplati verticalement.
- Jeunes pousses et bourgeons velus.
- Bourgeons visqueux.

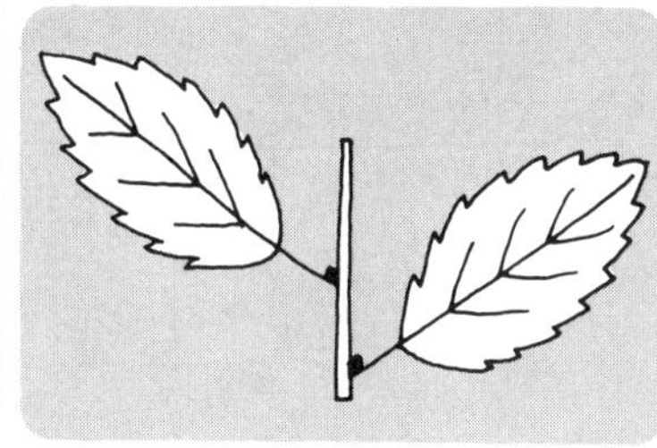

⊙ MERISIER

Arbre

Variété cultivée :

Cerisier

- Feuilles à face inférieure poilue.
- 2 petites bosses rouges (= glandes) sur le pétiole ou à la base du limbe.
- Stipules pointues.
- Fleurs blanches.
- Petits fruits noirs comestibles.

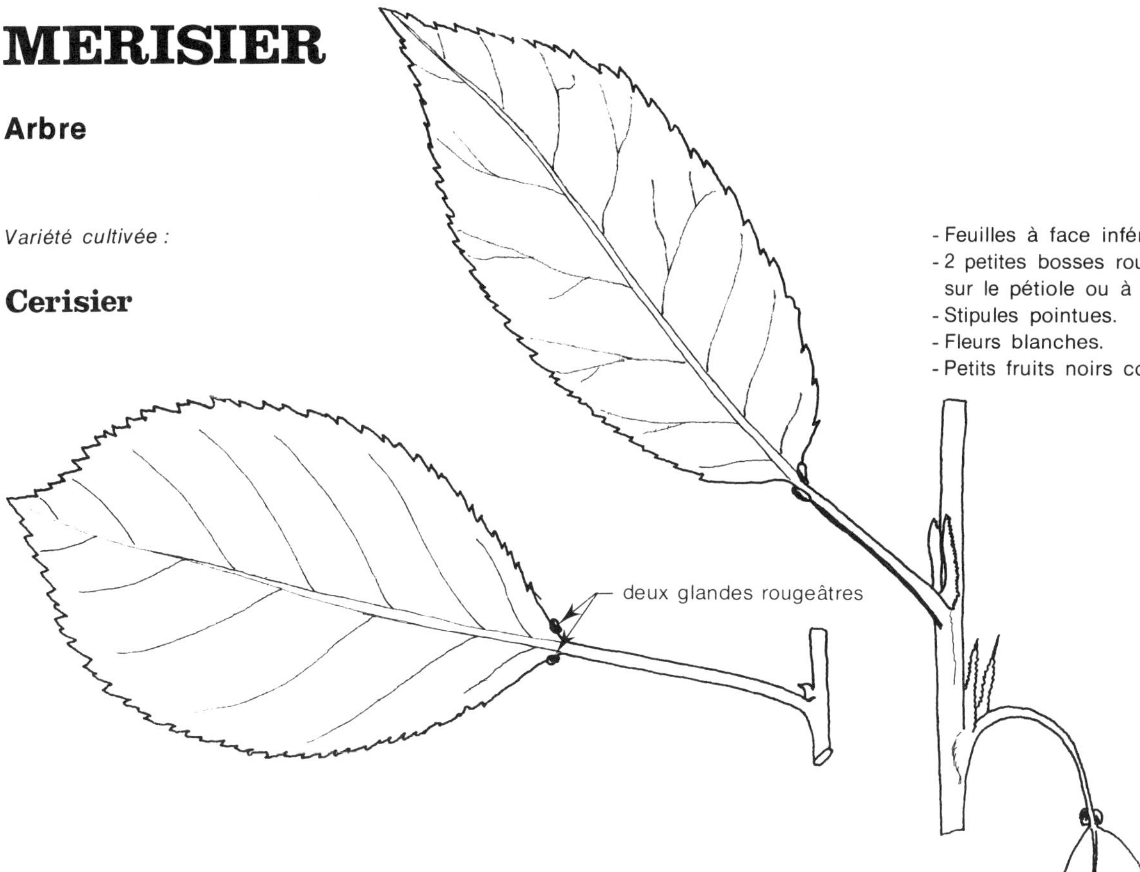

⊙ CHARME

Arbre

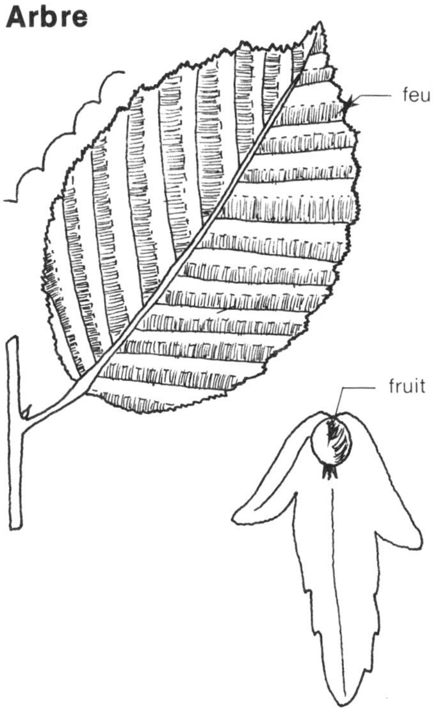

- Limbe gaufré entre les nervures parallèles, à bord 2 fois denté.
- Fruit sec (= akène) au fond d'une cupule foliacée à 3 lobes.
- Tronc lisse, cannelé.

⊙ SAULE

Arbre

Nombreuses espèces, très difficiles à distinguer les unes des autres.

Saule Marsault

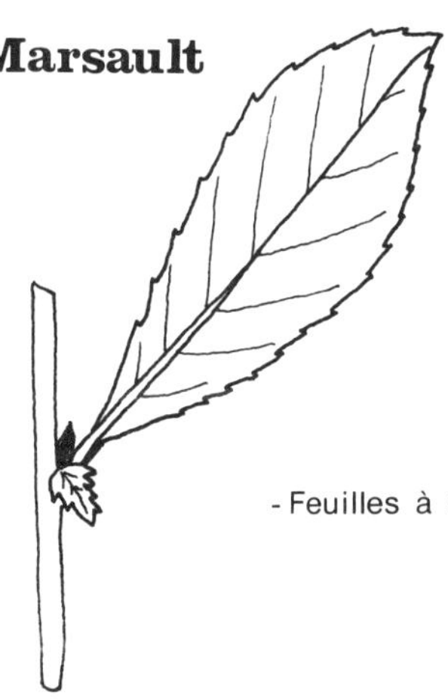

- Feuilles à stipules persistantes.

Saules divers

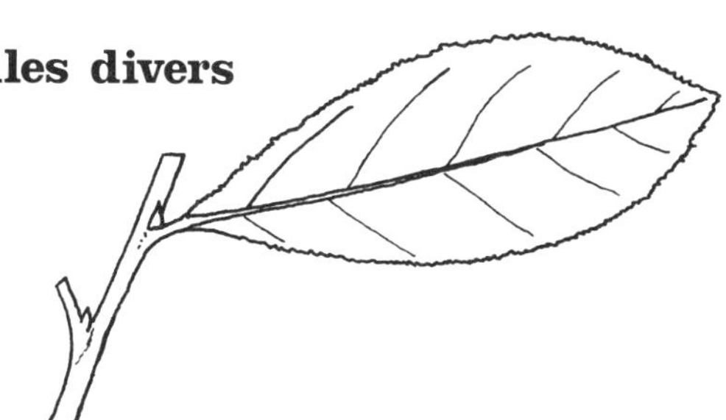

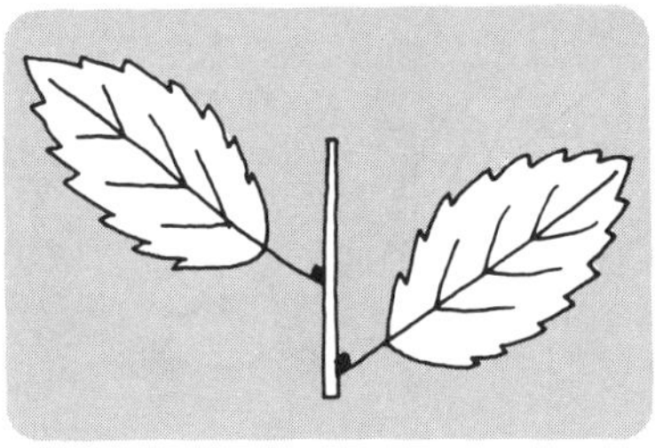

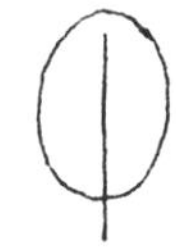

△ CHÊNE ROUGE

= Chêne d'Amérique

Arbre

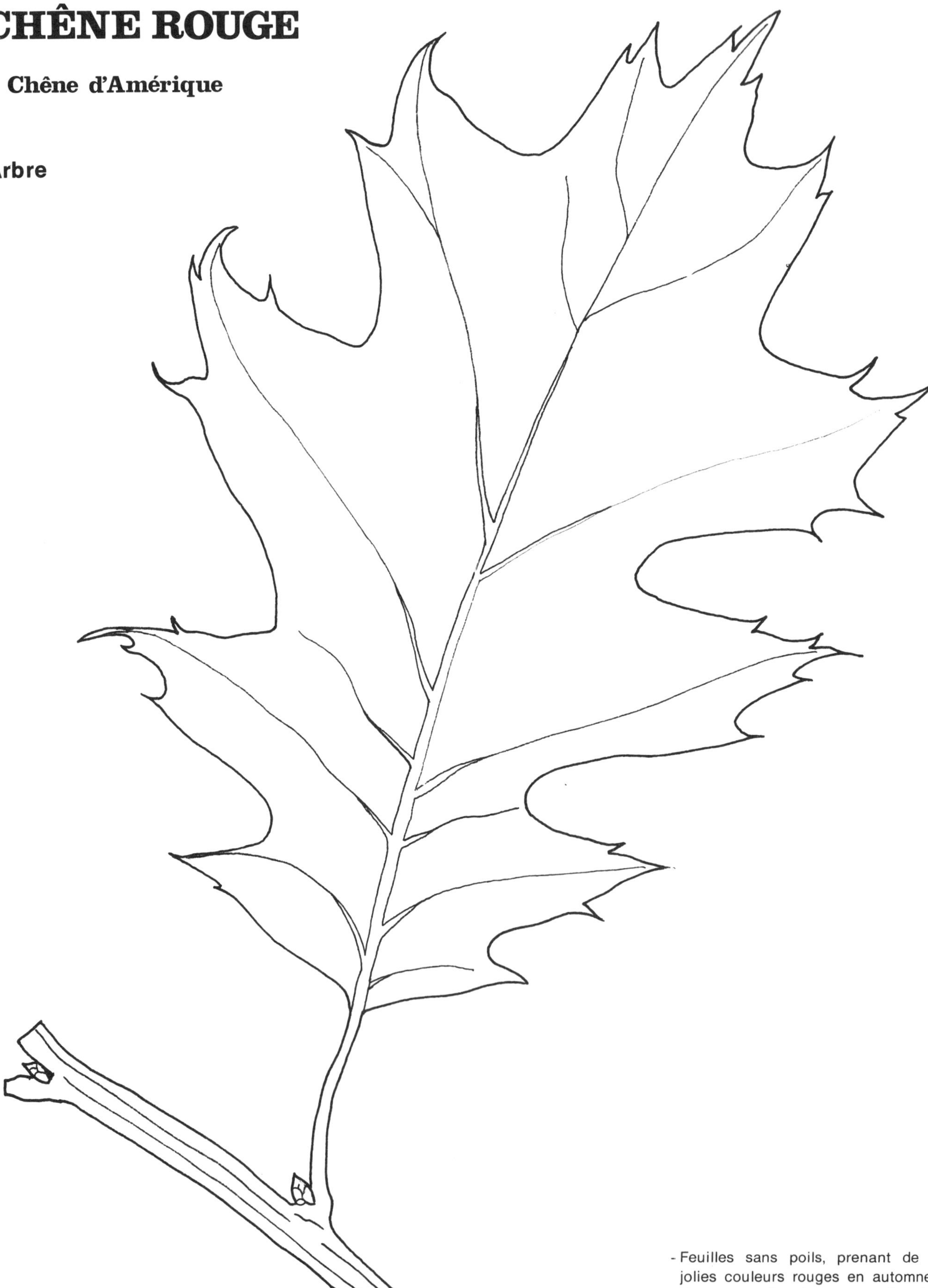

- Feuilles sans poils, prenant de jolies couleurs rouges en automne.
- Bourgeons d'un brun rouge foncé, peu velus, brillants.

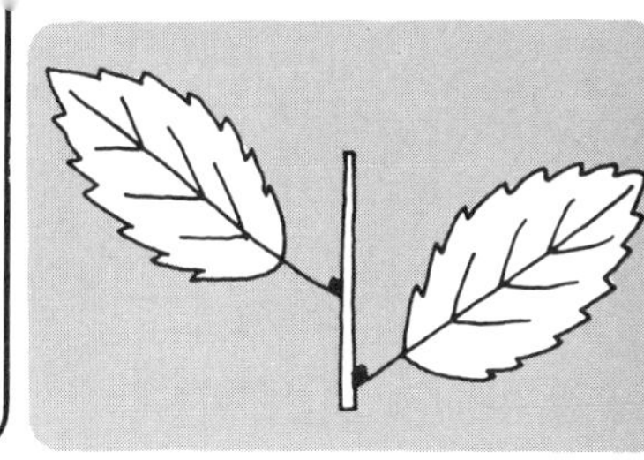

POMMIER

Arbre

△ Pommier cultivé

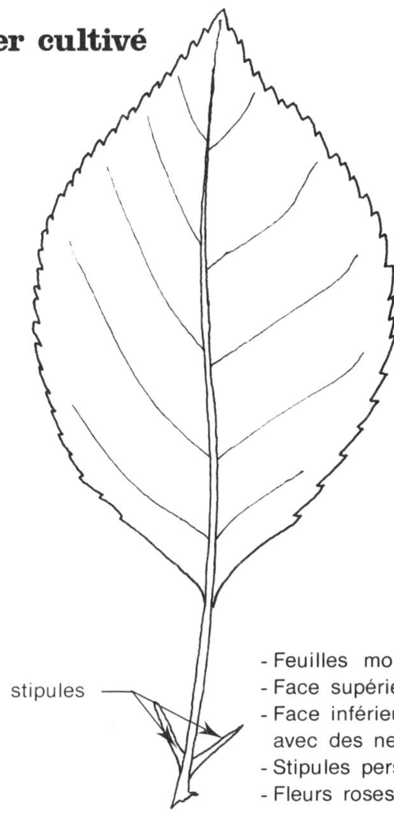

- Feuilles molles.
- Face supérieure vert foncé.
- Face inférieure blanchâtre, poudreuse avec des nervures saillantes.
- Stipules persistantes ou caduques.
- Fleurs roses.

⊙ Pommier sauvage

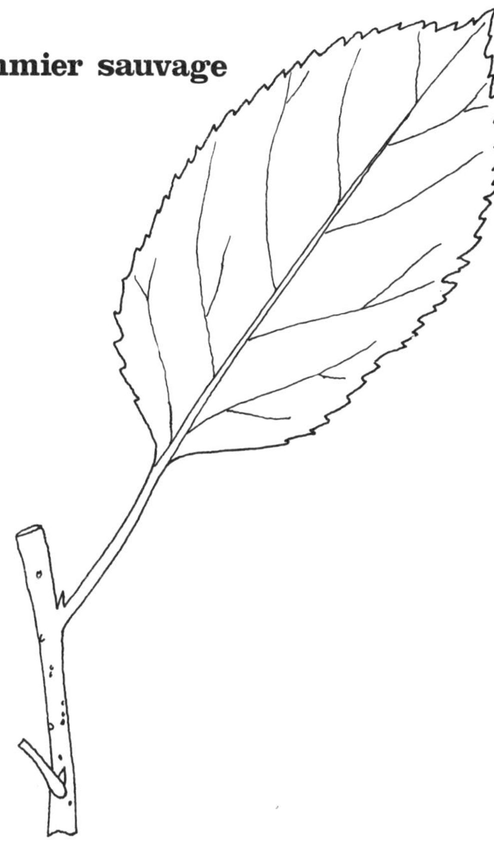

⊙ POIRIER

Arbre

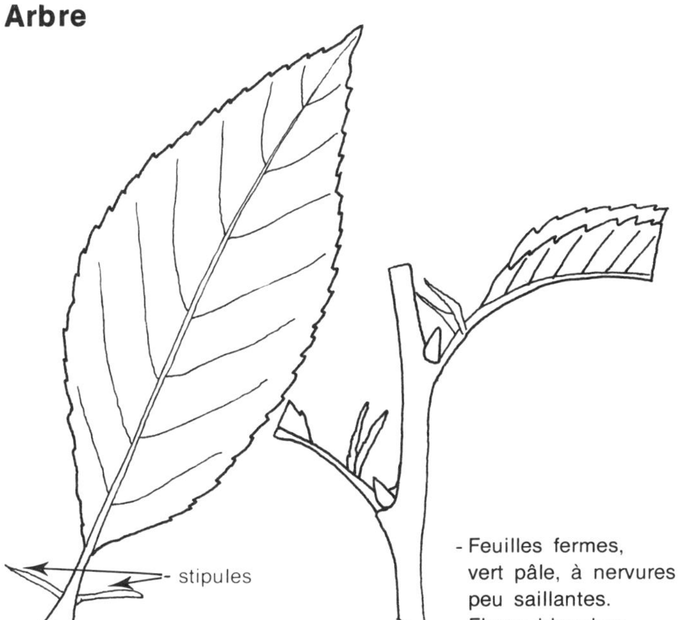

- Feuilles fermes, vert pâle, à nervures peu saillantes.
- Fleurs blanches.

⊙ PRUNIER

Arbre

- Feuilles de 4 à 10 cm de long, faiblement velues, à pétiole court.
- Variété ornementale à feuilles pourpre.

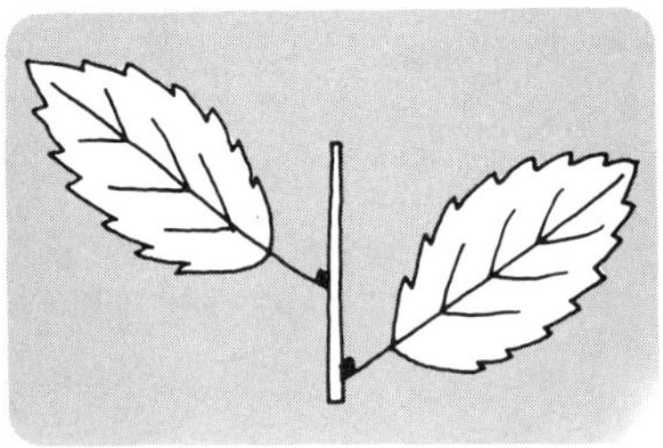

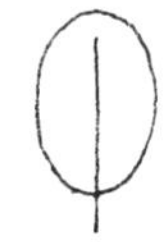

⊙ ALISIER BLANC = Alouchier

Arbre

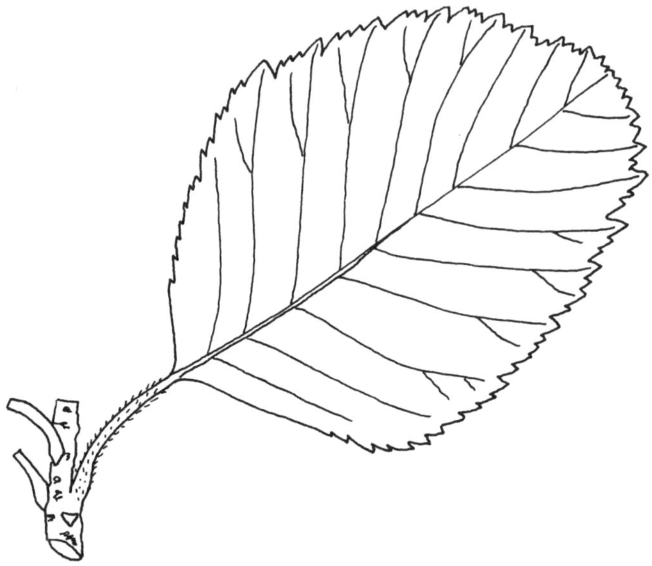

- Feuilles fermes, à face supérieure fortement ridée, à face inférieure blanche, très velue, de forme très variable.
- Fleurs blanches.
- Fruits rouge orangé.

△ LAURIER-CERISE

Arbuste

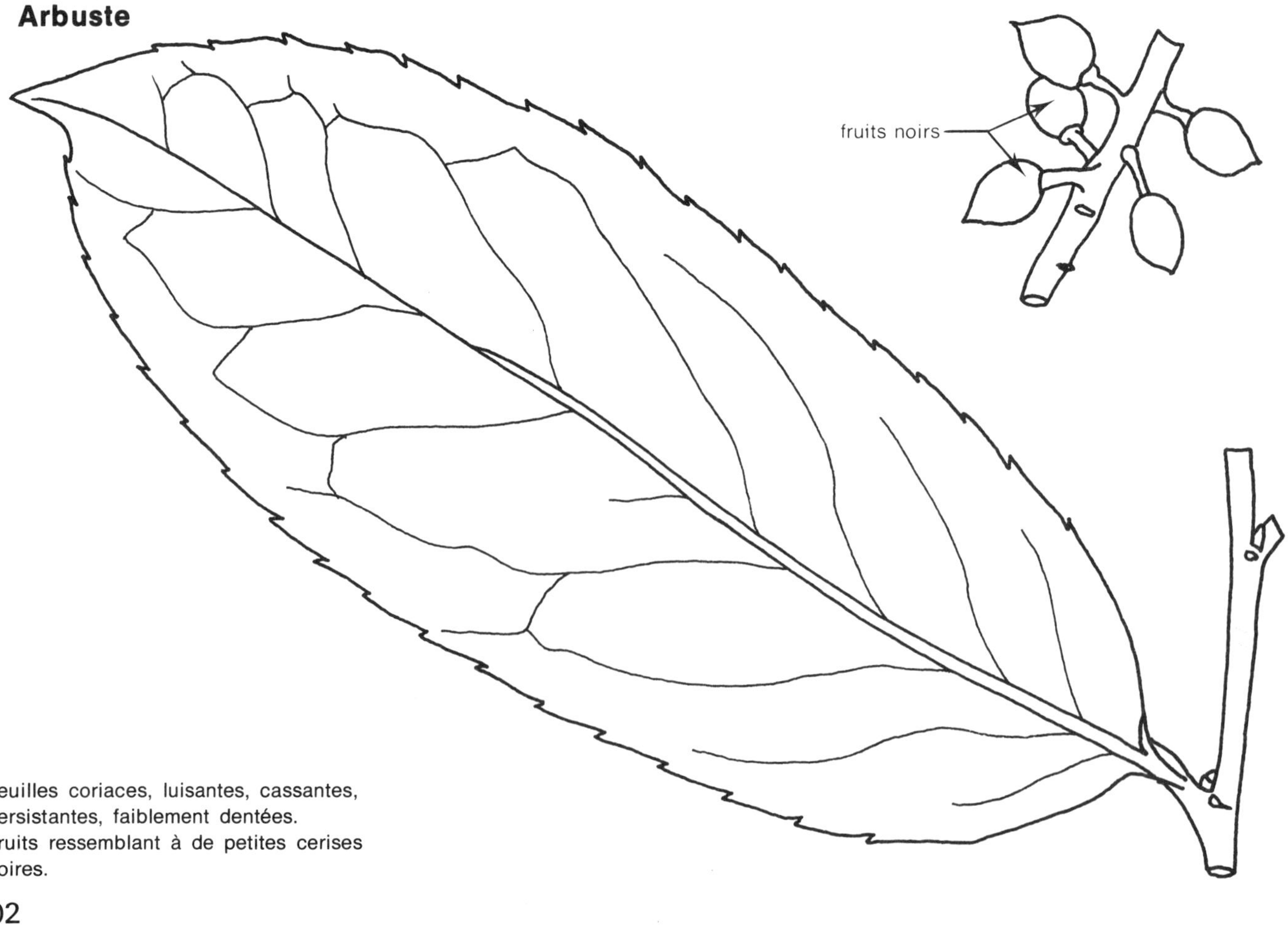

- Feuilles coriaces, luisantes, cassantes, persistantes, faiblement dentées.
- Fruits ressemblant à de petites cerises noires.

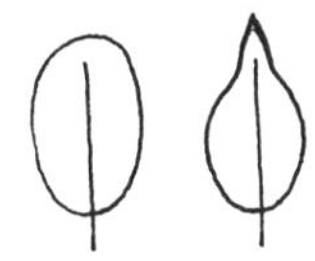

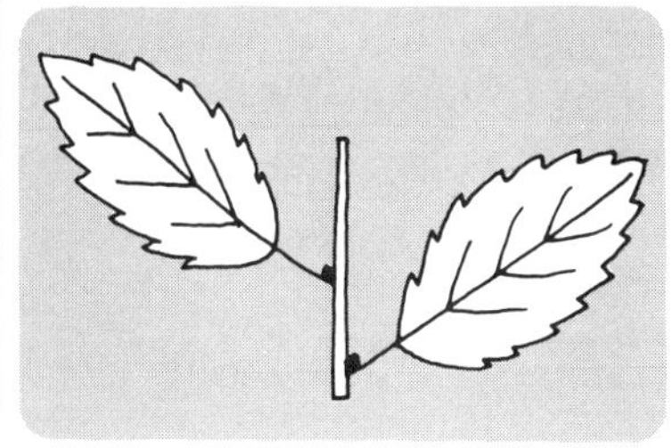

☆ ARBOUSIER

Arbuste

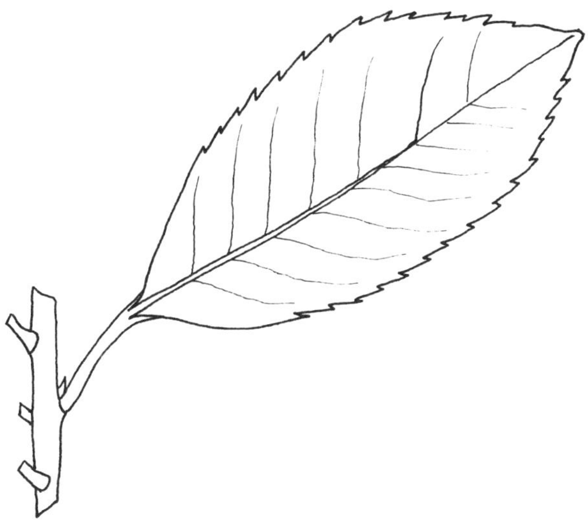

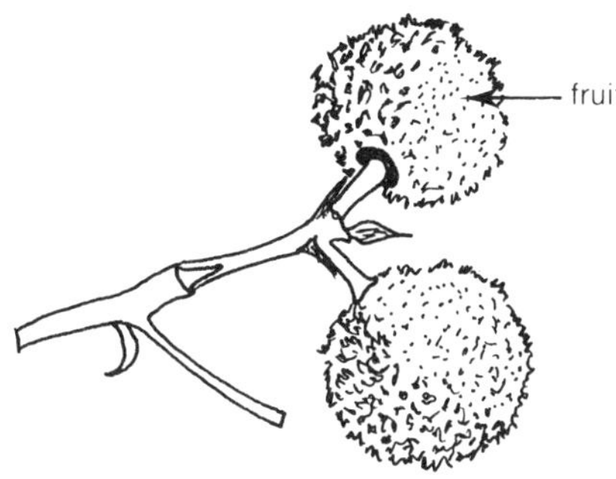

- Feuilles coriaces, persistantes.
- Jeunes rameaux rouges.
- Fleurs blanches en clochettes.
- Fruits rouges comestibles : arbouses.

☆ MICOCOULIER

Arbre

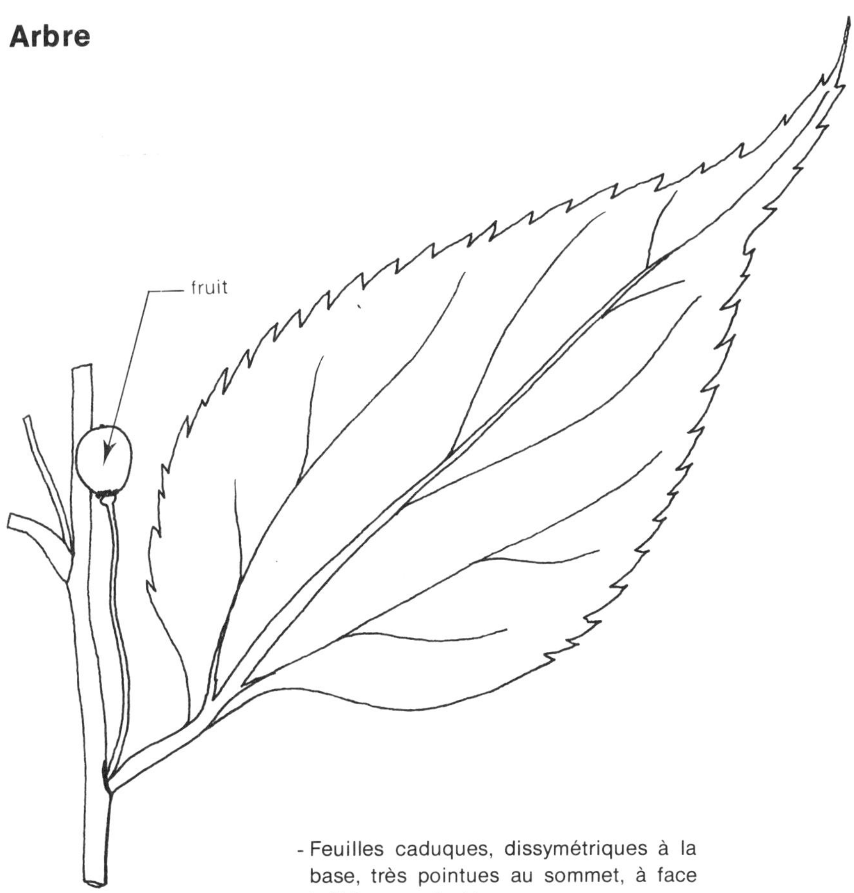

- Feuilles caduques, dissymétriques à la base, très pointues au sommet, à face inférieure veloutée.
- Fruit violet-noir, charnu, à noyau = drupe.

☆ ALATERNE

= **Nerprun alaterne**

Arbrisseau

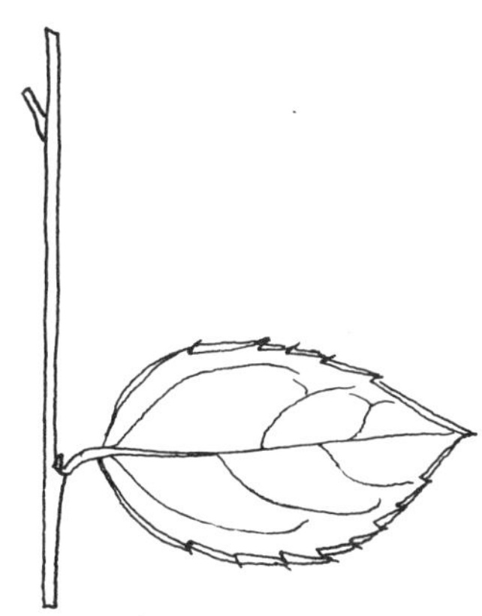

- Feuilles coriaces, persistantes.
- Nervures saillantes sur la face supérieure.
- Bord cartilagineux visible par transparence.
- Taille et forme variables.

(voir aussi page 107)

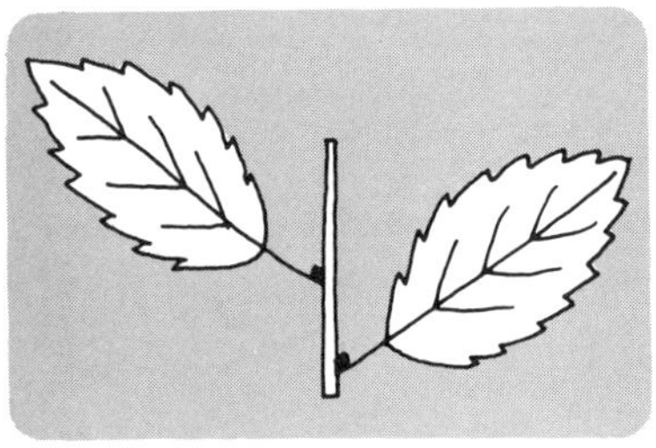

△ LAURIER DE PORTUGAL

Arbuste

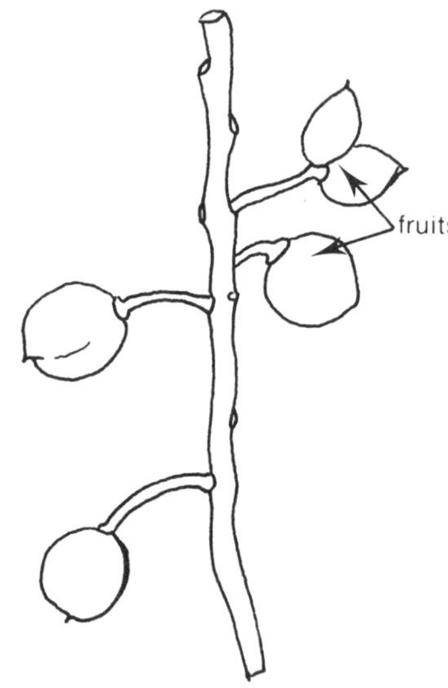

- Feuilles luisantes, persistantes, sans odeur.
- Pétioles et bourgeons rougeâtres.
- Fruits verts devenant pourpre noir.

△ CORÈTE DU JAPON = Kerria

Arbrisseau

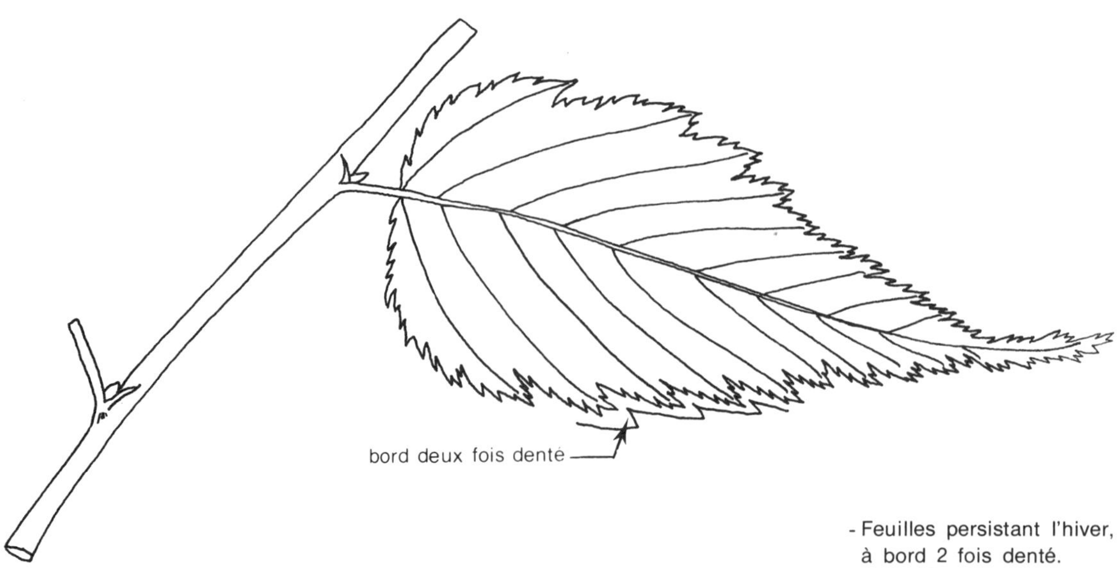

- Feuilles persistant l'hiver, à bord 2 fois denté.
- Fleurs en "pompons" jaune d'or.

Feuilles alternes simples à dents très espacées ou à bord ondulé

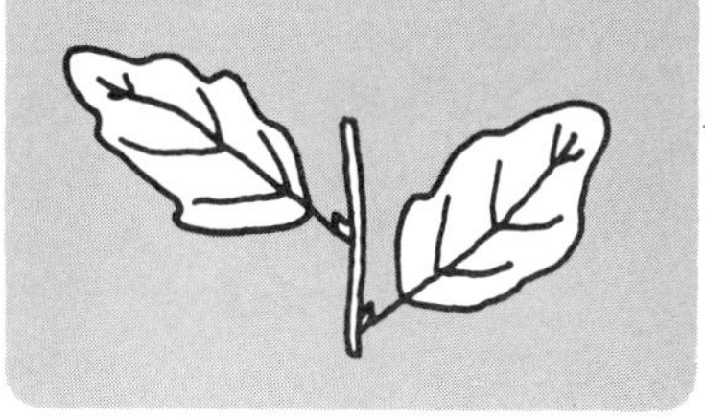

■ **Feuilles opposées**

➔ **Tige à 4 angles**

▶ **feuilles ovales, luisantes, vert foncé** —— page 68 △ **Lilas des Indes**

▶ **feuilles ovales, pointues, blanc verdâtre** —— 70 ☆ **Eucalyptus**

➔ **Tige ronde** —— 67 △ **Symphorine**

■ **Feuilles alternes**

➔ **Feuilles lancéolées**
(longueur égale au moins à 3 largeurs) —— 106 ☆ **Eucalyptus**

➔ **Feuilles en cœur à la base** —— 106 △ **Polygonum**

➔ **Feuilles ovales**

▶ **de plus de 5 cm de long**

▷ **limbe non bordé de poils** —— 107 ☆ **Laurier-sauce**

▷ **limbe bordé de poils** —— 76 ⊙ **Hêtre**

▶ **de moins de 5 cm de long** —— 107 ☆ **Chêne vert**

—— 107 ☆ **Alaterne**

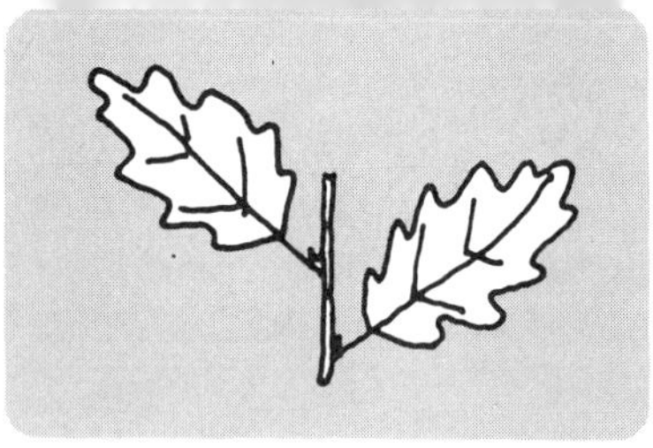

Feuilles alternes simples à dents très espacées ou à bord ondulé

☆ EUCALYPTUS

Arbre

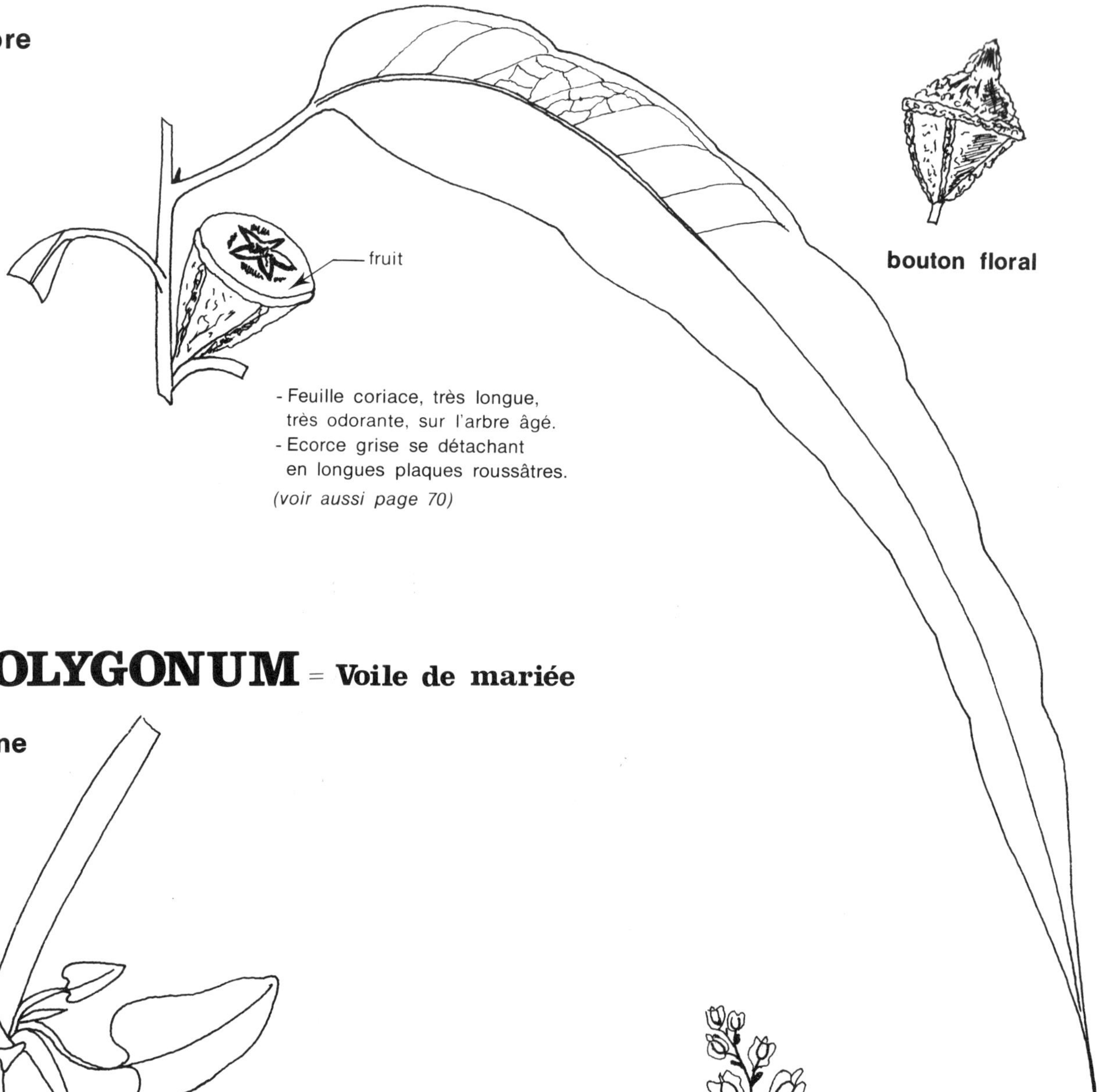

- Feuille coriace, très longue, très odorante, sur l'arbre âgé.
- Ecorce grise se détachant en longues plaques roussâtres.

(voir aussi page 70)

△ POLYGONUM = Voile de mariée

Liane

- Feuilles souples et caduques.
- Petites fleurs blanc verdâtre réunies en grappes légères.

Feuilles alternes simples à dents très espacées ou à bord ondulé

☆ CHÊNE VERT = Yeuse

Arbre

fruit

cupule

Espèce voisine à écorce très épaisse :

Chêne-liège

- Feuilles de forme et de taille variables, à face supérieure verte, luisante, et à face inférieure blanchâtre, velue.
- Fruit : gland à cupule écailleuse grisâtre.

(voir aussi page 88)

☆ ALATERNE = Nerprun alaterne

Arbrisseau

fruits

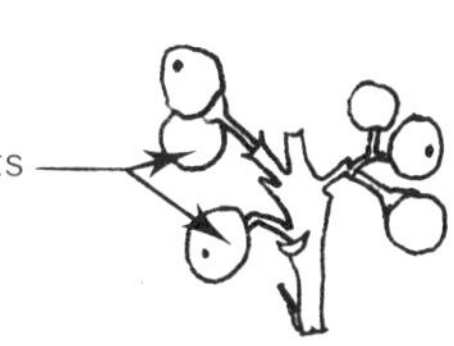

- Feuilles coriaces, persistantes.
- Nervures saillantes sur la face supérieure.
- Bord cartilagineux visible par transparence.
- Taille et forme variables.
- Fruits rouges sur les rameaux de l'année précédente.

(voir aussi page 103)

☆ LAURIER-SAUCE

Arbuste

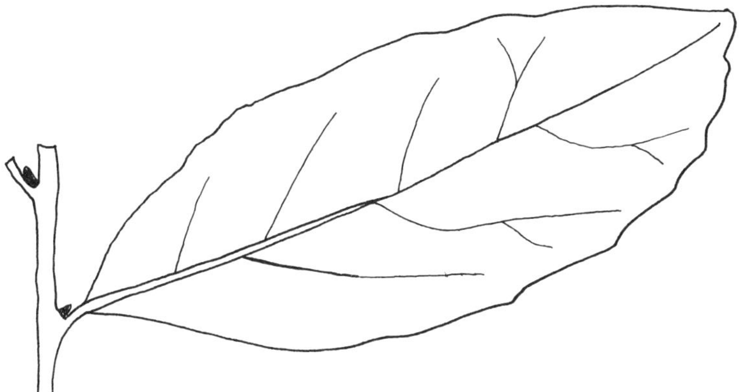

- Feuilles coriaces, luisantes, persistantes, à bord très irrégulièrement ondulé.
- Ecorce noire.
- Plante aromatique.

Feuilles simples à lobes arrondis

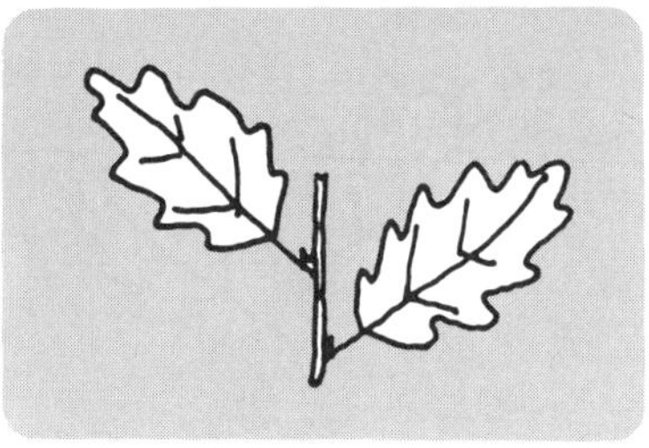

Consultez le tableau ci-dessous
ou feuilletez les pages 110 et 111

■ **Feuilles à 2 lobes**

Nervures disposées en éventail	page 110	△ **Ginkgo**

■ **Feuilles à plusieurs lobes**

➔ **Feuilles arrondies ou ovales**	110	⊙ **Peuplier blanc**
	67	**Symphorine**
➔ **Feuilles allongées**		
▶ **sans poils**		
▷ **pétiole court (de moins de 5 mm)**	111	⊙ **Chêne pédonculé**
▷ **pétiole long (de 1 cm)**	111	⊙ **Chêne sessile**
▶ **avec poils**		
▷ **profondément lobées, velues sur les deux faces**	110	⊙ **Chêne Tauzin**
▷ **peu profondément lobées, velues sur la face inférieure**	110	☆ **Chêne pubescent**

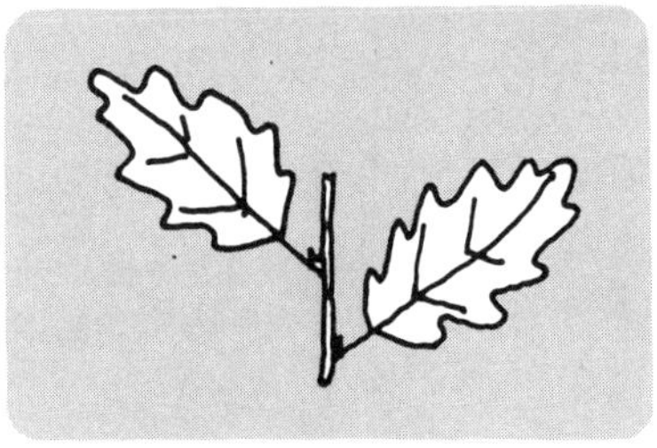

△ GINKGO = Arbre aux quarante écus

Arbre

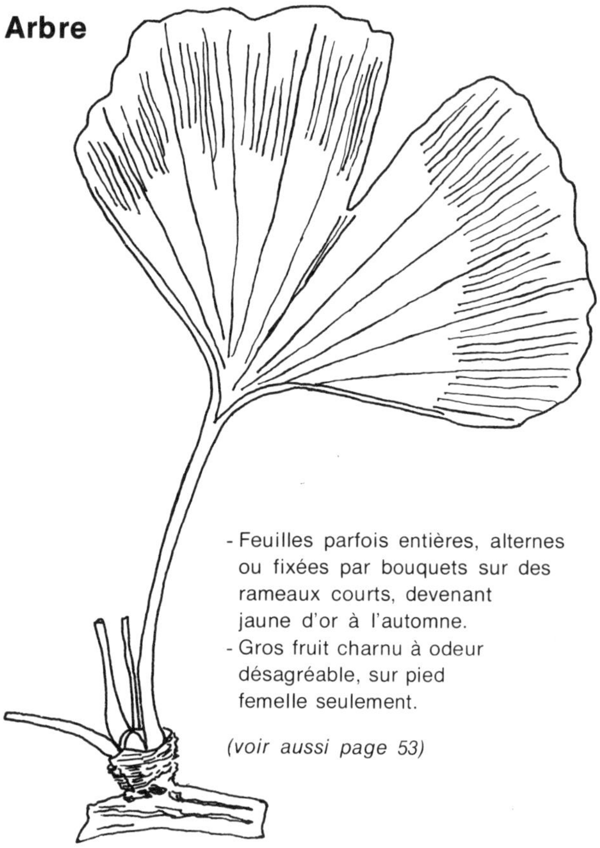

- Feuilles parfois entières, alternes ou fixées par bouquets sur des rameaux courts, devenant jaune d'or à l'automne.
- Gros fruit charnu à odeur désagréable, sur pied femelle seulement.

(voir aussi page 53)

⊙ PEUPLIER BLANC

Arbre

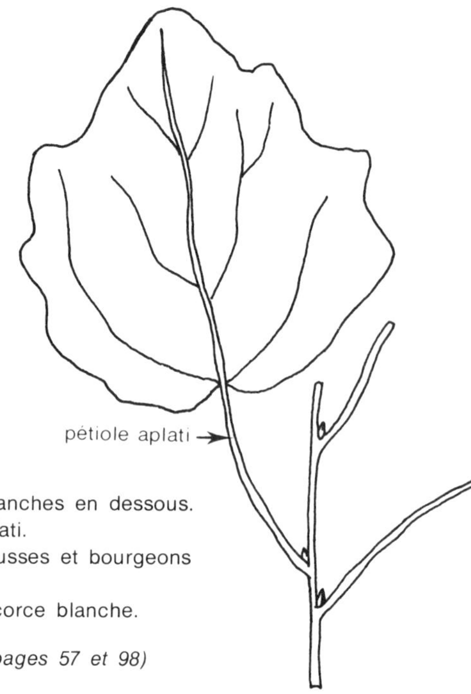

- Feuilles blanches en dessous.
- Pétiole aplati.
- Jeunes pousses et bourgeons très velus.
- Tronc à écorce blanche.

(voir aussi pages 57 et 98)

⊙ CHÊNE TAUZIN

Arbre

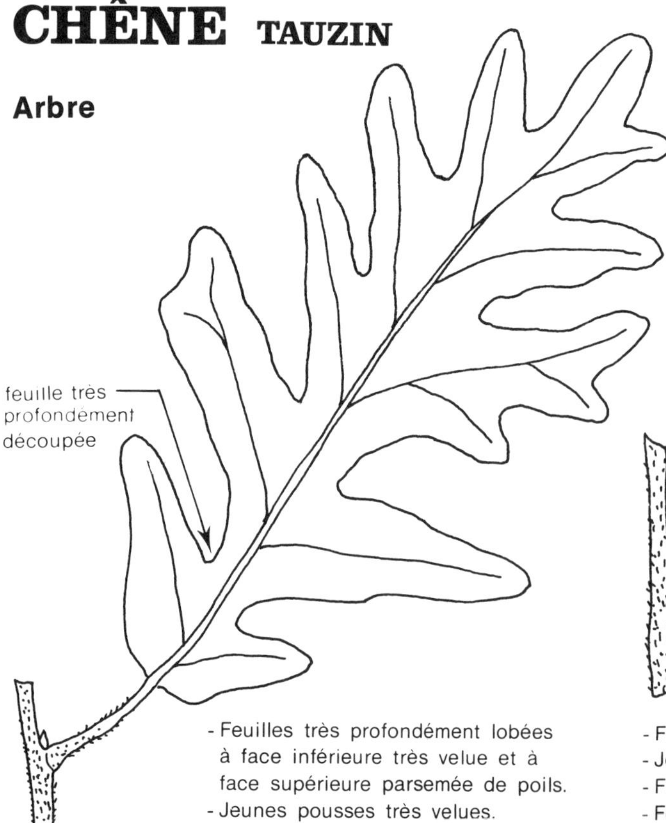

- Feuilles très profondément lobées à face inférieure très velue et à face supérieure parsemée de poils.
- Jeunes pousses très velues.
- Fruit : gland pédonculé.

☆ CHÊNE PUBESCENT

Arbre

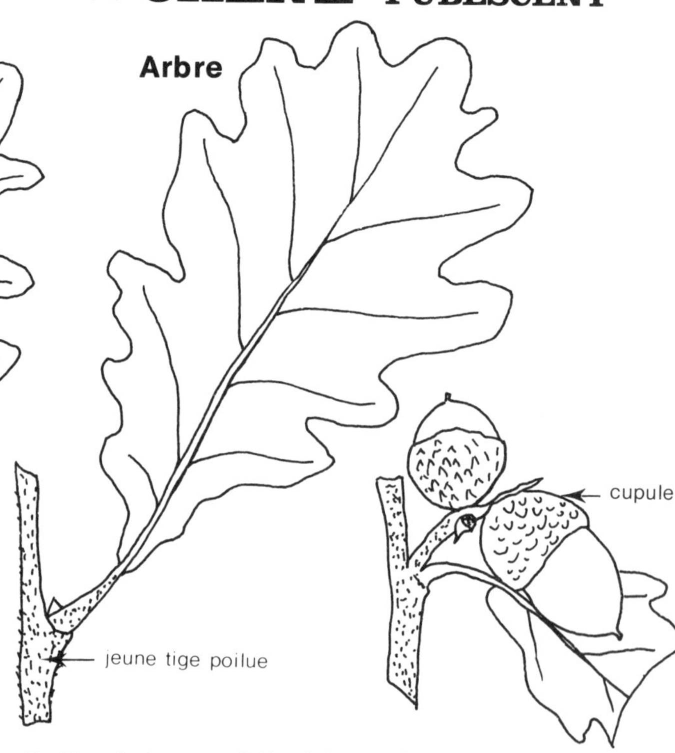

- Feuilles de forme variable, à face inférieure plus ou moins velue.
- Jeunes pousses très velues.
- Fruit : gland à pédoncule court.
- Feuillage devenant roux à l'automne et tombant seulement au printemps.

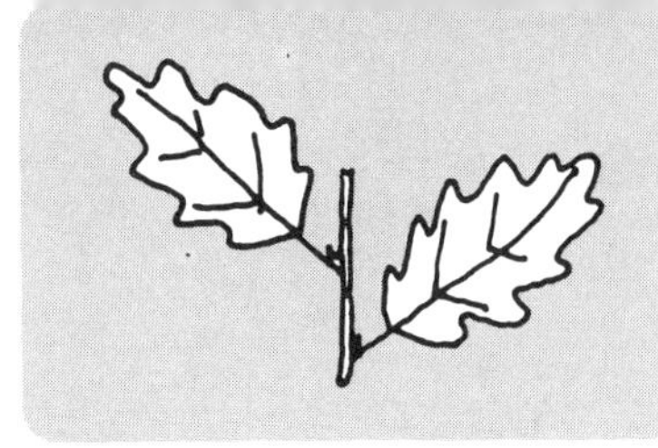

⊙ CHÊNE PÉDONCULÉ = Chêne Robur

La feuille de chêne est connue de tous. Savez-vous en distinguer les différentes espèces ? C'est très facile : regardez bien cette page.

Arbre

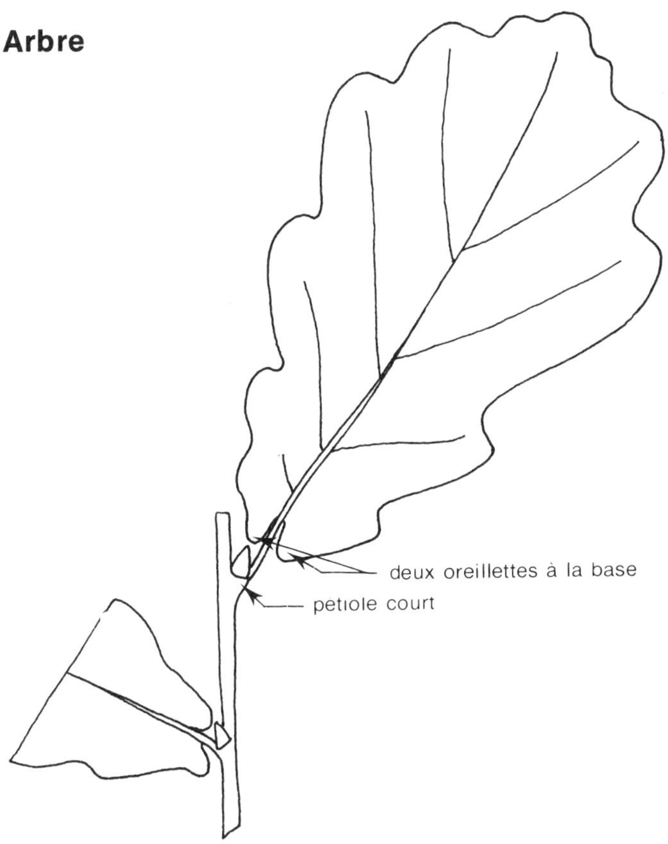

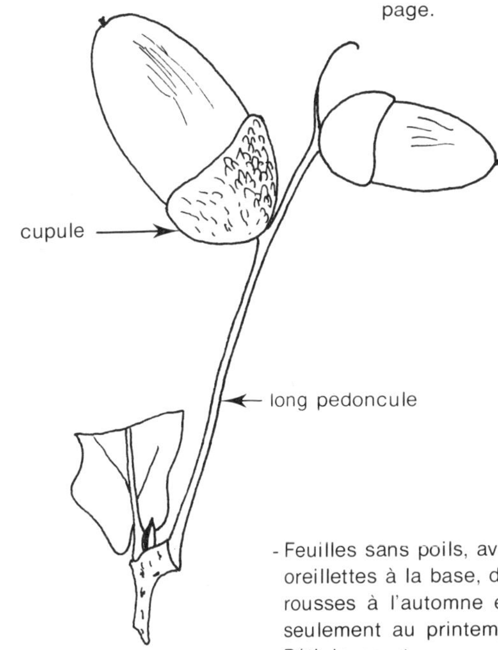

- Feuilles sans poils, avec 2 oreillettes à la base, devenant rousses à l'automne et tombant seulement au printemps.
- Pétiole court.
- Jeunes pousses sans poils.
- Fruit : gland à long pédoncule.

⊙ CHÊNE SESSILE = Chêne Rouvre

Arbre

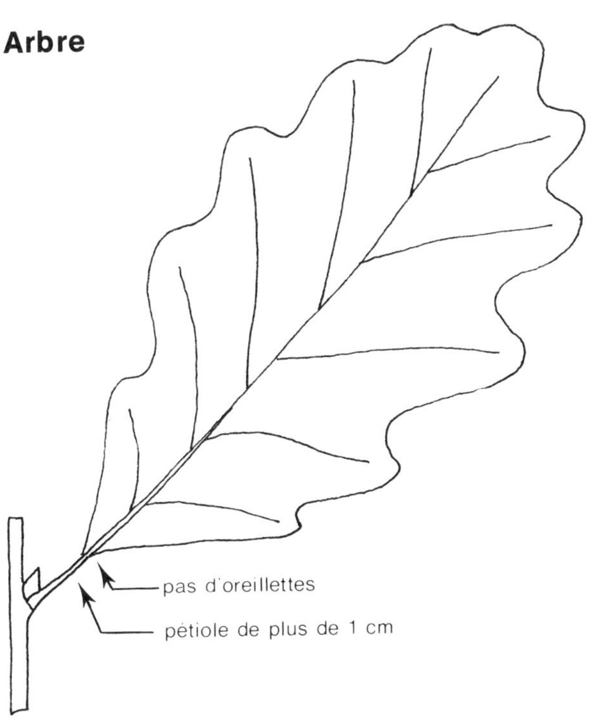

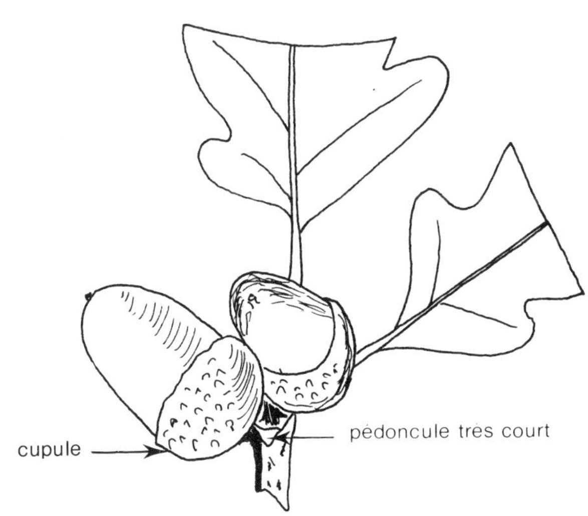

- Feuilles légèrement poilues sous les nervures, sans oreillettes à la base.
- Pétiole long.
- Jeunes pousses sans poils.
- Fruit : gland à pédoncule court.

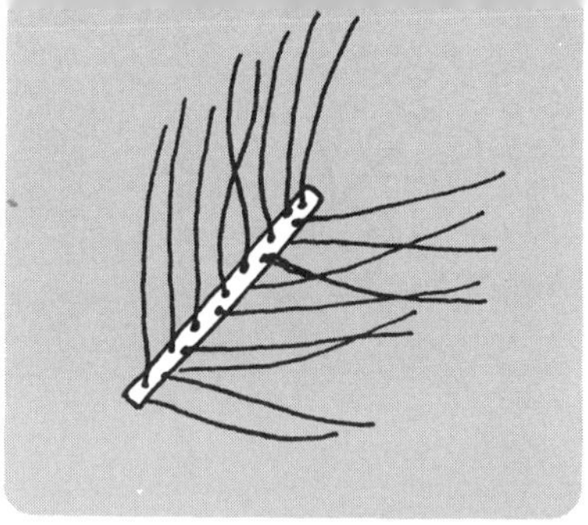

FEUILLES ÉTROITES OU AIGUILLES

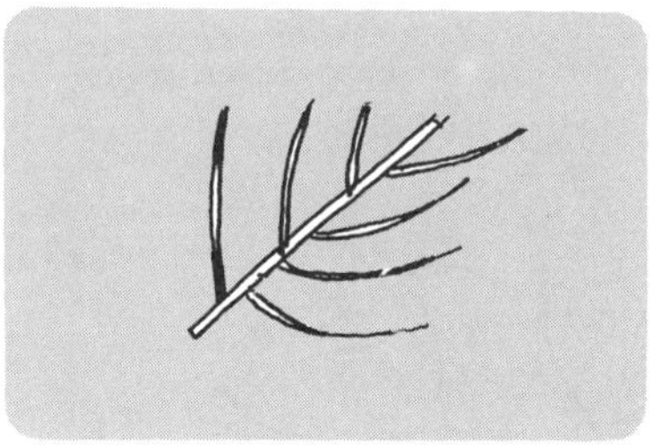

Feuilles ou aiguilles attachées isolément

Consultez le tableau page 113
ou feuilletez les pages 114 et 115

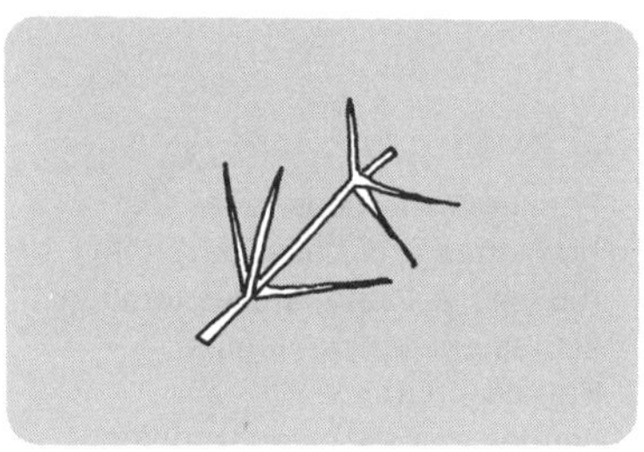

Feuilles ou aiguilles groupées par 3

Consultez la page 116

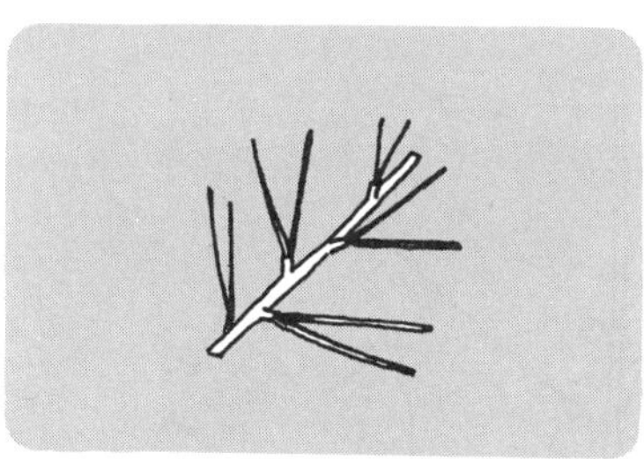

Aiguilles réunies par 2 ou 5

Consultez la page 117

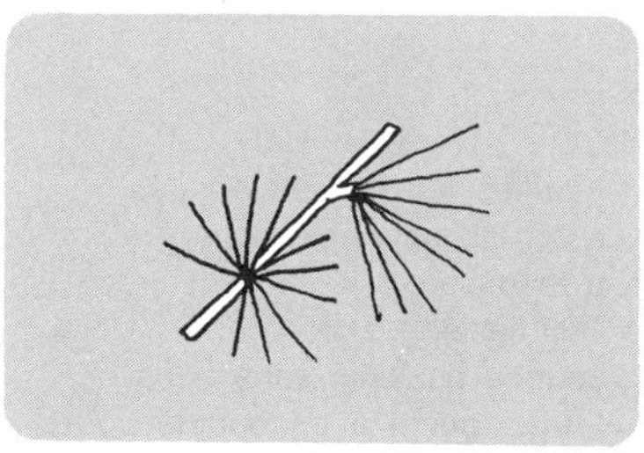

Feuilles ou aiguilles courtes groupées en touffes

Consultez la page 118

Feuilles ou aiguilles attachées isolément

■ Arbrisseau, non résineux

- **Feuilles opposées, rameaux non piquants** — page 114 ☆ **Romarin**
- **Feuilles alternes, rameaux piquants** — 114 ⊙ **Ajonc**

■ Arbre, résineux

- **Aiguilles à section losangique ou arrondie, disposées en spirale autour du rameau** — 115 ⊙ **Epicéa**
- **Aiguilles plates, paraissant disposées en 2 rangs**
  - ▶ **à face inférieure verte**
    - ▷ **de 2 à 3 mm de largeur, sans cône** — 114 ⊙ **If**
    - ▷ **de 1 mm de largeur, à cônes pendants** — 115 △ **Sapin de Douglas**
  - ▶ **à face inférieure présentant 2 bandes blanches longitudinales, de 2 à 3 mm de largeur, cônes dressés** — 115 ⊙ **Sapin**

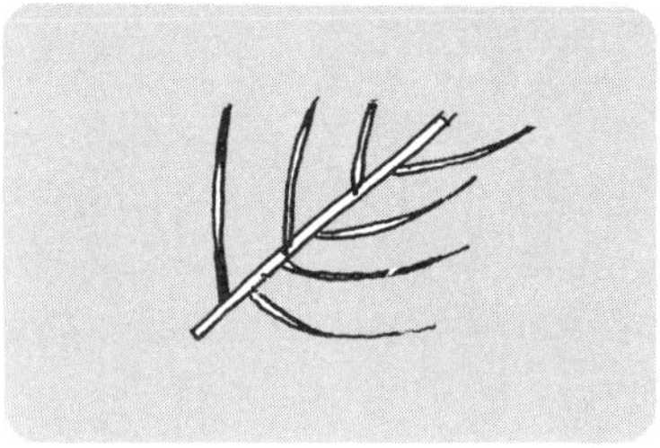

Feuilles ou aiguilles attachées isolément

☆ ROMARIN

Arbrisseau

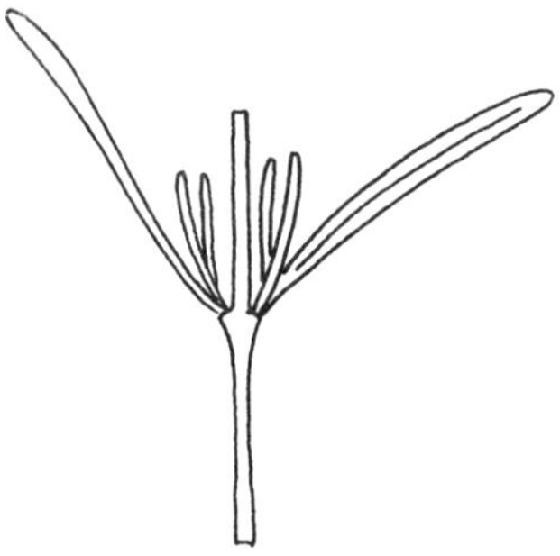

- Feuilles très odorantes, souvent enroulées sur le bord, à face inférieure blanche.
- Fleurs bleu pâle.

⊙ AJONC

Arbrisseau

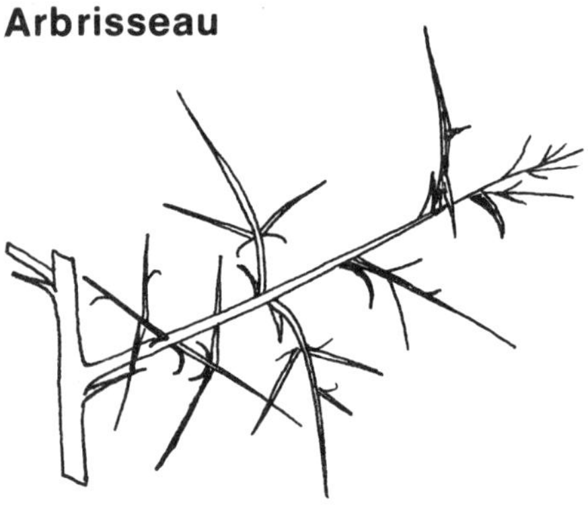

- Feuilles très courtes à la base de puissantes épines.
- Fleurs jaunes.
- Fruits = petites gousses ovales.

☆ Argeras

Variété méditerranéenne à petites fleurs apparaissant l'hiver.

⊙ IF

Arbre

Ne confondez pas : if, sapin, sapin de Douglas.
Les aiguilles de ces 3 arbres se ressemblent beaucoup :
— elles sont **souples** et **disposées sur deux rangs ;**
— elles ont **deux lignes claires** sur la face inférieure.
Plusieurs caractères permettent de les distinguer :

	If	Sapin	Sapin de Douglas
Largeur de la feuille	2 à 3 mm	1 à 3 mm	1 à 2 mm
Longueur de la feuille	20 mm	25 mm	35 mm
Extrémité de la feuille	en pointe	arrondie	arrondie
Couleur du rameau de l'année	vert	marron foncé	marron clair
Fruit	charnu, rouge	cônes dressés	cônes pendants

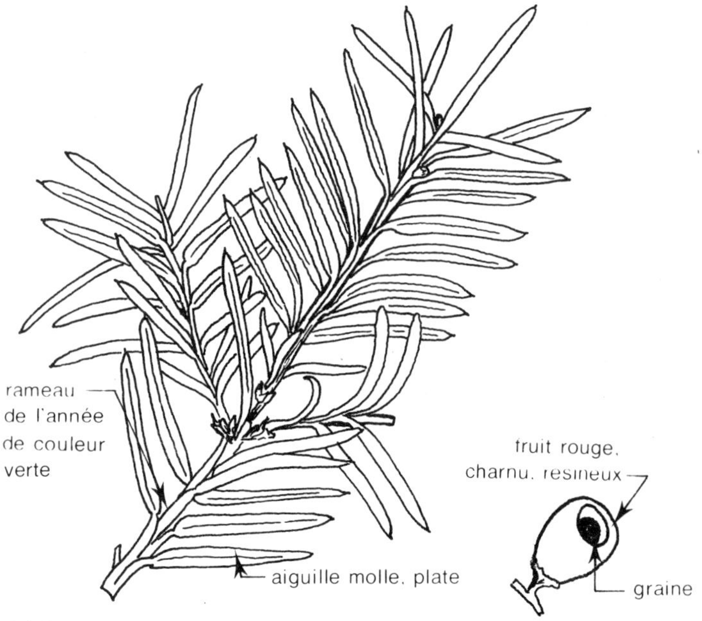

- Aiguilles molles de 2 à 3 mm de large, terminées par une pointe, vertes dessus et dessous.
- Nervure saillante sur les 2 faces.
- Rameaux de l'année verts, rameaux plus anciens bruns.
- Graine dans une coupe (= arille), rouge, charnue, résineuse

Feuilles ou aiguilles attachées isolément

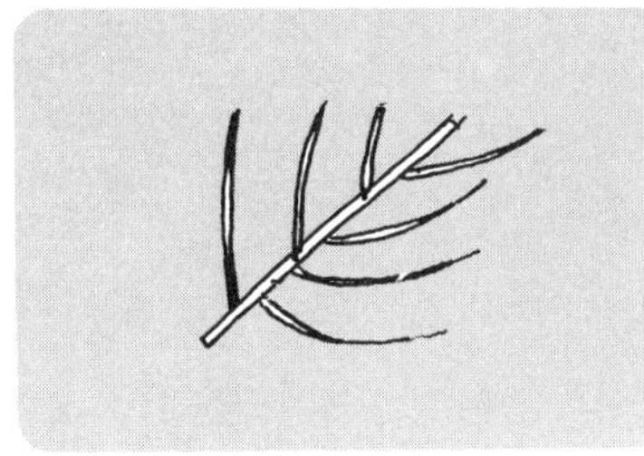

⊙ ÉPICÉA

Arbre

Quand on arrache ensemble une dizaine d'aiguilles, on enlève, en même temps, l'écorce du rameau.

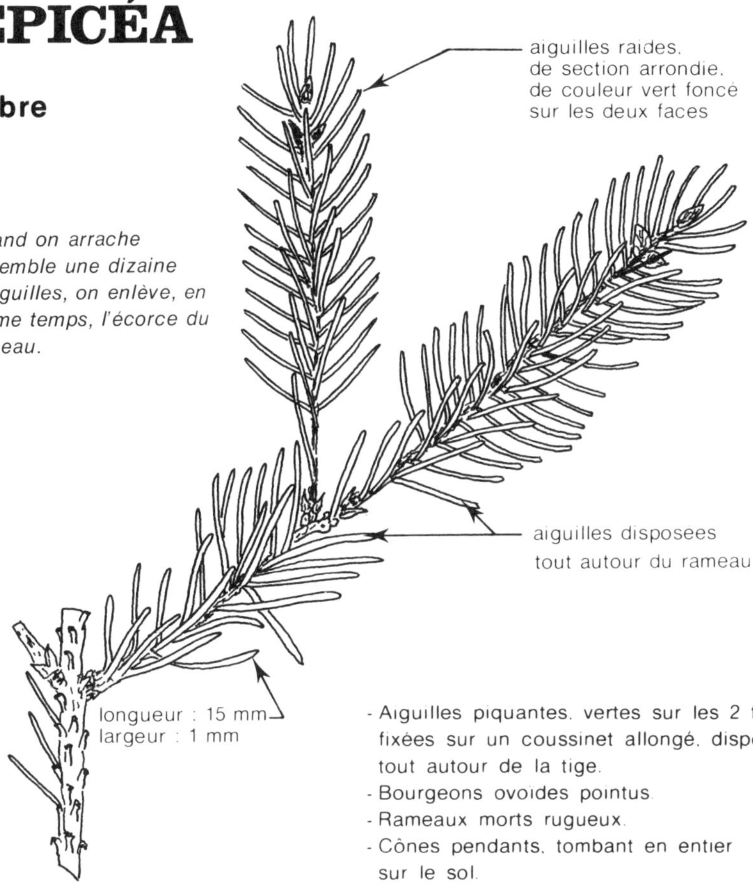

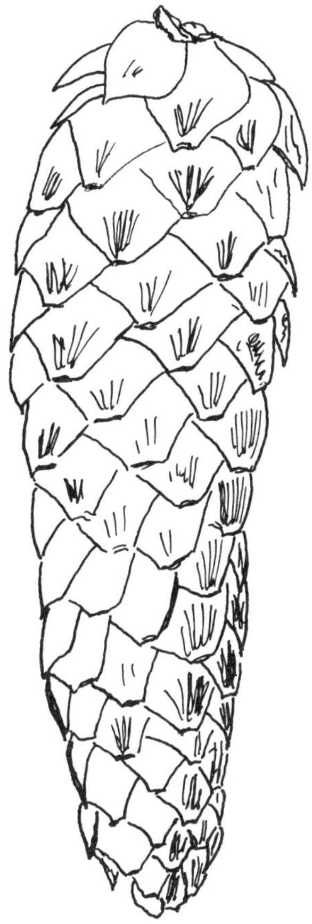

- Aiguilles piquantes, vertes sur les 2 faces, fixées sur un coussinet allongé, disposées tout autour de la tige.
- Bourgeons ovoïdes pointus.
- Rameaux morts rugueux.
- Cônes pendants, tombant en entier sur le sol.

⊙ SAPIN

Arbre

Quand on arrache ensemble une dizaine d'aiguilles, l'écorce du rameau n'est pas enlevée.

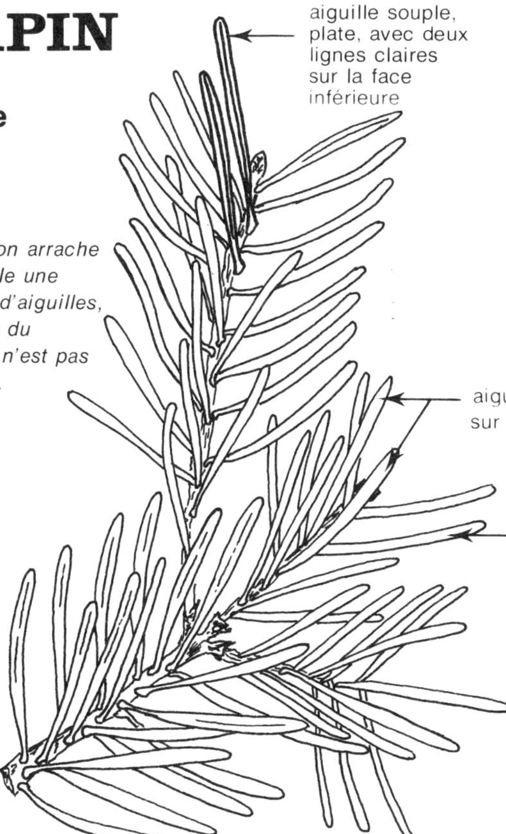

- Aiguilles rigides, de 2 à 3 mm de largeur, portant 2 bandes blanches sur la face inférieure.
- Bourgeons globuleux.
- Cônes dressés se désagrégeant sur l'arbre.

△ Sapin de Douglas

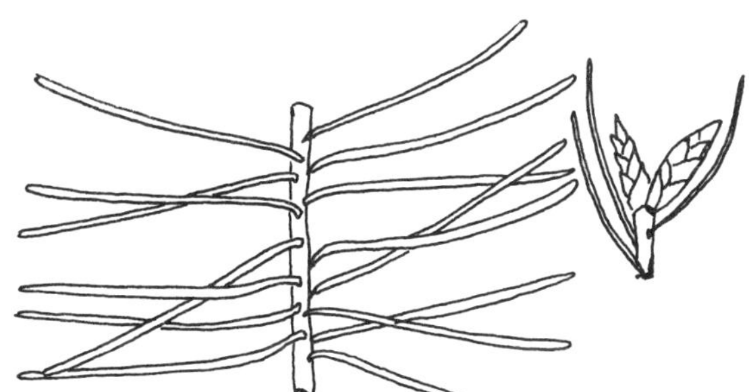

- Aiguilles molles de 1 mm de largeur, portant 2 lignes plus claires sur la face inférieure (odeur de citronnelle).
- Bourgeons allongés pointus.
- Cônes pendants, ne se désagrégeant pas.

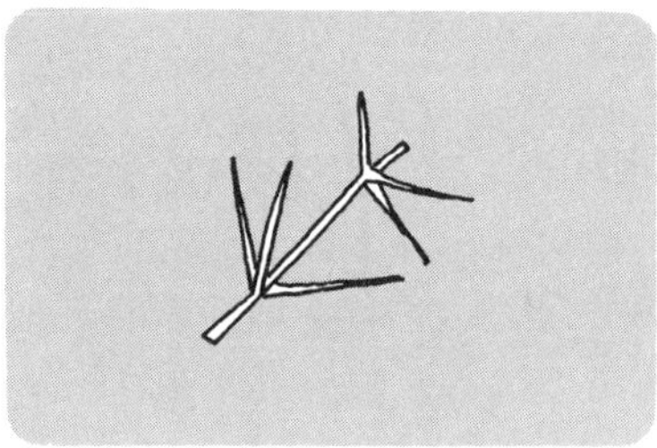

Feuilles ou aiguilles groupées par 3

⊙ GENÉVRIER COMMUN

Arbuste

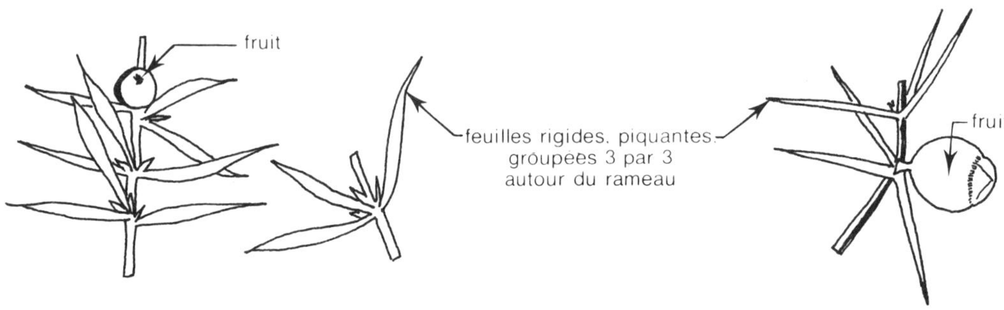

- Aiguilles présentant une seule raie blanche à la face supérieure.
- Fruits charnus bleu violet.

☆ GENÉVRIER CADE

Arbuste

- Aiguilles présentant 2 raies blanches à la face supérieure.
- Fruits charnus rouge brun.

⊙ BRUYÈRE

Arbuste

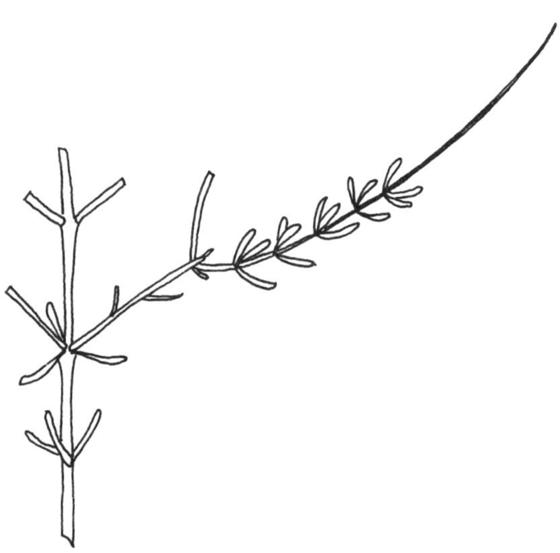

- Feuilles persistantes, non piquantes, groupées par 3 à 6.
- Fleurs blanches ou roses.
- Plante basse de 10 à 20 cm de hauteur.

Espèce voisine, souvent confondue avec la Bruyère :

Callune vulgaire

Elle en diffère par :
- ses fleurs très échancrées,
- ses feuilles très réduites (1 à 3 mm) disposées sur 4 rangs,
- sa taille : la Callune peut atteindre la taille d'un homme.

PIN

Arbre

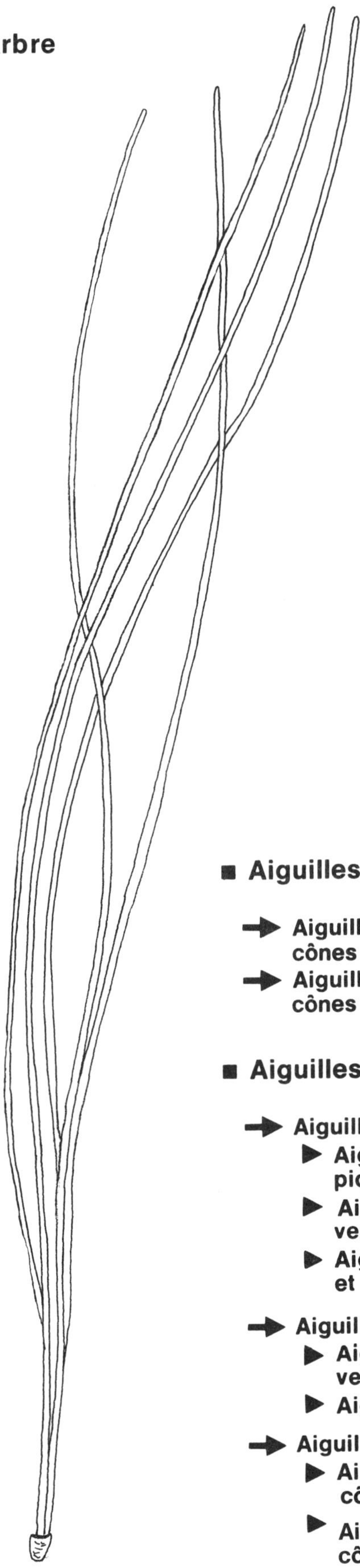

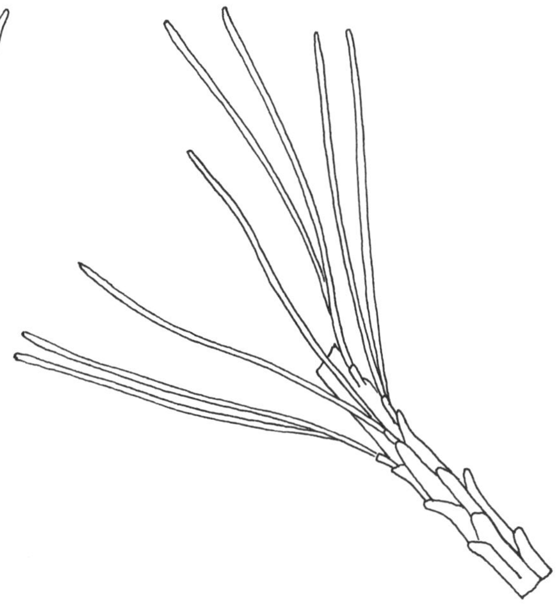

■ Aiguilles réunies par 5

- ➔ **Aiguilles fines et souples, cônes allongés** — **Pin Weymouth**
- ➔ **Aiguilles raides, cônes en forme de tonnelet** — **Pin cembro**

■ Aiguilles réunies par 2

- ➔ **Aiguilles ayant de 4 à 10 cm de long**
  - ▶ **Aiguilles tordues sur elles-mêmes, piquantes, tronc rougeâtre** — **Pin sylvestre**
  - ▶ **Aiguilles non tordues, rigides, vert foncé** — **Pin à crochets**
  - ▶ **Aiguilles non tordues, fines et souples, vert clair** — **Pin d'Alep**
- ➔ **Aiguilles ayant de 10 à 15 cm de long**
  - ▶ **Aiguilles souples, non piquantes, vert bleuté** — **Pin laricio**
  - ▶ **Aiguilles piquantes, vert foncé** — **Pin noir d'Autriche**
- ➔ **Aiguilles ayant de 15 à 20 cm de long**
  - ▶ **Aiguilles souples, vert clair, cônes globuleux** — **Pin parasol**
  - ▶ **Aiguilles rigides, vert sombre, cônes pointus** — **Pin maritime**

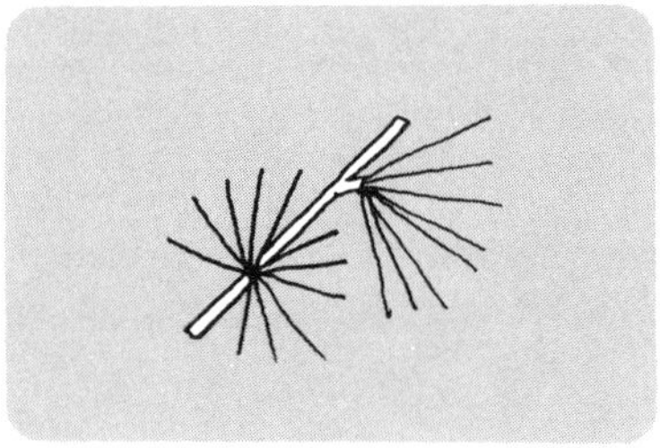

Feuilles ou aiguilles courtes groupées en touffes

△ CÈDRE

Arbre

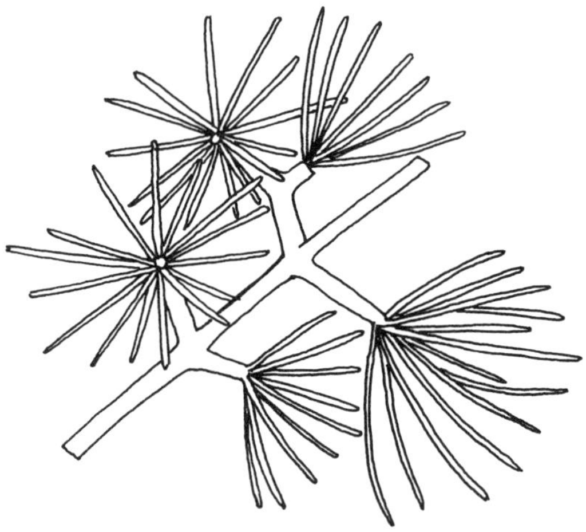

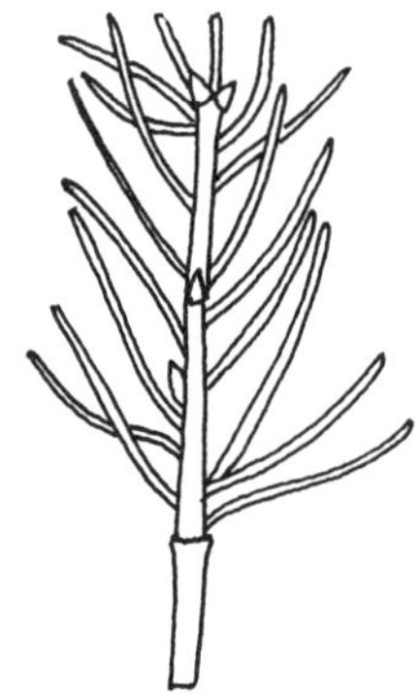

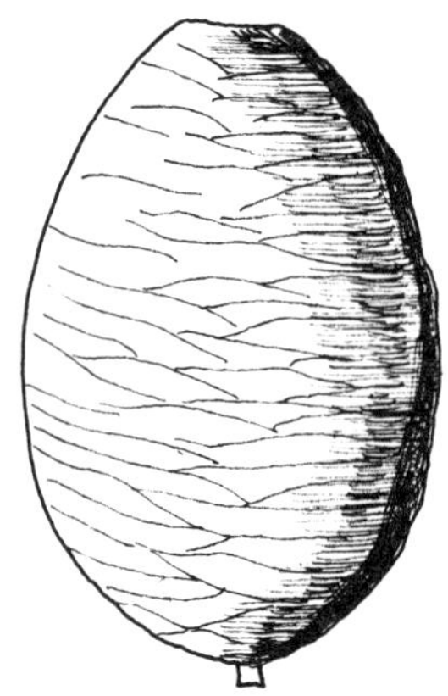

- Aiguilles rigides, persistantes,
  - isolées à l'extrémité des rameaux longs,
  - en touffes (de 15 à 30) sur les rameaux courts.
- Fruit = cône dressé.

Cèdre de l'Atlas

- Aiguilles de 2,5 cm, bleu vert.
- Cônes de 5 à 7 cm.

Cèdre du Liban

- Aiguilles de 3 à 3,5 cm.
- Cônes de 8 à 10 cm.

Cèdre de l'Himalaya

- Aiguilles de 3,5 à 5 cm, vert clair.
- Cônes de 7 à 10 cm.

⊙ MÉLÈZE

Arbre

- Aiguilles souples, non persistantes,
  - isolées sur les pousses de l'année,
  - en touffes sur les rameaux courts.
- Cône dressé, de petite taille, 3 ou 4 cm.

☆ ASPARAGUS À FEUILLES PIQUANTES

Liane

- Petites fleurs jaune verdâtre.
- Fruits charnus = baies noires non comestibles.

Feuilles en écailles triangulaires

△ CYPRÈS

Arbre

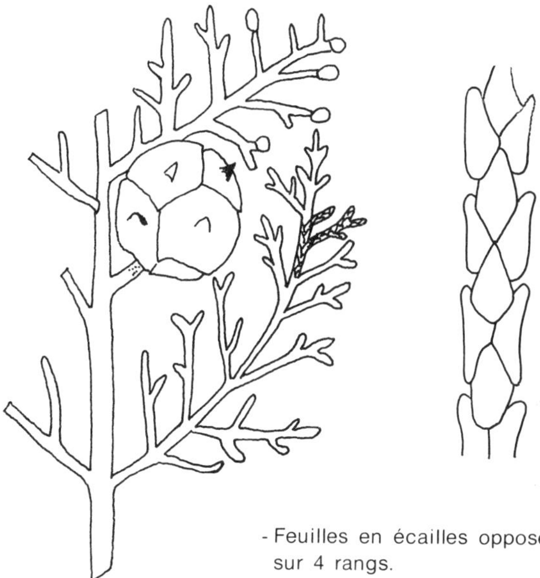

- Feuilles en écailles opposées sur 4 rangs.
- Rameaux ronds.
- Cônes sphériques, petits (2 à 3 cm).
- Variété ornementale à feuillage bleu vert.

△ THUYA

Arbuste

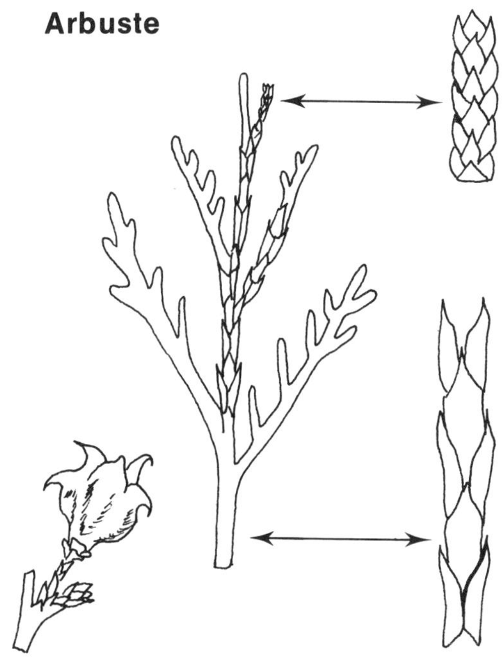

- Feuilles en écailles opposées sur 4 rangs.
- Rameaux aplatis.

☆ GENÉVRIER DE PHÉNICIE

Arbuste

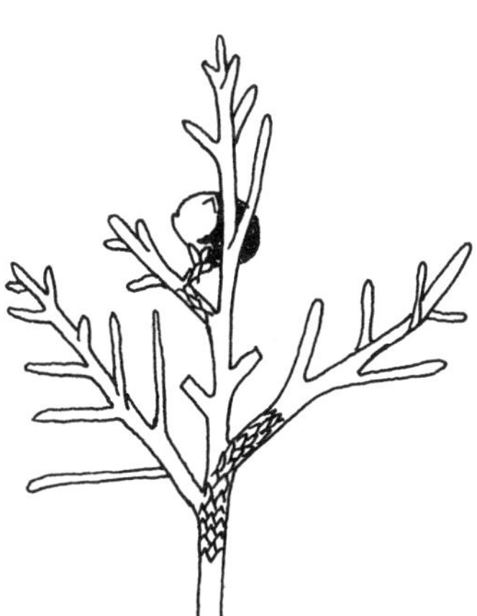

- Feuilles en écailles disposées sur 6 rangs.
- Fruit charnu = baie rouge brique.

☆ TAMARIS

Arbuste

- Feuilles en petites écailles, alternes.
- Rameaux très grêles.
- Fleurs petites, roses, en épis lâches

Comment identifier un arbre en hiver ?

Regarde les dessins **A** et **B**.
Si les bourgeons sont disposés comme sur le dessin **A**, ils sont opposés; consulte le tableau **A** de la page 121.
Si les bourgeons sont disposés comme sur le dessin **B**, ils sont alternés; consulte le tableau **B** de la page 122.

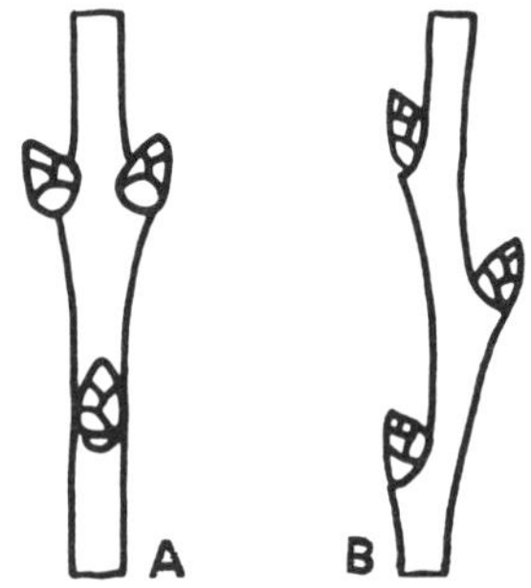

***Tableau A* — Les bourgeons sont opposés**	
● Une ou deux écailles sont visibles,	
◉ les bourgeons sont noirs ou bruns	**Frêne**
◉ les bourgeons sont rouges	**Saule**
● Plusieurs écailles sont visibles,	
◉ les bourgeons sont collants..............	**Marronnier**
◉ les bourgeons ne sont pas collants	
◎ sur un arbre	**Erable**
◎ sur un arbuste	**Lilas** **Troène**

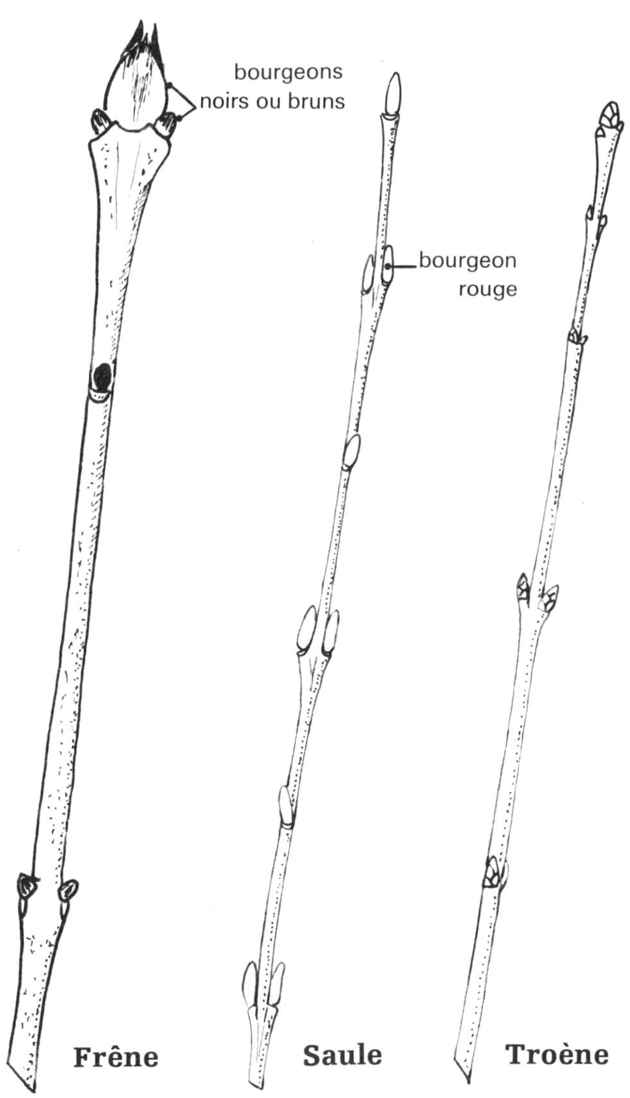

Frêne **Saule** **Troène**

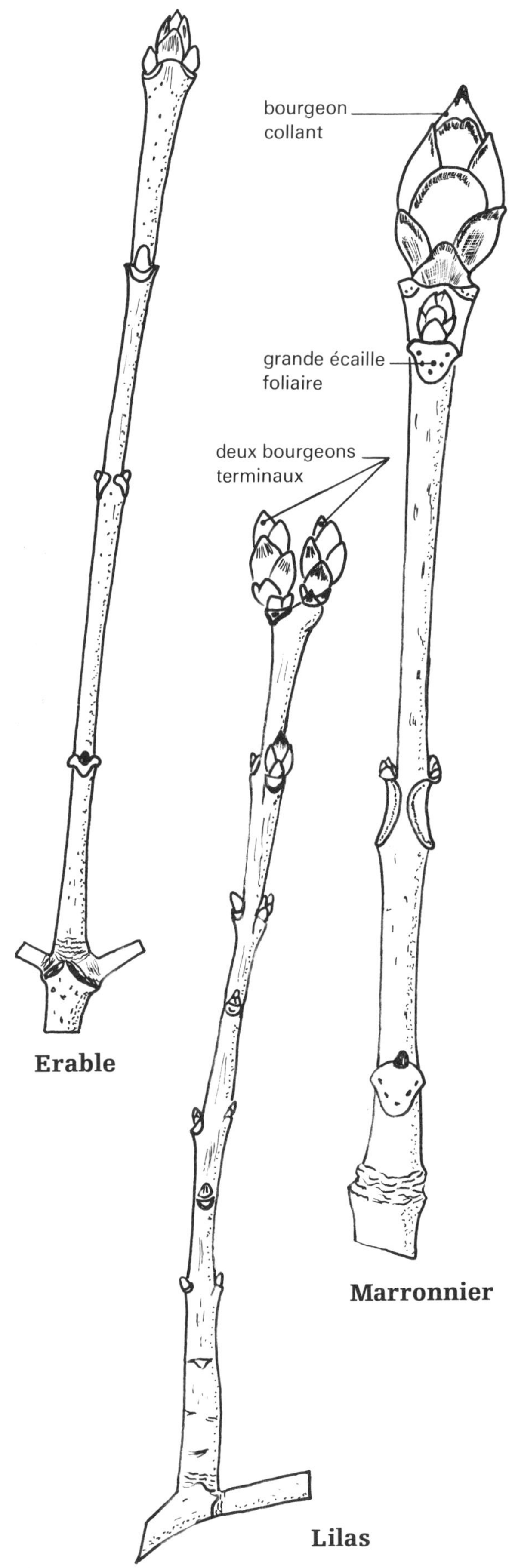

Erable **Marronnier** **Lilas**

Tableau B — **Les bourgeons sont alternés**

Les rameaux portent des piquants,

- ■ groupés par deux, au niveau de chaque bourgeon .... **Robinier**
- ■ à l'extrémité de rameaux courts .... **Poirier**

Les rameaux ne portent pas de piquants

□ le bourgeon est porté par un petit pied .... **Aulne**

□ le bourgeon n'est pas porté par un petit pied

- ● sur chaque bourgeon, une seule écaille est visible .... **Platane** **Saule**
- ● sur chaque bourgeon, plusieurs écailles sont visibles
  - ◉ plusieurs bourgeons sont agglomérés au sommet du rameau .... **Chêne**
  - ◉ les bourgeons ne sont pas agglomérés au sommet du rameau
    - ◎ les cicatrices des feuilles sont plus grandes que les bourgeons .... **Ailante** **Noyer**
    - ◎ les cicatrices des feuilles ne sont pas plus grandes que les bourgeons.

      Beaucoup d'arbres présentent une telle disposition. Tu en trouveras quelques exemples en page 123. Ton rameau ressemble-t-il à l'un d'entre eux?

Tu pourras contrôler ta détermination au printemps, quand les feuilles seront développées.

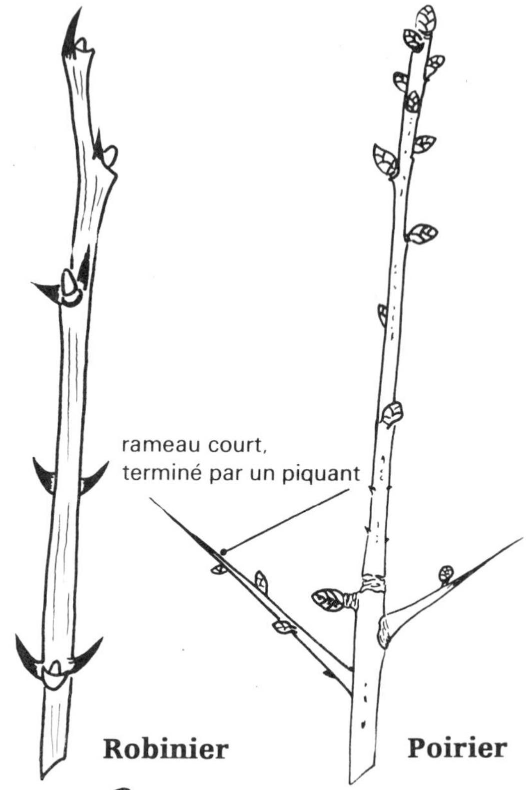

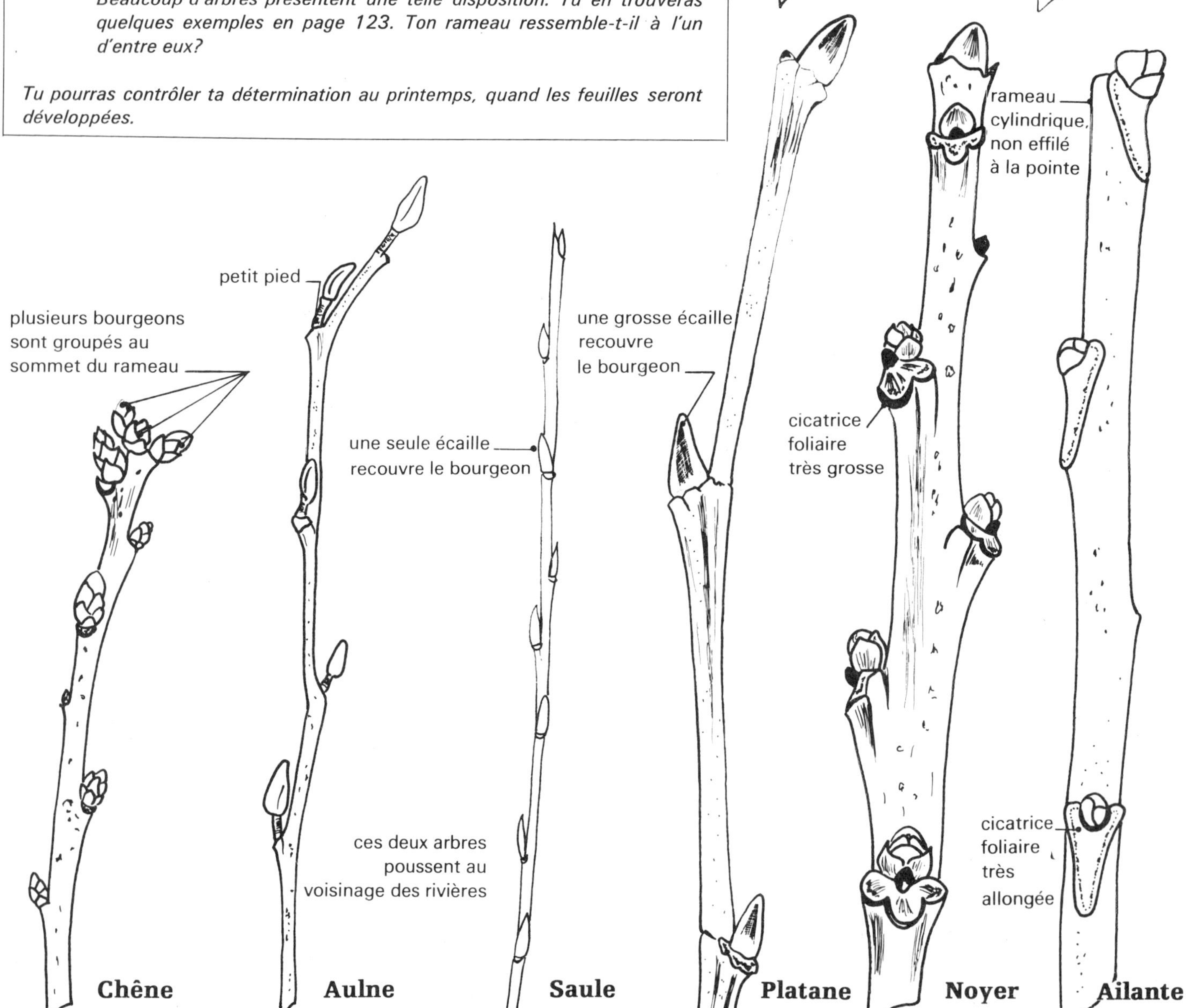

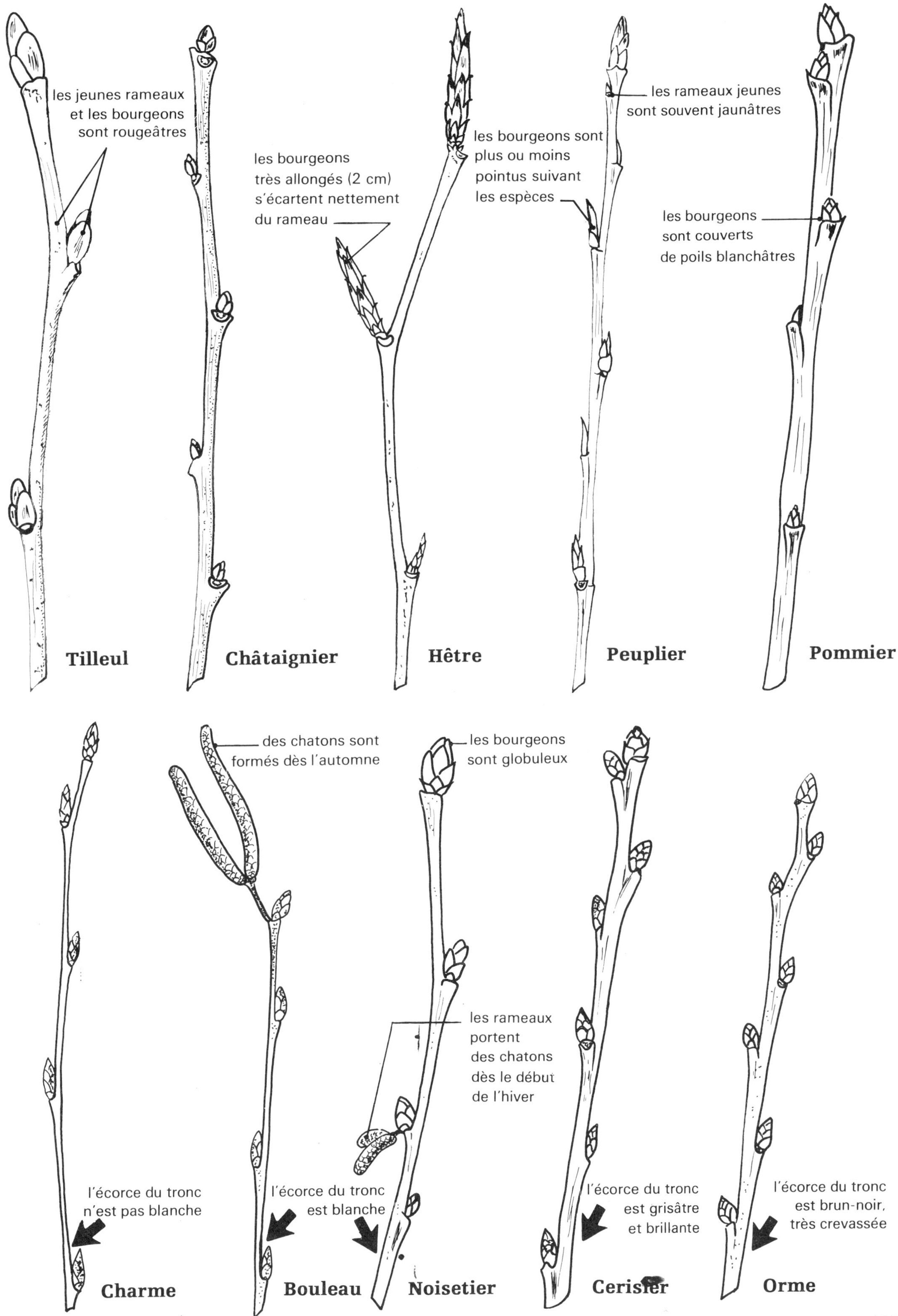
les jeunes rameaux
et les bourgeons
sont rougeâtres
Tilleul
Châtaignier
les bourgeons
très allongés (2 cm)
s'écartent nettement
du rameau
Hêtre
les bourgeons sont
plus ou moins
pointus suivant
les espèces
les rameaux jeunes
sont souvent jaunâtres
Peuplier
les bourgeons
sont couverts
de poils blanchâtres
Pommier
l'écorce du tronc
n'est pas blanche
Charme
des chatons sont
formés dès l'automne
l'écorce du tronc
est blanche
Bouleau
les bourgeons
sont globuleux
les rameaux
portent
des chatons
dès le début
de l'hiver
Noisetier
l'écorce du tronc
est grisâtre
et brillante
Cerisier
l'écorce du tronc
est brun-noir,
très crevassée
Orme

Lexique

Aiguille .... Feuille très étroite (moins de 3 mm) et allongée.
Akène .... Fruit sec qui ne s'ouvre pas et ne contient qu'une graine.
Alternes (feuilles) .... Feuilles disposées isolément le long du rameau.
Arbre .... Végétal possédant *un* tronc ; sa taille est supérieure à 7 mètres lorsqu'il est âgé.
Arbrisseau .... Végétal possédant plusieurs tiges dès la base et formant souvent un buisson dont la taille maximale ne dépasse pas 4 mètres. Un arbre ou un arbuste taillés peuvent prendre l'allure d'un arbrisseau.
Arbuste .... Végétal possédant les mêmes caractéristiques que l'arbre, mais dont la taille maximale est inférieure à 7 mètres.
Axillaire (bourgeon) .... Bourgeon situé sur le rameau, à la base du pétiole d'une feuille.
Baie .... Fruit charnu renfermant des pépins.
Bourgeon .... Petit renflement protégé par des écailles.
Caduques (feuilles) .... Feuilles tombant toutes ensemble, généralement en automne.
Capsule .... Fruit sec, qui s'ouvre et libère plusieurs graines.
Composée (feuille) .... Feuille divisée en folioles.
Coriace .... De consistance ferme ; cassant.
Drupe .... Fruit charnu renfermant un noyau.
Foliole .... Certaines feuilles ont leur limbe divisé en plusieurs parties que l'on peut détacher isolément ; chacune de ces parties est une foliole, que l'on confond parfois avec une petite feuille.
Fruit .... Organe contenant les graines.
Gousse .... Fruit sec qui s'ouvre par 2 fentes et libère plusieurs graines.
Lancéolée (feuille) .... Feuille au moins 3 fois plus longue que large.
Liane .... Plante qui grimpe sur un support.
Limbe .... Partie verte de la feuille soutenue par les nervures.
Moelle .... Région centrale du rameau.
Nervation .... Disposition des nervures de la feuille.
Opposées (feuilles) .... Feuilles disposées face à face le long du rameau.
Palmée (feuille à nervation) ...... Feuille dont les nervures principales, en nombre supérieur ou égal à 3, partent du même point.
Pédoncule (— de la fleur) .... Ce que l'on appelle communément "queue de la fleur".
Pennée (feuille à nervation) ...... Feuille dont les nervures secondaires se répartissent tout le long de la nervure principale.
Persistantes (feuilles) .... Feuilles qui restent sur l'arbre plus d'une année (les arbres ont donc des feuilles en hiver).
Pétiole .... Ce que l'on appelle communément "queue de la feuille".
Rejet .... Jeune pousse se développant à la base ou sur la souche d'une plante.
Sessile (feuille) .... Feuille sans pétiole.
Stipule .... Petite lame verte, caduque ou persistante, située à la base du pétiole de certaines feuilles.
Terminal (bourgeon) .... Bourgeon situé à l'extrémité d'un rameau.

N.B. :
Les définitions fournies par ce lexique sont volontairement succinctes. Elles doivent permettre de comprendre le sens de certains termes utilisés dans les tableaux de détermination, mais ne doivent pas nuire à la découverte ultérieure de phénomènes biologiques tels que la transformation d'une fleur ou d'un bourgeon.

Liste alphabétique des noms communs des arbres, arbustes et arbrisseaux présentés dans cet ouvrage

1. Les chiffres indiquent les numéros des pages sur lesquelles vous pouvez retrouver les dessins correspondants.
2. Chaque *nom commun*, en français, est suivi du *nom scientifique*, en latin.
3. Certains utilisateurs nous ont demandé de préciser le genre des noms français. Aussi avons-nous fait suivre, dans cette nouvelle édition, les noms féminins de la lettre F.

Imprimé en France, par l'Imprimerie Hérissey à Évreux (Eure) – N° 74096
Dépôt légal 1re édition : 3e trimestre 1978 – Dépôt légal : octobre 1996